ZHONGXUE SHUXUE JIAOXUE SHIJIAN YU
KELI YANJIU

中学数学教学实践与课例研究

杨 岐 ◎ 著

黄河出版传媒集团
阳光出版社

图书在版编目（CIP）数据

中学数学教学实践与课例研究 / 杨岐著. -- 银川：
阳光出版社，2021.6
ISBN 978-7-5525-5957-6

Ⅰ.①中… Ⅱ.①杨… Ⅲ.①中学数学课－教学研究
－文集 Ⅳ.①G633.602-53

中国版本图书馆CIP数据核字（2021）第109730号

中学数学教学实践与课例研究　　　　　　杨岐　著

责任编辑　胡　鹏
封面设计　石　磊
责任印制　岳建宁

黄河出版传媒集团　阳　光　出　版　社　出版发行

出 版 人　薛文斌
地　　址　宁夏银川市北京东路139号出版大厦（750001）
网　　址　http://www.ygchbs.com
网上书店　http://shop129132959.taobao.com
电子信箱　yangguangchubanshe@163.com
邮购电话　0951-5014139
经　　销　全国新华书店
印刷装订　宁夏银报智能印刷科技有限公司
印刷委托书号　（宁）0021214

开　　本　720mm×980mm　1/16
印　　张　19
字　　数　260千字
版　　次　2021年6月第1版
印　　次　2021年6月第1次印刷
书　　号　ISBN 978-7-5525-5957-6
定　　价　69.00元

前　言

随着素质教育及基础教育课程改革的不断推进，以人为本的教育理念正在逐渐深化，新课程教育理念已根植人心。将新理念融入教学，发展学生的核心素养，构建高效课堂成为教育教学热点。精心的教学设计、高效的课堂实施、精准的教学反思是有效推进课堂变革的必需条件。深入研究课程教材，融入教学理念，突出数学核心素养，科学教学设计是高效课堂教学的前提。充分理解学科课程设计理念与编者意图，结合自己的教学实践经验，合理选择教学素材，将"教什么""怎么教""为什么这样教"以及"教学的效果"统一起来，形成可操作的课时教学蓝图。当然，教无定法，不同教师对课程、教材的理解不同。个人教学能力的差异，使得课堂教学的效果也不尽相同。课堂教学是师生思想碰撞、融合的场所，教学相长的平台，也是教师开展研究、个人成长的摇篮。构建高效课堂，引领教师研究教材、研究学生、研究课堂，研用合一、资源共享已势在必行。

编者从一线教师的视角入手，思考数学课程、思考数学教学，紧扣当前教育教学中的热点、疑点问题，指引教师备课、授课、研究。本书理论与实践相结合，遵循初中数学教育教学理念，精辟阐述教学理论依据，精选 30 余篇教学案例，以案说"法"，贴近教师课堂教学实际，内容包括教学设计的撰写、教材解析、课堂教学策略、教学研究等，与同行交流。

由于作者水平有限，书中若有不当之处，恳请同行们批评指正。

杨　岐

2020 年 9 月

目 录 contents

课例剖析与教学设计 / 153

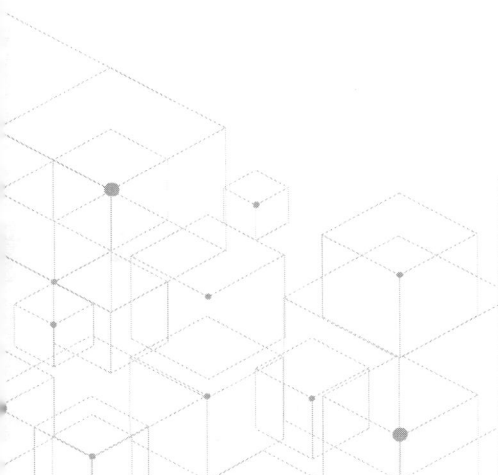

教学设计文本撰写的
"三环节"

教学设计文本撰写的"三环节"

教学设计文本，俗称教案，就是教师在实施课堂教学之前，分析学生的实际情况，依据教学内容，融合个人教学理念、教学经验，制定的授课方案，或者说是课时教学实施计划。它主要阐明某一课时"教什么""怎么教""为什么这样教"以及"达到怎样的预期效果"四个方面的内容，为顺利完成特定的课时任务、高效开展课堂教学活动奠定基础。撰写一篇高质量且行之有效的教学设计文本一般需要经历三个环节。

一、通读课程标准

《义务教育数学课程标准（2011年版）》（以下简称《课标》）是义务教育阶段数学教学实施的总纲、依据，《课标》详细阐述了数学课程的性质、基本理念、设计思路、总目标及学段目标、内容与课程实施建议等，深入理解《课标》中的课程理念，把握课程教学目标，领悟教学实施评价等，是每一位数学教师的必修课，需要每位教师将其作为"枕边书"反复的研读与践行。平时对《课标》的研修与学习是一种研究性的学习，侧重于对课程教学理念、课程实施建议等方面的理解，并在实际教学中进行实践与感悟，进而提升个人的理论素养与教育教学能力，是教学实践——参悟课程理念——再实践的学习过程。撰写教学设计文本时通读《课标》与日常研修《课标》是不同的，撰写教学设计时通读《课标》更具有指向性与目的性，是在日常研修的基础上，针对具体的教学模块、教学内容的一种指导性的研学。

1. 阅读《课标》中具体模块的教学目标

通过阅读《课标》中具体模块的教学目标，特别是对比不同学段中该教学板块的教学目标与要求，洞悉不同学段中同一知识板块在"知识技能、数学思考、问题解决、情感态度"四个方面的联系与差异，进而准确地把握、指导课时目标的设定。例如，《课标》中明确提出，从学生的实际出发，创设有助于学生自主学习的问题情境，引导学生通过实践、思考、探索、交流等获得"四基"，发展和提高"四能"。就以"问题解决方面"中发现问题、提出问题和初步地解决问题为例，这方面学段目标的表述，第一学段（1~3年级）是"能在教师的指导下，从日常生活中发现和提出简单的数学问题，并尝试解决"；第二学段（4~6年级）是"尝试从日常生活中发现并提出简单的数学问题，并运用一些知识加以解决"；第三阶段（7~9年级）是"初步学会在具体的情境中从数学的角度发现问题和提出问题，并综合运用数学知识和方法等解决简单的实际问题，增强应用意识，提高实践能力"。对比三个学段就同一教学目标的要求，我们不难发现，三个学段中的表述既有联系又有差异，它们之间环环相扣、层层递进。前一学段的目标是后一学段目标的基础，后一学段目标又是前一学段目标的延伸与拓展，针对不同学段的学生，要求达成的目标是有差异的。为此，在教学设计中准确把握这个"达成度"尤其关键，以上述目标要求为例，就关于发现问题、提出问题，第一学段中的表述是"能在教师的指导下""从日常生活中"，第二学段的表述是"尝试从日常生活中"，第三学段表述为"初步学会""在具体的情境中"，显然小学学段侧重于从日常生活中发现和提出问题，其情境的创设更贴近于"生活"。而初中学段则不拘泥于学生的日常生活，创设的情境既可以是贴近现实生活认知的生活情境，也可以是数学问题情境、跨学科知识情境等，其关注点是在具体情境中能从数学的角度分析情境，发现和提出数学问题。关于初步的解决问题，第一学段中的表述为"尝试解决"，第二学段的表述是"运用一些知识加以解决"，在第三学段的表述是"综合运用数学知识和方法等解决简单的实际问题"，目标达成的要求逐渐深化。在进行教学设计时，我们就要充分考虑学情、教情等诸多因素，创设符合学段目标的要求、贴近学生实际的教学情境，充分考虑所选取的情境能否实现具体学段的目标达成。

2. 厘清《课标》中对教学内容的具体要求

厘清《课标》中对教学内容的具体要求，尤其是要厘清不同学段就同一教学内容的要求，以便在进行教学设计时，能充分考虑学生原有认知水平与活动经验，做好不同学段间的有效衔接，提高课堂教学的实效。以小学、初中阶段都涉及的"平行四边形"教学为例，在第一学段的要求是"能辨认平行四边形"；第二学段的要求是"通过观察、操作，认识平行四边形，探索并掌握平行四边形的面积公式"；而第三学段的要求则是"理解平行四边形的概念，探索并证明平行四边形的性质定理和判定定理"。那么，在进行八年级上册《平行四边形的性质（第1课时）》的教学设计时，我们就需要考虑，小学阶段平行四边形教学涉及了哪些内容？学生已经掌握了平行四边形的哪些内容？小学阶段是如何探索平行四边形的，经历了哪些探究活动？已具备了哪些活动经验？进而在此基础上进行教学设计。下面我们来看两位教师在执教本节课时，就"平行四边形的定义"教学环节的设计。

案例1

活动：请大家利用两个全等的三角形，拼接出一个四边形。

设计意图：让学生动手拼图，感受平行四边形的对称美，并从中找到熟悉的平行四边形。

（课堂效果：学生拼图并展示交流，共拼出了7种图案）。

问题：你能给平行四边形下个定义吗？

设计意图：唤醒学生的原有认知，让学生结合拼图活动，回顾平行四边形的定义。

（课堂效果：学生联想全等三角形的性质给出了"两组对边分别相等的四边形是平行四边形""两组对角分别相等的四边形是平行四边形"的定义）

教师（出乎意料）：大家注意从"字眼"上思考，平行四边形是怎样定义的呢？

（课堂效果：在教师的引导下，个别学生说出了平行四边形的定义，即两组对边分别平行的四边形叫做平行四边形）

教师：板书平行四边形的定义，引导学生进一步认识平行四边形的对边、对角及对角线。

…………

案例2

（一）章前导语

多媒体展示下列图片：

　　教师活动：教师通过电脑演示从实物中抽象出平行四边形图形的过程，指出平行四边形是我们生活中常见的图形。

　　问题1：你知道生活中有哪些平行四边形的实例吗？

　　设计意图：通过图片展示，让学生真切感受平行四边形与现实世界的联系，明晰全章的学习内容。进而从实际背景中抽象出几何图形——平行四边形，让学生经历将实物抽象为几何图形的过程。

　　（课堂效果：学生纷纷举出生活中自己见到的平行四边形实例）

　　（二）复习回顾

　　问题2：你还记得小学是如何定义平行四边形的吗？你会画平行四边形吗？

　　教师活动：出示小学所学过的平行四边形的定义，播放利用定义画平行四边形视频，教会学生画平行四边形的方法。

　　设计意图：回顾小学所学过的平行四边形的定义，引导学生仔细观察教师画平行四边形的微视频，特别是注意在画图过程中，画图软件呈现的相关数据，为后面平行四边形边角性质的发现、探究作铺垫。

　　问题3：怎样表示一个平行四边形？如何用符号语言表示平行四边形的定义呢？

　　教师活动：将前面抽象出的平行四边形的四个顶点标上字母，类比三角形的表示方法，介绍平行四边形的符号表示方法，引导学生认识平行四边形的对角、对边。

　　有了符号表示后，引导从判定、性质两个角度考虑，用符号语言表述平行四边形的定义（如图1）。

　　判定推理：

　　$\because AB /\!/ CD$，$AD /\!/ BC$（已知），

　　$\therefore$ 四边形 $ABCD$ 是平行四边形（平行四边形的定义）。

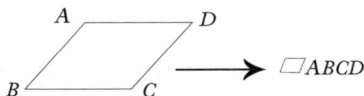

图1

性质推理：

∵四边形 $ABCD$ 是平行四边形（已知），

∴ $AB /\!/ CD$，$AD /\!/ BC$（平行四边形的定义）。

设计意图：将文字语言转化为图形语言与符号语言，体会数学符号的简洁，同时加深对定义的理解，为后面探索平行四边形的性质及证明奠定基础。

分析上面的两个案例，我们发现，案例1是从活动入手，让学生通过拼图先辨认平行四边形，试图通过拼图活动激发学生的兴趣，认识平行四边形的特征，进而联想小学所学过的平行四边形定义。案例2则是开门见山，通过平行四边形图片展示及举例，让学生感受平行四边形是生活中常见的图形，进而引导学生回顾平行四边形的定义，在此基础上动手实践，根据平行四边形的定义画一个平行四边形，加深学生对平行四边形的认识，然后引导学生利用符号语言表示其定义，达到让学生进一步理解平行四边形定义的目的。我们通过阅读《课标》和查阅小学教材会发现，在小学阶段，学生已经学习了平行四边形的定义及其表示方法，并能够熟练地找到平行四边形，而初中阶段对平行四边形的学习则是要求在小学的基础上进一步理解平行四边形的定义，显然，案例1的设计未能考虑学生的原有认知水平，花费了大量的时间，其实是在复习巩固小学已经学过的平行四边形的定义。而案例2则是充分考虑到了学生的已有知识储备，自然完成了学生新旧知识的衔接，找准了知识的生长点。

3. 阅读《课标》中的教学实例及教学实施建议

从整个数学学科教学的角度出发，《课标》提出了具体的教学实施建议与教学评价建议，上述建议更多侧重于在教师施教与评价的理念上，阐明"应该怎样做"的问题。而具体到课时教学设计时，我们再一次参阅这些教学实施与评价建议，则是结合具体的教学内容、学情及教师个人的施教特点，考虑在具体教学环节中如何体现、运用和落实这些建议，或突出其中的某一条建议。将这些建议创造性地付诸具体的教学实践之中。而积极主动地将《课标》中的教学理念、教学建议运用于日常教学之中进行实践、反思,是教师迅速成长的必经之路。

在《课标》教学实施建议中提出:好的教学活动应是学生主体地位和教师主导作用的和谐统一。一方面,学生主体地位的真正落实,依赖于教师主导作用的有效发挥;另一方面,有效发挥教师主导作用的标志是学生能够真正成为学习的主体,得到全面发展。例如,在进行《应用二元一次方程组——鸡兔同笼》的教学设计时,教师可以参考《课标》中的例31与例51,引导学生建立不同的数学模型,启发学生从不同的角度思考同一个问题,帮助学生进行比较、体会建模过程,加深对模型的理解。事实上,这个问题可以用三种方法建立模型,第一种是利用小学熟悉的算术方法,基于四则运算解决此问题;第二种是利用一元一次方程解决此问题,引导学生通过找规律、建立方程;第三种是引导学生利用二元一次方程组直接列方程。然后比较三种方法,让学生认识到二元一次方程组的简洁性。将学科教学理念、教学实施建议运用到具体的教学设计之中,指导课堂教学。

二、研读《义务教育教师教学用书》

《义务教育教师教学用书》是依据《课标》,配合《义务教育教科书》编写的。它以"章"为基本单元,在以教科书的体例为"纲"的前提下,突出了"教"的要素,增加了单元设计思路、课时安排建议、教学与评价建议以及各节具体教学说明等,指导教师"教",以帮助学生有效学习。

1.研读单元设计思路、教学与评价建议

通过对《义务教育教师教学用书》中的单元设计思路、教学建议、评价建议等板块的研读,掌握单元知识在整个教材中所处的地位与作用,明晰《义务教育教科书》编写人员单元设计的整体思路,从而能够把握整个单元的教

学内容、教学重点及难点、涉及的数学思想方法，以及通过单元学习需要学生发展的数学核心素养，洞悉《义务教育教科书》编写人员的设计意图，从整个单元的角度与高度审视、定位具体课时的教学任务、教学目标以及本课时在单元中的地位与作用。参阅《义务教育教师教学用书》中对单元教学的教学建议和评价建议，规划、指导具体课时的教学设计，使课时教学设计具有前瞻性与连续性，从而达成了课时教学设计服务于单元教学的整体目标。

2. 品读课时教学内容及《义务教育教师教学用书》中的注解

在熟知课时教学任务的基础上，认真研读《义务教育教师教学用书》中的详细注解，思考《义务教育教师教学用书》具体的设计意图、欲达到的教学效果以及《义务教育教师教学用书》力图渗透的教学理念。结合教材，从情境创设—教学活动—问题设计等每一个细节入手，细琢诸环节间的联系，结合学情与《义务教育教师教学用书》对具体教学环节的处理建议，准确定位课时的教学重点及教学难点，特别是要认真研读教材中"做一做""议一议"等教学活动设计的教学处理建议，唯有明白了教学活动的设计意图与构想，才能创造性地设计符合自己学生学情的活动实践，使教学活动"生本化"，以便能高效地达成教学目标。有需要的时候，还要通读单元所涉及的每个具体课时的教学内容及教学建议，以便更好地掌握每个单元中各课时之间的联系，了解具体课时教学实施的基础及其外延，借鉴某些实用于本课时的教学方法与策略。例如，在准备《义务教育教科书（北师大版）数学（七年级下册）〈完全平方公式〉》一课教学设计时，通过研读教材发现：平方差公式与完全平方公式都是整式乘法中最基本的两种特殊形式，从教材的编写意图上，完全平方公式的学习与平方差公式学习、探究方法及过程有许多相同或相似的地方，基于此，教师设计了以下复习引入环节。

问题1：你还记得平方差公式及其结构特征吗？

问题2：我们是如何发现并验证平方差公式的？

问题3：平方差公式与整式的乘法有何联系？

教师既没有沿用教材的传统设计，也没有直奔主题创设问题情境，而是先带领学生回顾平方差公式的学习过程，让学生在对旧知识的回忆中获取研究新知识的思路与方法，进而学习完全平方公式。

3. 研读例题与习题

例题与习题的教学是一节课中重要的数学活动之一，在教学过程中有画龙点睛的作用，例题与习题控制着教材的深度和知识辐射的范围，既是如何运用所学知识解决问题的经典，也是进行思维训练的典范。研读例题与习题就是要理解其深刻的用意，在例题与习题所要求的数学知识和方法的基础上，充分挖掘它的内涵与外延，切实发挥例题与习题的价值。一方面，结合学生的实际情况对例题与习题进行适当的改编或拓展，以满足面向全体、分层教学的需要，这也是研读例题与习题的关键所在。另一方面，通过对习题的研究，补充课时教学中习题的广度与深度，把握习题的辐射范围。例如，在北师大版《分式（第1课时）》的教学设计中，教材中的例题与习题的主要功能是帮助学生理解分式的概念及其意义。例题呈现了"当 a 取何值时，分式 $\dfrac{a+1}{2a+1}$ 有意义？"为了让学生进一步辨析分式的值为零与分式有意义的联系，结合随堂练习与习题，可以在课堂教学中补充下列题目：①当 a 取何值时，分式 $\dfrac{1}{a^2-1}$ 有意义？②当 x 取何值时，分式 $\dfrac{x^2-1}{x-1}$ 的值为零？题目①将讨论分式有意义的条件，从例题所涉及的"一次整式"扩充到"简单地二次整式"；题目②中"分式的分子与分母有公因式"，让学生认识到，此时分式的值为零，必须是在分式有意义的前提下，分式的分子等于0；这样的设计既补充、完善了例题的类型，又引导学生通过比较，切实掌握分式的概念，理解分式值为零与分式有意义间的联系。

三、规范撰写教学设计文本

一节课的教学设计文本包含诸多要素，一般包括教材分析、学情分析、教学目标、教学策略、教学过程、教学评价等。一节优秀的教学设计首先要符合学情、适宜学生，这是教学设计付诸行动，打造高效课堂的前提和保证。我们知道，学生的原有认知水平是课堂教学的基本依据，促进每一位学生在原有基础上获得发展是课时教学的立足点和归结点。这就需要我们在通读课标、研读教师教学用书及教材两个环节的基础上，将课程理念、教学设计意图等逐一"生本化"，使得教学内容贴近学生、目标恰当准确、教学活动符合学生认知规律、问题主线清晰明了。

1.分析教材、学情，确定教学重难点

结合上面对课标、教材的学习，首先，撰写教材分析。教材分析中既要阐述清楚所授知识在学科、单元中所处的地位和作用，还要突出本课时的教学任务及其与该单元其他课时教学间的联系，在准确分析教材的基础上确定本节课的教学重点。所谓教学重点，是贯穿整节课，在整个教材或本课时中处于重要地位的内容。教学重点的确定，最根本的是对课程内容和课程标准的要求有十分深刻的认识和理解，从而抓住其思想本质。一节课的教学重点要集中、具体，进而能够多方位、多角度去研究重点，围绕教学重点设计教学过程。教学重点过于分散或笼统，会制约在教学过程中突出教学重点的实施。其次，撰写学情分析。学情分析要从学生的原有认知水平、活动经验、情感态度价值观等诸多方面进行分析，既要明晰学生原有知识、经验储备对新学知识的意义与作用，同时还要结合新的教学任务，分析学生在此基础上学习新知识可能存在的困难，提炼出课时教学难点。教学难点是学生难于理解的知识或难于形成的技能，教学难点产生于教材内容的深度（广度）与学生实际认知之间差异最大之处。精准确定课时教学难点需要教师完全掌握教学内容和充分了解学情，进而设法

突破难点，排除学生在课堂学习中的障碍。例如，进行《义务教育教科书（北师大版）数学（七年级下册）〈完全平方公式〉》一课教学设计时，在通读课标、研读教材的基础上，对教材、学情进行了如下陈述。

教材分析：完全平方公式是继平方差公式后的又一个形式较为复杂的结构化公式，它是数学知识的重要内容，是进一步学习因式分解、一元二次方程、二次根式等其他数学知识的基础，同时又是学生学习其他学科不可缺少的工具。要掌握好公式的结构特征，必须让学生亲身经历公式的探索过程，经过观察、归纳、验证等数学活动获取数学经验，增强语言表达和推理能力。

教学重点：经历探索完全平方公式的过程，并能运用完全平方公式进行计算。

学情分析：学生经历了整式的运算、平方差公式的学习，积累了一定的数学公式学习的经验，具备良好的探究意识、质疑能力。但因完全平方公式的结构比平方差公式复杂，且教材中又以两个公式出现，学生认识、揭示公式的结构，尤其是其中间项的符号确定比较困难。

教学难点：用自己的语言解释规律，揭示公式的本质特征。

2. 科学制定课时教学目标

教学目标是一节课的"纲"，是课程目标的具体化，教学目标确定的准确与否直接决定着一节课的成败。《课标》中提出的知识与技能、数学思考、问题解决、情感与态度四个方面的目标是设计教学目标的指南与依据。在实际操作中，我们是按照知识与技能目标、过程与方法目标、情感态度与价值观目标三个维度进行描述的。在平时的备课中，我们发现在教学目标的陈述上存在以下两种现象。

一种是将三维目标分类陈述，例如，在进行北师大版八年级上册"认识无理数"的教学目标设计时，某位教师就这样进行陈述。知识与技能：①通过拼图活动，让学生感受无理数产生的实际背景和引入的必要性。②会判断一个数是有理数还是无理数。过程与方法：通过实例对数学作出猜想并验证，在探究过程中，使学生感受认识无理数的必要性，并使学生积累解决数学问题的经验和方法。情感与态度：①在学习活动中认识数学与人类生活的密切联系，体验数学活动中充满探索与创造。②创设交流探索讨论的机会，鼓励学生大胆质疑，培养学生合作与钻研精神。其实三维目标是互相促进，有机统一的，知识与技能、过程与方法、情感态度与价值观是一个相互联系、相互渗透的整体，是学生在学习活动中实现素质建构的三个方面，因此，在实际教学过程中，不建议将他们独立设计为三个环节进行陈述。如上述教学目标可以表述为：①通过拼图活动，感受无理数产生的实际背景和引入的必要性，积累数学活动经验。②会判断一个数是有理数还是无理数。③在解决问题的过程中，培养合作意识、探究精神与质疑能力，获得解决问题的经验。

另一种情况是许多教师侧重于教学过程的设计，而忽视了对教学目标的斟酌，仅是照抄照搬《义务教育教师教学用书》中的教学目标，忽视了教学目标与学情的有机融合，使得课时教学目标过于笼统，即所制定的教学目标适用于任何班级与学校，失去了教学目标的作用与价值。进行课时教学目标设计，我们要在遵循《课标》中的课程目标、单元教学目标的前提下，将课时目标"生本化"，即充分考虑学生的实际情况，将学生的认知水平、活动经验、情感态度等因素进行综合分析，使得课时目标更具有指向性，更具体、精准，符合自己班级学生的特点。例如，北师大版八年级上册《应用二元一次方程组——鸡兔同笼》一节中，《义务教育教师教学用书》中供教师参考的教学目标是：①能分析简单问题中的数量关系，建立方程组解决问题。②经历和体验列方程组解决实际问题的过程，体会方程（组）是刻画现实世界数量关系的有效数学模型，发展模型思想和应用意识。通过研读教材、分析学情，考虑到本节课是运用二元一次方程组的第1课时，旨在引用二元一次方程组解决简单实际问题，通过引导学生利用二元一次方程组解决我国古代经典名题，让学生大致了解二元一次方程组解决实际问题的基本步骤，而发展学生的模型思想和应用意识需要是一个长期的过程，不是一蹴而就的。

为此，结合学情可以制定以下教学目标：①能分析"鸡兔同笼"等古代数学问题中的数量关系，会运用二元一次方程组解决问题。②初步经历和体验列二元一次方程组解决古算题的过程，体会方程组是刻画现实世界数量关系的有效模型，培养学生应用方程组解决实际问题的意识和能力。③在问题解决过程中，学会探究，合作与共享，积累数学活动经验。④通过学习古算题，体会中华传统文化的魅力，激发爱国热情和对数学的学习兴趣。

3. 精心设计教学过程

教学过程是教学设计中的重中之重，它主要包括教学内容设计、教学活动设计、教学评价设计以及各环节的设计意图与处理办法。

首先，设计课时教学内容。平时进行教学内容设计，主要依据初中数学教育的性质、任务和学科目标、数学学科的特点以及学情，对教科书上呈现的课程内容进行适当的加工处理，也就是我们所说的创造性地使用教材。加工处理时，我们需要考虑的主要问题有：哪些内容学生已有所了解及了解到何种程度？哪些内容是达成目标所必需的？需要删除哪些内容？需要补充哪些内容？哪些内容需要做出调整？同时必须明晰删除、补充、调整教材原有内容的原因等。需要说明的是，合理地选择、设计例题、习题，对突出重点、突破难点是十分重要的，教师要根据学生的实际情况，有针对性地适当调整例题和习题，提高例题、习题的功效。

其次，设计教学活动。我们知道，数学教学是对数学课程的具体实施，是为达成一定的数学课程目标，在特定的环境条件下所展开的教学活动。这就使得课前教学活动设计显得尤为重要。教师需在熟悉教材中各环节，如"做一做""议一议""例题教学"等教学活动设计意图的基础上，结合学情及自己的教学习惯，创造性地设计教学活动，要清楚以下问题：教学活动的目的是什么？活动需要达到怎样的效果？作为课堂教学组织者、引导者与参与者，教师如何组织开展教学活动？如何体现学生在活动中的主体地位？进而保证课堂教学中活动的实施。

最后，精心设计教学评价。《课标》指出，评价的主要目的是为了全面了解学生的学习过程和结果，激励学生学习和改进教师教育教学方法。教学评价的设计要结合教学内容，选择恰当的评价模式，同时要考虑评价的客体、主体、媒体及评价取向等内容。例如，在对"基础知识与基本技能掌握"的评价上，要侧重于对知识本身的理解和应用；对"做一做""议一议"等数学教学活动的评价上，则要特别关注学生基本活动经验的积累与形成。总之，教学评价的设计既要激励学生，调动学生积极主动参与教学过程，同时又要能客观反映出每个学生的学习过程和结果，使评价的过程成为学生发展、教师成长的过程。

总而言之，教学设计是课堂教学实施的蓝图、计划，科学撰写教学设计也是教师专业成长的有效途径，作为一线教师，要教好数学，就要在教学前考虑如何教的问题。撰写一篇优秀的教学设计，研读《课标》、教材，洞悉教材设计意图是基础与保证，而结合学情，将课程理念、教材意图充分的体现在教学设计中是根本。需要说明的是，教学设计的撰写没有固定的模板，其意义在于"课前规划，服务教学"。科学合理的教学设计可以使我们的课堂教学事半功倍，有效的改善我们的课堂教学，提高课堂教学实效。

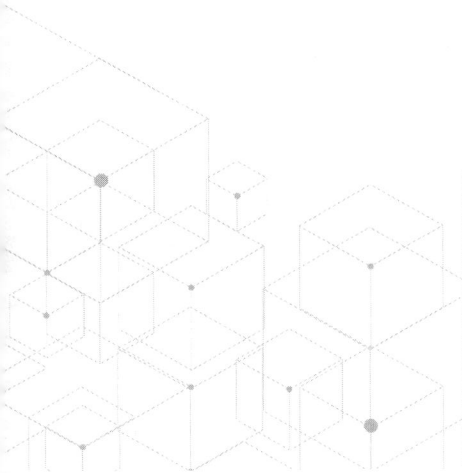

初中数学

教学模块要点解析

数与代数教学要点解析

数与代数是初中数学课程的重要内容。这部分内容包括有理数及其运算、整式及其运算、分式、方程（组）、不等式（组）、函数等。在初中阶段，从七年级到九年级，数与代数的内容逐渐扩充，由有理数到实数，由数的运算到代数式的运算，由算术运算关系到代数运算，再到函数。所学内容由易到难，由简到繁，对学生的要求越来越高，解决的问题也越来越复杂。

学习数与代数部分要抓住从数及数的运算到代数式的运算，再到方程和解方程、函数这条主线，从两个角度来理解，即从数的扩充角度——从常量到变量；从关系的角度——从数量关系的等量关系到不等关系、变化关系。使学生通过数与代数内容的学习后，能够运用符号来解决问题和进行交流，发展符号意识，即运用数和符号表述数量关系和变化规律（表述）；选择适当的方法解决用数和符号表达的问题（操作）；能从数和符号的运算中得出结论，并对结果进行检验（解释）。在具体教学中需要处理好以下几个问题。

一、加强对学生数感的培养

数感是《课标》中提出的一个重要的核心概念。数感主要是指关于数与数量、数量关系、运算结果估计等方面的感悟。数感是数学素养的重要表现，它是建立数的概念和有效计算的基础，是连接数学与现实问题的纽带。而数与代数内容的学习是学生建立数感的主要途径。在初中阶段，数感的培养主要体现在有理数、无理数等的认识及其运算等内容的教学活动之中，具体而言主要有：①对大数的认识。在认识大数时，对数的感知和估计需要一定的数感。《课标》在具体目标中也提出，"在生活情境中感受大数的意义，并进行估计""会运用数表述事物的某些特征，进一步体会数在日常生活中的作用"，这些目标都是对培养学生数感的具体要求，需要教师在教学中加以落实。如估计一个操场大约可以站多少人？一间报告厅可以坐多少人？在这些实际情境中进行数量大小的估计，很大程度上是选择正确的数量级，例如，上面的问题中，前者可以用千或万估值，而不适合用十估值；后者可能用百或者十估值。而选择什么样的数量级，是学生数学经验的积累和数量特征的感知程度的体现。②在估算中发展数感。估算的学习和运算，一是选择恰当的单位进行估计；二是选择合适的方法具体操作。估算的问题需要学生分析具体的现实情境，作出合理的选择单位并进行估计，进而发展学生的数感。③在运算中发展数感。运算过程中，对运算结果正确性的判断也是数感的具体体现。

二、加强对学生符号意识的培养

初中的代数内容主要是数与式、方程、函数等内容，这些内容中一个非常重要的思想是用字母代替数字进行运算和推理。在教学中，教师要始终将字母代替数字这一基本思想贯穿到整个教学过程之中，如用字母表示运算法则、运算规律以及计算公式；用字母表示现实世界和各门学科中的各种数量关系；用字母表示具体情境中数量关系和变化规律等。从数学运算到字母运算的转化过程中，逐渐促使学生形成符号意识。

三、在方程、不等式、函数的学习中理解数学模型思想

我们说，数学源于生活。为了研究自然界的一些演化规律，人们建立相应的数学模型，如方程、不等式、函数等，通过对这些模型的研究，总结出自然界的一些演化规律。在模型建立的过程中，让学生经历分析实际问题中的关系，并把这一关系表示为数学符号，然后回到开始的问题情境检验结果的合理性的过程，使学生感受到数学符号化的力量，建立和发展符号感，体会数学的方法和意义的同时，也让学生通过数与代数内容的学习初步掌握研究方程、不等式和函数的一般性方法。

四、整体把握内容之间的联系

我们知道，数与代数内容分为三个部分：数与式、方程与不等式、函数。这三部分内容之间存在着密切的内在联系，这种内在联系既表现在每个部分的前后之间，更存在于不同部分之间。例如方程与不等式，在学习和研究方程（组）的基础上，不管是从实际问题中抽象出不等关系、建立不等式（组）的概念，还是列不等式（组）和解不等式（组）的方法与步骤，我们都是类比和迁移方程的学习方法，究其原因，就在于方程与不等式具有揭示数量关系的共同本质，而区别仅仅是相等与不相等，表现为用"="连接与用">"或"<"连接，从解方程与解不等式的一般步骤看，二者的区别也只在于两边同时除以未知数的系数（未知数的系数不为零）时有所不同，其他步骤如去括号、移项、合并同类项等变形都是一样的；又如方程、不等式与函数之间，《课标》将"体会一次函数与二元一次方程、二元一次方程组的关系"列入学习内容，揭示了函数与方程之间的内在联系。事实上，任何一个方程都可以表示为 $f(x)=0$ 的形式，其中 $f(x)$ 就是一个函数，而且方程的归类就取决于函数的归类，方程 $f(x)=0$ 的解，也叫做函数 $f(x)$

的零点，其几何意义就是函数 $f(x)$ 的图象与 x 轴的交点横坐标。在学习过程中，无论是建立方程、不等式、函数的模型，还是利用上述模型解决实际问题，我们都要时刻注意引导学生认识、理解它们之间的联系与区别，加深学生对数学中通用的性质和法则的认识，体会学习数学和研究数学的规律与方法，提升数学的思维能力。在数与代数内容的学习中，教师要充分揭示知识间的内在联系，整体把握知识内容，构建知识网络，深化对每部分知识的理解和应用，并从中提炼数学思想，提升学生的能力水平。

案例1 《整式的加减（第1课时）》教学设计

教材：北师大版初中数学七年级（上册）第三章第4节《整式的加减（第1课时）》P90~P92。

（一）教材内容解析

《整式的加减》共3课时。第1课时主要学习识别同类项，进行合并同类项的运算。

合并同类项是整式加减的基础，其根据是加法交换律、结合律及乘法分配律，是从具体数字运算发展到代数运算的转折点，合并同类项的法则是建立在有理数的加减运算的基础之上；在合并同类项过程中，要不断运用有理数的运算。可以说合并同类项是有理数加减运算的延伸与拓展。也是今后进一步学习解方程、解不等式等不可缺少的知识。同时，合并同类项是简化数学运算的常用方法，这对于解决一些实际问题和进一步学习有着深远的意义，因而，合并同类项是初中数学中必须要掌握的重点内容。

（二）教学目标设置

作为《整式的加减》的起始课时，本节课涉及的知识点不多，更重要的是让孩子能从实际情境中认识到合并同类项的必要性，对合并同类项经历从感性到理性的认识过程，从而理解合并同类项的依据，经历合并同类项法则的探究、归纳过程。

根据三维教学目标及新课程标准对本节课的要求，结合当前学生的心理特点以及现有的认知水平，拟定本课的教学目标：

（1）在具体情境中感受合并同类项的必要性，理解合并同类项的依据。

（2）使学生知道什么样的项是同类项，能准确识别同类项。

（3）知道合并同类项的法则，能进行同类项的合并。

（4）经历观察、类比、思考、探索、交流和反思等数学活动，培养创新意识与合作精神。

教学重点：识别同类项，能利用合并同类项的法则进行同类项的合并。

（三）学生学情分析

学生已学会了有理数运算，掌握了单项式、多项式的有关概念等知识，在此基础上进一步学习同类项、合并同类项。由于学生刚刚接触"字母表示数"，符号意识、抽象能力还有待于进一步的培养，例如多项式的项、项的系数等在合并同类项的过程中，依然会成为学生学习的障碍，学生容易将性质符号错当做运算符号，给新知识的学习带来困难。另外七年级学生受基础知识和思维发展水平的限制，抽象概括能力不强，但学生上进心强，有强烈的好奇心和好胜心，初步养成了与他人合作交流、勇于探索的良好习惯。

教学难点：准确地识别多项式中的同类项。

（四）教学策略分析

（1）采用"问题情境—建立模型—解释、应用与拓展"的模式展开教学，让学生经历知识的形成与应用过程，从而更好地理解数学知识，掌握其思想方法和应用技能。

（2）改变学生的学习方式，教师引导学生主动地从事观察、实验、猜测、验证、推理、交流、反思等数学活动，鼓励学生自主探索与合作交流，使学生主动地获取知识，积累数学活动经验，学会探索，学会学习。

（3）关注学生的情感与态度，实施开放性教学，让学生获得成功的体验。

（五）教学过程

教学过程	教师活动	学生活动	设计意图
创设问题情境	如图，建筑师傅用两种不同颜色的大理石拼成一个长方形，并用它来铺设楼道。 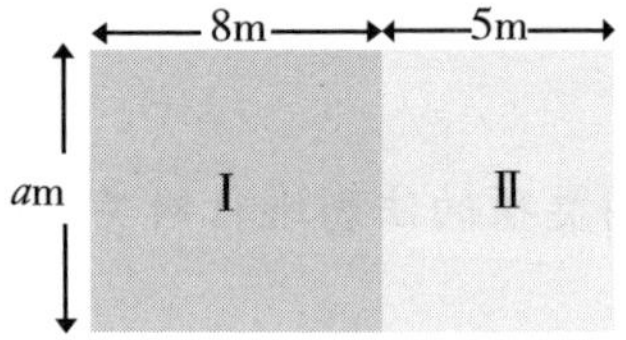 ←—8m—→←—5m—→ am Ⅰ Ⅱ （1）这个长方形的面积如何表示？ （2）已知这两种不同颜色的大理石的售价均为每平方米 b 元，那么铺设这样一块长方形大理石需要多少元？	学生用不同的方法表示长方形的面积及铺设一块长方形大理石需要的费用。 （1）$8a+5a$ 或 $(8+5)a$ （2）$8ab+5ab$ 或 $(8+5)ab$ 并让学生交流自己的想法。	从学生熟悉的问题入手，让学生直观的感受合并同类项的方法。
自主探究 建立模型	板书： （1）$8a+5a=(8+5)a=13a$ （2）$8ab+5ab=(8+5)ab=13ab$ 想一想： （1）多项式 $-4mn^2+3mn^2$ 能化简吗？你的依据是什么？ （2）上面的多项式合并成了一项，它们有什么特殊性呢？仔细观察，你发现了什么？ 板书：像$8a$ 与$5a$，$-4mn^2$ 与$3mn^2$ 这样含有相同的字母，并且相同字母的指数也相同的项，叫做同类项。	学生尝试化简，分析、交流化简的依据就是乘法分配律。 尝试发现同类项的特征。	从"项"的角度让学生对合并同类项经历从感性到理性的认识过程，感受合并同类项的必要性。

续表

教学过程	教师活动	学生活动	设计意图
自主探究 建立模型	巩固练习： 1. 你能说出一组同类项吗？试一试。 2. 请写出 $-3x^2y$ 的一个同类项。 3. 试一试判断下列各组是否为同类项？（请说出理由） （1）x 与 y （2）a^2b 与 ab^2 （3）$-3pq$ 与 $3qp$ （4）abc 与 ac （5）$2a^3$ 与 a^2 （6）7 与 -2 想一想： 如何判断两个单项式是同类项呢？ 归纳： （1）两同：含有字母相同、相同字母的指数相同 （2）两无关：与系数无关、与字母的顺序无关 做一做： （1）请你能找出下列多项式中的同类项吗？ ① $-7a^2b+2a^2b$ ② $7a+3a^2+2a-a^2+3$ （2）你能根据乘法分配律把同类项合在一起吗？动手试一试。 板书：把同类项合并成一项叫做合并同类项。 练一练： 看谁答的又快又好。 合并同类项： （1）$2f+3f=$ _____。 （2）$3y^3-y^3=$ _____。 （3）$-6ab+6ab=$ _____。 （4）$xy^2-7xy^2=$ _____。 思考：你是如何合并同类项的？	结合同类项的概念，举例。 识别同类项，并说出依据，同时尝试进行修改，使它们成为同类项。 结合巩固练习，及时归纳识别同类项的方法：（1）含有相同的字母；（2）相同字母的指数也相同。 在多项式中识别并找出同类项，学生口答。 利用乘法分配律合并同类项，全班交流。 学生独立完成，全班交流，说明自己合并同类项的方法。 归纳、交流合并同类项的方法。	设计不同梯度的练习题目，让学生熟悉同类项的概念，能准确识别同类项。 帮助学生养成及时归纳的习惯。 再次认识合并同类项的意义，同时在运算中让学生理解合并同类项的依据是加法交换律、加法结合律及乘法分配律。 通过简单习题的练习，让学生进一步理解合并同类项的法则。

续表

教学过程	教师活动	学生活动	设计意图
自主探究 建立模型	板书：合并同类项时，把同类项的系数相加，字母及字母的指数不变。 例：合并同类项： （1）$3m+2n-5m-n$ （2）$2y+2xy+6y-5$ （3）$-5ab+8a-2b^2-8ab-8a$ 教师及时纠正反馈 想一想： 合并同类项需要哪些步骤？ 做一做： 求代数式 $-3x^2+5x-0.5x+x-1$ 的值，其中 $x=2$。 利用实物投影展示学生作品、比较两种不同的方法 指出：求代数式的值时，如果代数式中有同类项，应该先合并同类项，再求值。	利用合并同类项法则合并同类项，学生独立完成，个别学生板演。 讨论、交流。 学生用不同的方法求代数式的值。	通过（1）小题的板书，规范合并同类项的解题格式，让学生学会运用合并同类项法则进行运算。 让学生感受先合并同类项后代入求值带来的简便。
课堂小结	1. 谈谈本节课自己有哪些收获？ 2. 你还有哪些思考或疑惑想与同学交流？	总结本课内容；与同学交流所想。	让学生反思自己的学习过程、思维过程，并将所学的知识进行适当的延伸、拓展。
课堂检测	1. 请写出与 $-7a^2b^3$ 的一个同类项，你能写多少个？它本身是自己的同类项吗？ 2. 已知 $6x^2y$ 与 $-2x^my^n$ 为同类项，则 $m=$ _____；$n=$ _____；	学生独立完成，检测学习效果，并相互纠正。	及时对所学知识进行检测，理解学生掌握情况，同时让学生当堂纠正，相互讲评，促进学生相互学习。

教学过程	教师活动	学生活动	设计意图
课堂检测	3. 一个长方形的宽为 a cm，长比宽的 2 倍多 1 cm，这个长方形的周长为_____。 4. 合并同类项： （1）$3pq+7pq-pq$ （2）$3b-3a^3+1+a^3-2b$ 5. 求代数式的值： $8p^2-7q+6q-7p^2-7$， 其中 $p=3$，$q=3$；		
布置作业	1. 课堂作业：习题 3.5 第 1，2，3 题。 2. 思考题：习题 3.5 第 6 题。		

案例2 《函数》教学设计

教材：北师大版初中数学八年级（上册）第四章第1节《函数》P75~P79。

（一）教材分析

函数是研究现实世界变化规律的一个重要模型，对它的学习一直是初中阶段数学学习的一个重要内容。它是在七年级下学期探索了变量之间关系的基础上，继续通过对变量间关系的考察，让学生初步体会函数的概念，并初步形成利用函数的观点认识现实世界的意识和能力。

本课时提供了多个生动有趣的问题情境，提供观察、操作、交流、归纳等数学活动，使学生在活动中体会函数的概念，加深学生对数学知识的理解，发展学生的数学思维。同时在新知导入上，既注重了与学生生活实际的联系，又注意了函数与七年级下册"变量之间的关系"一章的联系，在新旧知识的比较与联系中，促进了学生新的认知结构的建立与完善。

本节课的重点是：初步掌握函数的概念。

本节课的难点是：能判断两个变量间的关系是否可看作函数。

（二）学情分析

我校属于城镇中学，与农村中学相比教学设备较好，学生来源相对稳定，其中一半以上是城镇中干部、工人子女，另一半是城镇周围的农村学生和个体经营者的子女。学生对数学的求知欲强，上课能主动参与、积极思考，合作交流的意识和能力有一定的提高。

（三）教学目标

（1）结合具体实例，初步掌握函数的概念，能判断两个变量间的关系是否可看作函数。

（2）初步形成利用函数的观点认识现实世界的意识和能力。

（3）经历具体实例的抽象概括过程，进一步发展抽象思维能力。

（四）教学设计

教学过程	教师活动	学生活动	设计意图
创设问题情境	提出问题：你想提高自己的记忆力吗？你知道保持在我们头脑中的知识随着时间的变化是如何变化的吗？	学生议论纷纷。（片刻后，学生都把目光聚集在老师的身上寻求问题答案）	从学生感兴趣的问题：如何提高记忆力入手，激发学生对知识的探求欲望，调动学生参与问题探究的意识。

教学过程	教师活动	学生活动	设计意图
自主探究 建立模型	1.瓶子或易拉罐等圆柱形的物体，常常如下图那样堆放。 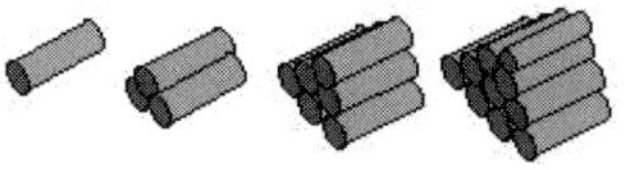 （1）观察图形，寻找规律，填写下表： 	层数 n	1	2	3	4	5	…
---	---	---	---	---	---	---
物体总数 y						… | （2）在表格中有哪些变量？随着层数 n 的变化，物体总数 y 是如何变化的？ 2.出示"数值转换机"。在平整的路面上，某型号汽车紧急刹车后仍将滑行 s 米，一般地有经验公式 $s=v^2/300$，其中 v 表示刹车前汽车的速度（单位：千米/时）。 汽车速度 v $s=v^2/300$ 滑行距离 s （1）请输入 v 的一个值，计算相应的滑行距离 s。 （2）同伴任意给定一个 v 的值，你能求出相应的 s 值吗？ （3）在上述活动过程中，你有什么发现？	（1）学生在独立思考的基础上填表：依次为1，3，6，10，15； （2）学生解答问题，感受变化过程中两个变量间的相依关系。 学生回忆"数值转换机"的用法。 学生结合问题串回答问题并交流自己的看法。	通过生活化的场景，让学生结合问题认识到某个变化过程中两个变量间的关系，同时可以体会到数学就在我们身边，鼓励学生留意生活中的数学。 利用学生熟悉的"数值转换机"激发兴趣。 用问题串的形式引导学生自主探索，感受两变量间的关系。

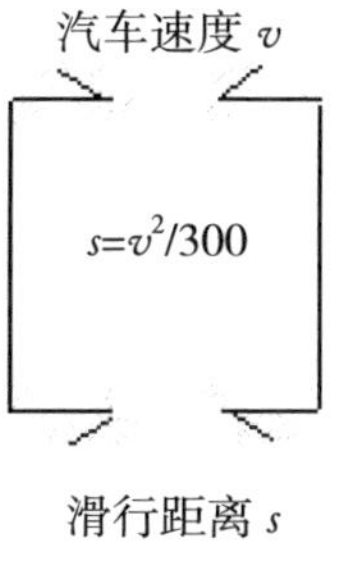

续表

教学过程	教师活动	学生活动	设计意图
自主探究 建立模型	议一议：在上面的三个实例中，它们有什么共同的特征？（板书函数的概念）	小组讨论，得出结论：（1）都有两个变量。（2）给定一个变量的值，可以相应的确定出另一变量的值。学生独立思考回答问题并尝试举例。 学生独立解答，全班交流。	使学生学会合作与交流并在交流中获益。
应用拓展	1. 说一说：在上面的实例中，可以将哪个变量看作是另一个变量的函数？ 2. 想一想：函数有哪些表示方式？ 3. 试一试：请举例说说生活中的某个变化过程存在的函数关系。 4. 巩固练习 P155 随堂练习的第 1 题	学生独立思考回答问题并尝试举例。 学生独立解答，全班交流。	结合说一说、想一想、试一试三个环节，进一步帮助学生理解、掌握函数的概念，并进行知识的拓展。
小结	1. 本节课你学到了哪些知识？ 2. 你还有哪些思考或疑惑想与同学交流？	总结本课内容；与同学交流所想。	让学生反思自己的学习过程、思维过程，并将所学的知识进行适当的延伸、拓展。
布置作业	1. 课堂作业：习题 6.1 第 1 题 2. 思考题：习题 6.1 第 3 题		

（五）教学反思

（1）本节课从学生的实际需求出发，在分析掌握学生学情的基础上，创造性的运用教材，激发学生对知识的求知欲望，使学生自觉、主动地参与到新知识的探索过程中，通过实践、思考、探索、交流获得知识，形成技能，同时也实现了对学生的思想教育和学习方法的指导。

（2）成功的利用问题串的形式将新旧知识联系在一起，引导学生从事观察、思考、交流、归纳等一系列探索活动，获取数学活动的经验，既降低了探究问题的坡度，又突破了难点，真正使学生在实践、探索中体会两个变量间的关系，从而顺利得出函数的概念。

（3）问题的设计能把握重点，"小坡度，低起点"，环环相扣，逐渐将问题"浮"出水面；课堂上师生互动，教师能放开手脚，让学生去经历知识的形成过程。

（六）案例点评

有效地激发学生数学学习的兴趣，增强学生学好数学的信心，是数学教学追求的较高境界。本节课十分注重学生的情感教育，通过"记忆保持曲线"、"数值转换机"、身边的数学等一系列有趣而富有挑战性的教学活动，使学生亲历函数概念的形成过程，感受和体会实际生活中两个变量间的关系。同时，在教学素材的选择上，教师既注重知识与生活的联系，又渗透学习方法的引导，通过"记忆保持曲线"教育学生合理分配时间，提高学习效率。

设计中教学主要以学生自主探究、合作交流的形式展开，能在新课程理念的指导下，给学生充分的思考和交流的空间，成功的借助问题串引导学生学习新知识，初步体会函数的概念，构建函数模型。

图形与几何教学要点解析

初中阶段"图形与几何"的课程内容分为图形的性质、图形的变化、图形与坐标三部分，它以发展学生的空间观念、几何直观、推理能力为核心展开。"图形的性质"部分包括九个基本事实、探索并证明一些基本图形的性质以及基本作图和定义、命题、定理等内容，具体包括：点线面角、相交线与平行线、三角形、平行四边形、圆以及尺规作图、定义、命题、定理等。"图形的变化"部分主要学习图形的轴对称、旋转、平移以及图形的相似、图形的投影。"图形与坐标"部分重点研究坐标与图形的位置和坐标与图形的运动，如《课标》要求"在实际问题中能建立适当的直角坐标系，描述物体的位置""在直角坐标系中，探索并了解将一个多边形的顶点坐标（有一个顶点为原点，有一条边在横坐标轴上）分别扩大或缩小相同倍数时，所对应的图形与原图形是位似的"，就是分别对"坐标与图形的位置""坐标与图形的运动"的具体要求。在"图形与几何"的教学中，要注意以下几点。

一、紧紧围绕空间观念、几何直观、推理能力、应用意识等核心概念展开教学

首先，教师必须清晰地理解《课标》对空间观念、几何直观、推理能力、

应用意识等核心概念的具体描述，掌握发展上述核心素养的途径与方法。①空间观念。空间观念主要是指根据物体特征抽象出几何图形，根据几何图形想象所描述的实际物体，想象出物体的方位和相互之间的位置关系；描述图形的运动和变化，依据语言的描述画出图形等。具体教学中，要重视实物与图形间的相互转换、二维平面与三维空间的转化。主要在"视图""图形的投影""直棱柱、圆锥的侧面展开图"等教学内容中，通过开展形式多样的教学活动，如观察、操作、描述、想象等发展学生的空间观念。②几何直观。几何直观主要是指利用图形描述和分析问题。教学中，要充分发挥几何直观把复杂问题简明、形象化的功能，引导学生学会借助图形直观研究问题的基本方法，即先把研究的"对象"抽象成为"图形"，再把"对象之间的关系"转化为"图形之间的关系"，从而把所研究的问题转化为关于"图形的数量或位置关系"的问题，然后借助图形直观进行思考、分析并解决。③推理能力。推理是数学的基本思维方式。一般包括合情推理和演绎推理。推理能力的形成需要一个长期、缓慢的过程。教学中，要为学生提供探索、交流的空间，组织、引导学生经历观察、实验、猜想、证明的过程，把发展学生的推理能力贯穿于整个数学学习过程之中。④应用意识。应用意识有两个含义，一方面是利用数学的概念、原理、方法解释现实世界中的现象，解决现实世界中的问题；另一方面，认识到现实生活中蕴涵着大量与数量和图形有关的问题，这些问题可以抽象成数学问题。教学中，要创设丰富的问题情境，提供宽松、民主、合作的学习氛围，引导学生经历"从生活到数学"的建模过程，运用数学的知识、方法、思想分析和解决实际问题的应用过程。发展学生的应用意识。

其次，教师要清楚的知道落实上述数学素养的具体课程内容或具体的单元、章节。在教学设计与实施中，设计科学、合理的教学活动，有侧重地发展其中一个或多个数学素养。

二、注重探索与证明有机结合

探索活动是进行合情推理的过程，不仅有助于理清思路、发现结论，而且有助于发展学生的创新意识和创新精神。在探索图形的性质时，教师要鼓励学生运用多种方法发现探索：通过操作、观察、实验等活动对现象进行归纳或类比，运用合情推理发现图形的性质；也可以通过图形的运动，观察图形运动过程中变与不变的关系，从而发现图形的性质。探索发现的结论，再通过演绎推理证明其正确性。教学中，教师要准确把握教学目标，努力将"探索发现"和"演绎证明"有机结合，实现"增强学生发现和提出问题的能力，分析和解决问题能力"的课程总目标。

三、关注学生证明推理的过程，发展学生的推理能力

证明一般需要做到两点：一是出发点正确；二是推理过程正确。在出发点正确的前提下，"证明要合乎逻辑"即由因得果必须有依据。在"图形与几何"中证明的依据是《课标》列出的基本事实和定义、定理、推论、性质等。在日常教学中，教师一定要引导学生充分讨论，阐述自己的证明思路，并能规范、有条理地书写推理过程；要注重鼓励学生通过"一题多解""一题多变""多题归一"等方式，提高学生分析、解决问题的能力。

案例1 《三角形内角和定理（第2课时）》教学设计

教材：北师大版初中数学八年级（上册）第七章第5节《三角形内角和定理（第2课时）》P181~P183。

（一）教材分析

本节课是北师大版八年级上册第七章第五节《三角形内角和定理》第2课时。其教学内容为三角形外角的定义以及三角形内角和定理的推论，主要涉及三角形的外角定义，三角形外角的两个定理及应用，同时进一步熟悉和

掌握证明的步骤、格式、方法、技巧。这是对三角形内角和定理的拓展和延伸，使学生对三角形的外角由直观感知上升为理性认识，进而掌握三角形外角的定义和性质的应用，旨在利用已经学习过的知识来推导出新的定理以及运用新的定理解决相关问题。它既是对图形进一步认识的重要内容之一，也是用以研究角相等的重要方法之一。因此，作为八年级上册最后一节新课的内容，本节课起着承上启下的作用。

（二）学情分析

学生在前面的几何学习中，已经学习过平行线的判定定理与平行线的性质定理以及严格证明它们的方法，学习了三角形内角和定理的证明以及相关应用，有相关知识的基础，并具有一定的逻辑思维能力和严谨推理习惯，这使得学生能够在充分理解的基础上对三角形内角和定理进行拓展和延伸，为本节的学习奠定了良好的基础。在活动经验方面，八年级学生已具备一定的学习能力，包括自学和交流，具备有条理的思考分析和表达能力，思维正逐步由具体走向抽象，当然依然倾向于通过形象的材料来理解相关知识和概念。但是，学生仅具备初步的利用定理推理证明的能力，如何证明几何中的不等关系尚存在困难，另外证明的方法、技巧都有待提高。

（三）教学目标分析

根据《课标》及学生学习情况水平的分析，本节课的教学目标确定为：

（1）掌握三角形的概念及三角形内角和定理的两个推论。

（2）经历探索三角形内角和定理的推论的过程，进一步培养学生的推理能力。

（3）鼓励学生在数学活动中学习并体验做数学的乐趣，感受数学的实用价值，体会数学以不变应万变的魅力。

（四）教学重点和难点的分析

重点：三角形内角和定理的推论及其应用。

难点：三角形内角和定理的推论的应用及证明题的说理性。

（五）教法与学法的分析

1.教法分析

数学是一门培养人的思维和发展人的思维的重要学科，因此在教学中，不仅要使学生"知其然"，而且还要使学生"知其所以然"。针对八年级学生的认知结构和心理特征，本节课选择"问题串"法，由浅到深，由特殊到一般地提出问题，引导学生自主探索，合作交流，学生在已有经验的基础上，要在自己的思考过程中得到进步，加深对知识的理解，就必须在教师的引导下，通过同学间的互相探讨、启发，把课堂上所学的内容完全转化为学生自己的知识。

2.学法指导

倡导"自主、合作、探究"的学习方式，采用了"问题串—点拨—练习"的学习方法，让学生自主参加知识的发生、发展、形成过程。在教学过程中，利用课本例题进行一题多变、一题多解启发学生根据习题间的联系进行分组讨论，以"问题串"的形式引导学生进行思考，由浅到深、由易到难，让学生在已有的知识水平上经历探究、思索的过程，诱导他们正确解题、运用多种方法解题，拓展学生的思维，提高想象能力。

（六）教学过程设计

1.温故知新

（1）如图1，在△ABC中，∠A=30°，∠B=40°，则∠1=_____。

（2）上图中，若将BC延长至D，则可以得到一个新角_____，这个角还是三角形的内角吗？

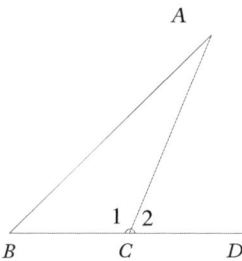

图1

设计意图：让学生回忆三角形内角和定理，并让学生从内与外的关系联想到今天我们要学习的内容，从而引入了新课。

2. 自主探究

（1）概念：三角形内角的一条边与另一条边的反向延长线所组成的角，称为三角形的外角。

对应练习：如图2，∠1为三角形的外角的是（　　）。

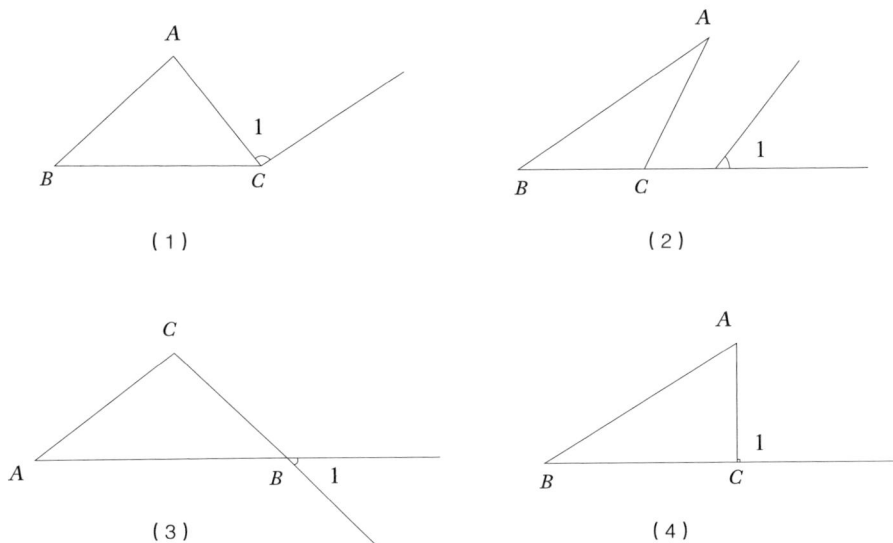

（1）

（2）

（3）

（4）

图2

（2）任意画一个三角形 ABC，并画出它的一个外角 $\angle ACD$。结合你画的三角形的外角，思考讨论：

①$\angle ACD$ 与它相邻的内角有什么数量关系？

②$\angle ACD$ 与不相邻的内角有什么数量关系？

③$\angle ACD$ 与每个内角有怎样的大小关系？

由探究可得出结论：

推论1：三角形的一个外角等于和它不相邻的两个内角的和。

推论2：三角形的一个外角大于任何一个和它不相邻的内角。

我们通过三角形内角和定理直接推导出两个新定理，像这样，由一个公理或定理直接推导出的定理叫做这个公理或定理的推论。

设计意图：通过分组讨论，结合"问题串"比较分析，进一步让学生理解三角形内角与外角之间的关系，提高学生的积极性，并引出三角形的内角和定理的两个推论：①三角形的一个外角等于和它不相邻的两个角的和；②三角形的一个外角大于任何一个和它不相邻的两个内角的和。在讲述外角知识时层层递进，为学生学习三角形内角和定理的两个推论扫清障碍。

3. 理解新知，应用拓展

（1）已知：如图3，在△ABC中，∠A=45°，外角∠DCA=100°，则∠A=_____；∠ACB=_____。

（2）如图4，试比较∠BDC与∠A的大小关系。

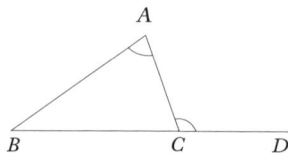

图3

（3）已知：如图5，在△ABC中，∠B=∠C，AD平分外角∠EAC。

求证：AD//BC。

思考下列问题，梳理证明思路：

①证明两直线平行的方法有哪些？

②如图5示，欲证明AD//BC，需要找出哪一对角的关系？

③结合已知条件，怎样证明你选择的这对角的关系？

④还有其他证明方法吗？与同伴交流。

⑤选择你喜欢的一种方法，将证明过程书写出来。

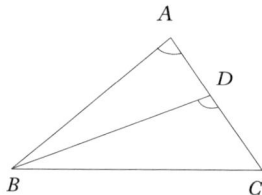

图4

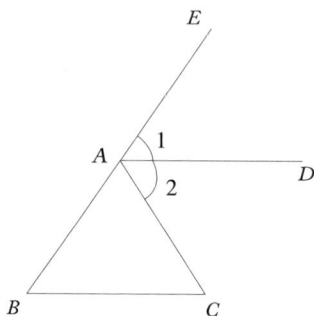

图5

设计意图：本题考查了平行线的判定、角平分线的定义、三角形内角和定理的应用及推论1。在"问题串"的指引下学生分组讨论，通过让学生亲自参与完成，培养学生合作交流的能力，在讨论的过程当中发挥学生自主探索和研究的意识，进一步加深理解三角形内角和定理的推论，并强化对推论的应用，进而突出重点。并在解题的过程中学会数学问题一题多解的解题方法。

（4）已知：如图6，P 是 $\triangle ABC$ 内的一点，连接 PB，PC。

求证：$\angle BPC > \angle A$。

思考下列问题：

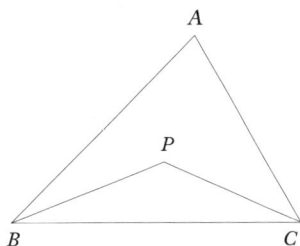

①若要证明两个角的不等关系，我们学过哪些关于角的不等关系的结论？

②如何将 $\angle BPC$ 构造成某个三角形的外角？

③图中哪个角与 $\angle BPC$、$\angle A$ 有不等关系？

④还有其他构造三角形的外角方法吗？与同伴交流。

设计意图：通过这种例子，让学生复习定理2的同时体会不等关系的递推和论证过程，产生浓厚的兴趣，了解数学来源于生活，可以解决生活当中的很多问题。并引发学生思考，使学生学会运用新知识去解决问题，深刻掌握三角形的内角和定理推论的应用，从而突破难点。

4. 梳理知识、归纳小结

（1）通过本节课的学习，你获得了哪些知识？

（2）通过本节课的学习，你学到了哪些方法？

（3）在应用推论2判断角的大小关系的时候，应注意什么问题？

设计意图：再次复习三角形内角和定理的两个推论，引导学生总结本节课的知识要点和数学学习方法，使学生从感性上升到理性，学会把握课堂的重难点，达到对知识的综合整理和灵活应用，形成系统知识。

5. 课后作业

课本习题7.5。

案例2 《探索勾股定理（第1课时》教学设计

教材：北师大版初中数学八年级（上册）第一章第1节《探索勾股定理（第1课时)》。

（一）教材分析

勾股定理是平面几何有关度量的最基本定理之一，它从边的角度刻画了直角三角形的特征。学习勾股定理是进一步认识和理解直角三角形的需要，也是后续有关几何度量运算和代数学习必要的基础；在勾股定理的发现、验证过程中蕴涵着丰富的数学思想，也正是基于此，教材设计了3个课时，力图再现勾股定理的探究过程，丰富学生的数学活动经验，并感受勾股定理的文化价值。本节课把三角形有一个直角这种"形"的特点转化为三角形三边边长之间的"数"的关系，是数形结合思想；把探求边的数量关系转化为探求面积的数量关系，将边不在格线上的图形转化为可计算面积的格点图形，是转化思想；从探求特殊直角三角形的三边关系到探求一般直角三角形的三边关系，是特殊到一般的思想；本节课主要通过让学生在方格纸上计算面积的方法，发现、探索得到勾股定理，并解决一些简单的问题。

（二）教学问题诊断分析

本节课在教学中需要注意以下几点：

1.数学思想、方法的渗透及学习方法的指导

在勾股定理的发现、验证过程中蕴涵着丰富的数学思想，如本节课中的数形结合思想、转化思想、特殊到一般的思想，为此在教学过程中，教师要注意发挥教师的主导作用，引导学生运用数学思想看待问题、分析问题、解决问题。例如由探究直角三角形三边平方的关系转化为探求正方形面积之间的关系的教学，教师要引导学生观察图表中正方形与三角形间的关系，从"形"的角度看，直角三角形的三边即为各正方形的边，从"数"的角度看，

三角形边长的平方即为各正方形的面积，正方形的面积关系就是直角三角形的三边平方的关系，让学生体会数形结合及转化思想。

2. 如何计算边长不在方格线上的正方形面积

本节课利用方格纸计算面积的方法，发现、探索得到勾股定理时，如何计算边长不在方格线上的正方形面积对学生来说有一定的困难，也是本节课的难点。教学过程中，图2中图（1）正方形 *A*、*B* 的面积可以让学生通过数格子或正方形面积公式得到，正方形 *C* 的面积需要学生通过拼凑或割或补的方法将不能利用网格线直接计算面积的图形转化成可以利用网格线直接计算面积的图形，尤其是在求一般直角三角形斜边上的正方形面积，学生虽然有意识使用割、补的方法计算其面积，但仍然有一部分学生不会进行割或补，这就需要在教学时结合学生的实际需要进行课堂讨论与合作学习。

3. 关注过程性教学与评价

数学教学是数学活动的教学，教师要为学生提供数学活动的机会，本节课教科书设计了在方格纸上通过计算面积的方法验证勾股定理的活动，教师在教学时就要注意鼓励学生经历观察猜想、归纳、验证的过程，并就学生在活动过程中的表现采取多样化的方式给予评价，尤其是要尊重个性差异，对学习困难学生及时给予帮助与鼓励，使其能积极投入到教学活动中。

（三）教学目标分析

根据《课标》和本节内容在整个初中数学中的地位与作用，结合八年级学生知识结构和心理特征，从知识与技能、过程与方法、情感与价值观三个目标领域综合考虑制定了本节课的教学目标。

①经历用数格子的办法探索勾股定理的过程，进一步发展学生合情推理意识，体会数学与现实生活的紧密联系。

②能说出勾股定理的内容并会初步运用勾股定理进行简单的计算和实际运用。

③在探索勾股定理的过程中，经历"观察—猜想—归纳—验证"的探究过程，并体会由特殊到一般、数形结合以及转化的思想方法。

④在探究活动中，培养学生独立思考、合作交流的学习习惯，通过解决实际问题，增强自信心，激发学习数学的兴趣，在教师的介绍下，体会勾股定理的文化价值。

教学重点：勾股定理的发现、探索过程。

教学难点：将边不在格线上的图形转化为边在格线上的图形，以便于计算图形的面积。

课前准备：方格纸、课件。

（四）教学过程

1. 创设情景导入新课

活动内容：情境1，出示章前图，通过"怎样与外星人联系"的话题激发学生的探究欲望，明确本章的学习内容。

情境2，如图7，强大的台风使得一根旗杆在离地面9米处断裂，旗杆顶部落在离旗杆底部12米处。旗杆折断之前有多高？

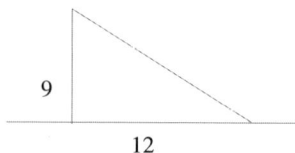
图7

想一想：你需要求哪些线段长度，这些长度确定吗？

活动目的：教师引导学生把实际问题转化成数学问题，也就是"已知直角三角形的两边，如何求第三边？"的问题。再结合"想一想"中的问题，让学生认识到在直角三角形中，任意两边确定了，另外一条边也就随之确定了，三条边之间确实存在一个特定的数量关系，从而引出对直角三角形三边关系的探索。

注意事项：学生能够获取信息，但对于直角三角形中已知任意两边，第三边也就随之确定了理解比较困难，教师可让学生尝试画图并充分的交流自己的想法。

2. 尝试猜想　探索验证

活动内容：活动1，尝试猜想。

在纸上任意画若干个直角三角形，测量它们各边的长度，看看三边长的平方有什么关系？

活动目的：让学生画直角三角形，通过测量得出结论，猜想出直角三角形三边长平方的关系。

注意事项：在学生画直角三角形测量时，教师要适当给予帮助，尽可能的减小误差。

活动内容：活动2，探索特殊直角三角形的三边关系。

如图8中图（1）、图（2），等腰直角三角形的三边的平方分别是多少？它们满足上面所猜想的数量关系吗？你是如何计算的？

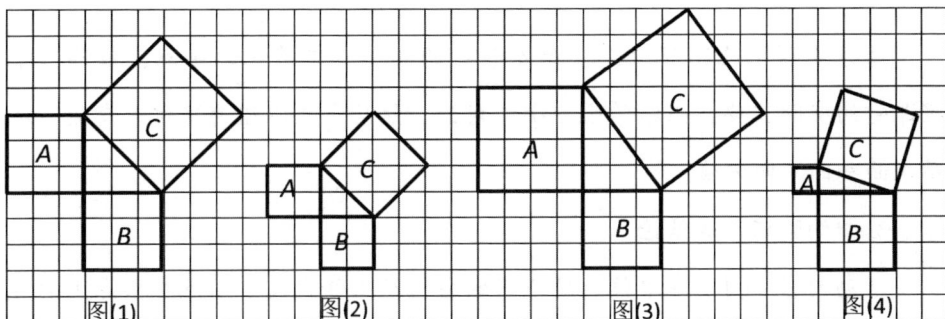

图8

	A 的面积	B 的面积	C 的面积
图（1）			
图（2）			
A、B、C 面积间的关系			
直角三角形三边关系			

活动目的：让学生通过直接数格子或正方形的面积公式得出 A、B 的面积，用割或补的方法得出 C 的面积，再利用表格有条理地呈现数据，再得出正方形 A、B 的面积之和等于正方形 C 的面积的基础上，归纳得出等腰直角三角形的两条直角边的平方和等于斜边的平方。

注意事项：教师要引导学生观察图表中正方形与三角形间的关系，从"形"、"数"的角度分析二者的联系，从而将问题转化为求正方形的面积。

活动内容：活动3，探索一般直角三角形的三边关系。

（合作探究）等腰直角三角形是特殊的直角三角形，对于如图8中图（3）、图（4），一般直角三角形三边的平方分别是多少？你是如何计算的？它们也满足上面的数量关系吗？

活动目的：让学生通过类比活动2的方法，探索一般直角三角形的三边关系。

注意事项：此环节中，求正方形 C 的面积是本节课的难点，教师可根据课堂的实际需要，组织学生分小组讨论。然后学生以组为单位，交流、展示求面积的不同方法。

3. 归纳验证形成结论

活动内容：（1）在单位长度不同的方格纸上任画几个顶点在格点上的直角三角形。看它的三边是否满足上述规律？

（2）直角三角形的两直角边分别为1.6个单位长度和2.4个单位长度，它们的三边是否满足上述规律？

活动目的：让学生在课前准备好的方格纸上任意画直角三角形，进而使上面的结论更加一般化。

教师用弯曲的手臂形象的向学生介绍"勾、股、弦"的含义，板书勾股定理：直角三角形的两直角边的平方和等于斜边的平方。

如果用 a，b、c 分别表示直角三角形的两直角边和斜边，那么 $a^2+b^2=c^2$。

活动内容：

填空：

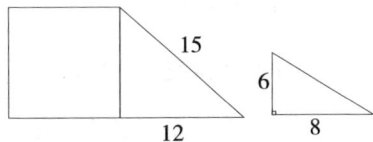

（1）如图9，正方形 A 的面积是 ＿＿＿。

（2）如图10，直角三角形中未知边的长度是 ＿＿＿＿。

（3）在 Rt△ABC 中，∠C=90°，a=15，c=25，则 b= ＿＿＿＿。

活动目的：这三道填空题是对定理的直接运用，也让学生再次认识到在直角三角形中已知任意两边的长就可以求得第三边。

4. 应用新知　解决问题

活动内容：（1）提出"大家还记得开始提出的旗杆问题吗？"

活动目的：让学生利用所学定理解决开始提出的实际问题，前后呼应，使学生从中体会到成功的快乐。

活动内容：（2）出示课本中"随堂练习"第2题。

小米妈妈买了一部29英寸（74厘米）的电视机。小米量了电视机的屏幕后，发现屏幕只有58厘米长和46厘米宽，他觉得一定是售货员搞错了。你同意他的想法吗？你能解释这是为什么吗？

活动目的：让学生亲身经历将实际问题"数学化"的过程，体现"人人学有用的数学"这一理念。从而达到了学以致用的目的。

5. 回顾反思　交流体会

（1）知识内容及应用

（2）学习方法：

●数形结合、转化、割补图形

●特殊 → 一般

（3）解决途径：尝试猜想 → 理性验证 → 归纳总结 → 实际应用。

活动目的：引导学生从内容、数学思想方法、获取知识的途径等方面小结本节课的收获，帮助学生将知识系统化，锻炼学生的综合及表达能力。

6.布置作业

（1）必做题：P7第1、2题。

（2）选做题：P7第4题。

（五）教法特点以及预期效果分析

（1）注重情境的创设以及对实际问题的分析。

在教学设计时考虑到本节课是第一章第一节的第一课时，设计了两个情境：一个是利用章前图，通过"怎样与外星人联系"的话题引出勾股定理，激发学生的探究欲望，同时也明确了本章的学习任务。二是通过实际问题情境引入，引导学生把实际问题转化成数学问题，也就是"已知直角三角形的两边，如何求第三边？"的问题。教师再结合"想一想"，让学生认识到在直角三角形中，任意两边确定了，另外一条边也就随之确定了，三条边之间确实存在一个特定的数量关系，从而自然的引出对直角三角形三边关系的探索。教学时，当教师提出"这些线段的长度确定吗？"学生开始很茫然，不知如何解答，此时教师及时让学生进行讨论，结果学生通过由已知条件作直角三角形，发现它们都是全等关系，进而得出了肯定的结论。

（2）充分体现教师主导、学生主体的教育理念。

本节课采用引导、探究、归纳的方法形成结论，把教学过程化为亲身观察、大胆猜想、自主探究、合作交流、归纳总结的过程。设计了"情境导入—尝试猜想—归纳验证—应用新知"的教学环节，让学生经历知识的发生、发展与形成的过程。教学过程中，充分发挥教师"导"的作用，例如在探索等腰直角三角形的三边平方关系时，首先引导学生由代数式联想到几何图形，再寻找直角三角形与正方形之间的联系，然后再通过几何图形联想到代数式，让学生体会数形结合、转化思想。又比如在探索正方形 C 的面积时，在学生讨论的基础上，明晰割、补的目的与方法，并借助多媒体加以演示，结果在计算一般直角三角形斜边上的正方形 C 的面积时，学生自然的想到上面的方法，在交流时学生不但能展示自己割或补的图形，还能清晰的表述自己的作法。同时又注重发挥学生的主体作用，在相信学生、信任学生的基础上，无论是画图猜想、归纳验证还是课堂小结，都留给学生充分的学习时间，让学生通过自己动手、动脑、动口以及同伴合作来发现并解决问题，丰富了学生的数学活动经验。

统计与概率教学要点解析

　　随着信息社会的到来，"统计与概率"的内容也显得越来越重要，一跃成为义务教育阶段数学课程标准中四大内容领域之一。它的内容主要有收集整理和描述数据，包括简单抽样、整理调查数据、绘制统计图表等；处理数据，包括计算平均数、中位数、众数、极差、方差等；从数据中提取信息，并进行简单的推断；简单随机事件及其发生的概率。它的目标是让学生形成对随机现象的正确认识，形成随机观念和数据分析观念，体会用概率统计方法解决问题的过程，所选择的内容透露出强烈的时代信息。

　　初中阶段"统计与概率"的学习是过程、思想和观念的学习，目的是让学生体会统计与概率的基本思想，重视问题的背景及统计与概率在社会生活和科学领域中的应用。在教学中，需注意以下几点。

一、紧扣"数据分析观念"展开教学

　　数据分析观念是"统计与概率"的核心概念，在《课标》中将数据分析观念解释为了解在现实生活中有许多问题应当先做调查研究，收集数据，通过分析做出判断，体会数据中蕴含的信息；了解对于同样的数据，可以有多种分析的方法，需要根据问题的背景选择合适的方法；通过数学分析体验随机性，一方面对于同样的事情每次收集到的数据可能不同；另一方面，只要有足够的数据就可能从中发现规律。数据分析是统计的核心，包含三层意思：第一，经历数据分析过程，体会数据中蕴含的信息；第二，掌握数据分析的基本方法，根据问题的背景选择合适的方法；第三，通过数据分析，感受数据的随机性。发展学生的"数据分析观念"是"统计与概率"教学的核心目标。而我们知道，这里所提及的"观念"是不能与计算、画图等简单技能等同的，它是一种在亲身经历的过程中培养出来的利用统计知识解决问题的意识。它表现在能把握数据提供的信息推测结论，并自觉地运用统计的方法解决有关问题等。具体来说，发展学生的数据分析观念需要从以下几个方面着手：①让学生经历数据分析的全过程。学生建立数据分析观念最有效的方法就是投入到数据分析的全过程中去。让学生亲身经历提出问题、收集数据、整理数据、分析数据，进行交流、评价与改进等。在教学中，教师要创设贴近学生生活的问题情境，让学生"从事"收集、整理、描述和分析数据的活动，并留给学生足够的动手实践和独立思考的时间与空间，在此基础上，加强与同伴的合作与交流。②在现实情境中，让学生体会统计的意义，掌握统计的方法，包括收集数据的方法和整理、描述、分析数据的方法。在课堂教学中，教师要着力展示统计的广泛应用，鼓励学生运用所学的方法，尽可能的从数据中提取有用数据，并根据问题的背景选择合适的方法进行适当分析，为人们做出推断和决策提供依据，使学生在亲身经历解决问题的过程中，体会统计对决策的作用，逐步提高从统计的角度思考问题的意识。

二、围绕发展学生的"应用意识"展开教学

"统计与概率"的内容与实际生活有着密切的联系，在该领域的学习中，发展学生应用意识也是重要的目标。教学时，教师要注重设计贴近学生生活

的情境，使学生经历收集数据、整理数据和分析数据的过程，鼓励学生对数据的来源、收集和描述数据的方法、由数据得到的结论进行合理的质疑，培养学生利用统计知识解决问题的意识，逐步发展学生的应用意识。切忌将统计的学习处理成单纯数学计算和绘图技能。

案例1 《用列举法求概率（第2课时）》教学设计

教材：人教版初中数学九年级上册第二十五章《概率初步》第2节《用列举法求概率（第2课时）》。

（一）教材分析

统计与概率是义务教育阶段四大学习板块之一，在整个初中阶段有着举足轻重的作用。概率问题是人们日常生活中经常碰到的问题，人们都自觉或不自觉地应用概率思想，在现实生活中有着非常重要而广泛的应用。本节课是"用列举法求概率"的第2课时，是在学生学习了直接列举法、列表法求随机事件概率的基础上，学习更一般的列举方法求概率——画树状图法。树状图法是一种解决实验由多步（或涉及多个因素）完成问题的好方法，尤其是解决三步或三步以上（或涉及三个或三个以上因素）完成问题时，这种方法比列表法更加优越，具有普遍的适用性，它既是"用列举法求概率"知识的延续，又为继续研究古典概率，包括高中的排列组合提供了一种思维方法。在列举过程中注重培养学生思维的条理性，加强数学知识与现实生活的联系，进一步体会数学的价值和丰富内涵。

（二）学情分析

通过前面的学习，学生对有限可能性事件概率的意义有了初步的认识，并能用直接列举法和列表法求简单事件的概率。作为九年级学生，已经具有一定的活动经验和体验，具备一定的主动参与、合作意识和初步的分析、抽象、归纳概括能力。具有自主学习意识，能在教师创设的便于观察和思考的学习环境中，结合真实的背景素材，获取新知，并学会应用新知解决问题的技能与方法。

（三）教学目标

（1）在具体情境中了解概率的意义，会画树状图计算简单事件的概率。

（2）通过画树状图求概率的过程培养学生思维的条理性，提高学生分析问题、解决问题的能力。

（3）通过对不同列举方法的比较和探究，渗透数形结合、分类讨论、由特殊到一般的思想，进一步发展学生抽象概括的能力。

（4）在自主探究、合作学习中培养勇于探索的学习精神，感受数学的简洁美，及数学应用的广泛性，增强应用意识。

教学重点：画树状图计算简单事件的概率。

教学难点：通过学习画树状图计算概率，培养学生思维的条理性。

（四）教学诊断分析

通过前面的学习，学生虽然已经对事件的可能性有了初步的认识，并且能够利用列表法计算简单事件发生的可能性。但是，真正列举事件的结果，学生并没有经验，尤其是面对复杂的随机事件，事件究竟分几步完成，对学生而言比较困难。为此，在教学过程中要尽量鼓励和引导学生主动探究和构建知识结构，利用分类的方法有序地列举，亲身经历画树状图法的形成过程，并在应用中逐渐加深理解。

本节课研究在一次实验中涉及3个步骤或更多个步骤时，用树状图法求概率，这种概率问题在这个学段最为复杂，尤其是当问题的背景变化时，学生是否真正理解题意。例如在每次实验中有几步，每步是否是等可能的，是否与顺序有关等，教学时应给学生足够的时间去思考、交流、切磋。另外，画树状图遇到分枝较多时，找 m、n 的值容易出现错误，因此，在明确随机事件的情况下，总结确定 m、n 的不同方法供不同层次的学生选择使用是很有必要的。

（五）教法、学法分析

（1）教法分析

根据本节教学内容和学生年龄等特点，本节课将采用启发引导和探究相结合的教学方法。在教学过程中"以情境创设为前提，以问题驱动为导向，以学生活动为阵地，以培养能力为宗旨"，在整体设计中采用"创设问题情境—探究学习—交流展示—剖析例题—巩固新知"的模式展开教学；通过真实、熟悉的情境，激发学生的学习动机，尽力唤起学生的求知欲望，促使他们动脑、动手、动口，积极参与学习活动全过程，在老师的指导下生动地、主动地、富有个性地开展学习活动。让学生在探究、交流、归纳、应用的实践活动中自主参与知识的发生发展过程。

（2）学法指导

按照学生认识规律，遵循以学生为主体、教师为主导、教学活动为主线的思想，以自主探究为主，适时点拨为辅的方法进行学习，使学生轻松参与知识的形成过程和应用过程，提高学生分析问题和解决问题的能力。

（六）教学过程

1. 复习提问　巩固旧知

问题1：你知道求简单随机事件概率的方法有哪些？

问题2：用列举法求概率的基本步骤是什么？

设计意图：通过提问，对前一节课所学方法的步骤进行归纳，为本节课用画树状图法求概率做好铺垫。

2. 创设情境　探究学习

（视频播放）宁夏风光和银川国际公路自行车比赛的录像。

展示课件1：为倡导绿色出行，某单位为每位职工赠送了两张2019年度银川国际公路自行车比赛开幕式门票，可小明家有3口人，到底让谁去呢？小明想出了一个好办法，即用"手心手背"的游戏方式确定哪两个人去，并制定如下规则：三人同时伸出一只手，三只手中恰好有两只手心向上或者手背向上的两人去，若无此情况，再次游戏。

你能帮小明求出一次游戏就确定出哪两个人去的概率吗？

设计意图：从学生身边的事着手，以银川国际公路自行车比赛为背景提出问题，使学生产生一种情感上的亲和力和感召力，而"手心手背"的游戏学生又非常熟悉，极大的激发学生的学习兴趣和参与意识。学生通过计算概率，既复习了上节课用直接列举法求简单事件的概率，又为下一环节探究用其他方法求概率做了铺垫。对学生出现的问题和想不到的方法给予及时点拨和引导，体现教师的主导作用。

3. 交流展示　引出新知

请用直接列举法的同学板书探究结果，并进行简单说明。

手心—A　　　　　　　　　手背—B

方法1：

AAA，AAB，ABA，ABB，

BAA，BAB，BBA，BBB。

方法2：

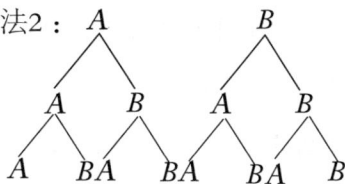

通过学生自主探究，并准确地表述出自己的方法，培养学生分析问题、解决问题以及归纳问题的能力。引导大家对两种方法进行比较，感受思维的条理性和实施得有序性。

设计意图：通过探究学习活动，使学生在探索的过程中学会交流与合作，有利于展示学生对问题解决的不同策略，真正体会问题解决的过程，培养学生的发散性思维和创新能力以及克服困难的勇气。

4. 典例精析　应用新知

例题　甲、乙、丙三个口袋中分别装有大小、形状相同的小球若干，甲口袋中装有2个小球，分别写有字母 A 和 B；乙口袋中装有3个小球，分别写有字母 C、D 和 E；丙口袋中装有 2 个小球，分别写有字母 H 和 I；现要从 3 个口袋中各随机取出一个小球。求：

（1）取出的 3 个小球中恰好有 1 个，2 个，3 个写有元音字母的概率各是多少？

（2）取出的 3 个小球上全是辅音字母的概率是多少？

出示问题串，引导学生分析：

问题 1：该题目与前面所学的利用列表法求事件概率相比有何不同？

问题 2：需要分几步完成一次试验？顺序是怎样的？

问题 3：尝试列树状图，列出所有可能的结果，共有多少种？

问题 4：你是如何确定概率公式中 m、n 的值？

设计意图：借助问题串，引导学生分析、对比前面所学内容，体会画树状图法的必要性和优势，进而帮助学生掌握画树状图解决概率问题的技能。在明确随机事件的情况下，总结确定 m，n 的不同方法供不同层次的学生选择使用。

归纳确定 m，n 的值方法（板书）。

方法 1：通过画出的树状图按由上至下、由左至右的方法把每一个可能的结果写出来，从中找出 m，n 的值。

方法 2：直接看树状图的最后一步，就可以求出 n 的值；再由最后一步向上逐个找出符合要求的可能结果，求出 m 的值。

方法 3：由上至下，根据每一层分成几种结果，利用乘法原理求出 n 的值，再找出符合要求的可能结果，求出 m 的值。

问题 5：前面我们按甲、乙、丙的顺序画出树状图，如果改为其他的顺序，求出的概率还是一样的吗？

设计意图：通过动手实践，使学生体会一次试验步骤的不同顺序，不影响随机事件发生的概率。

想一想：画树状图求随机事件的概率需要哪些步骤？

明晰画树状图求随机事件概率的基本步骤：

（1）明确一次试验的几个步骤及顺序。

（2）画树状图列举一次试验的所有可能结果。

（3）确定 m，n。

（4）计算随机事件的概率 $P(A) = \dfrac{m}{n}$。

设计意图：通过归纳，可以加深学生对新方法的理解，更好地认识到列表法和画树状图求概率的优越性在于能够直观、快捷、准确地获取所需信息，有利于学生根据实际情况选择正确的方法。

5. 随堂练习　巩固新知

（1）小亮上学需要经过三个十字路口，每个十字路口遇到红绿灯的机会都相同，小亮希望上学时经过每个路口都是绿灯，这样的机会有多大呢？

（实物投影展示学生的答案，师生共同进行点评。）

设计意图：为了检验学生对画树状图法掌握的情况，加深对列表法、树状图法各自优势的认识，以便面对问题时能灵活选择合适的方法，提高应用所学知识解决问题的能力，设置练习（1），除了巩固涉及三个步骤实验适合用画数形图的方法外，还兼为练习（2）做铺垫。

（2）经过某十字路口的汽车，它可能继续直行，也可能左转或右转，如果这三种可能性大小相同，同向而行的三辆汽车都经过这个十字路口时，求下列事件的概率：

①三辆车全部继续直行；

②两辆车右转，一辆车左转；

③至少有两辆车左转。

（实物投影展示学生的答案，师生共同进行点评。）

设计意图：练习（2）是三步实验的事件，是让学生体会画树状图法的优势。巩固画树状图求概率的知识，感受概率与生活的密切联系。虽然有27种可能的结果，比较复杂，但有练习（1）搭建的攀援之梯，大部分学生不会感到困难，在学生独立解答的基础上，有针对性地指导困难学生，保证全体学生共同进步。

（3）拓展练习：袋中有4张上海世博会吉祥物"海宝"的图片（图片的形状大小一样，图片分别标有A，B，C，D），依次取出（不放回）两张图片，求取出的两张图片中恰好有一张是图片A的概率是多少？

解：两张图片中恰好有一张是A记为事件 M。

解法1：直接列举求得 $P(M) = \dfrac{6}{12} = \dfrac{1}{2}$ ；

解法2：列表法求得 $P(M) = \dfrac{6}{12} = \dfrac{1}{2}$ ；

解法3：画树状图求得 $P(M) = \dfrac{6}{12} = \dfrac{1}{2}$ 。

设计意图：拓展练习是两步不放回地抽取，使学生认识到树状图在列举不同类情况时表现出来的优越性，弥补了列表法的不足，成为分类列举确保不重不漏而不可或缺的重要工具。同时展示学生解题策略的多样性，拓展学生思维。

6.归纳小结　布置作业

归纳小结：学生回顾反思，教师适时引导

（1）用列表法或树状图法求概率时，应注意各种结果出现的可能性务必相同，其目的是保证列举的不重不漏。

（2）当实验包含两步时，列表法较方便，当然也可以用树状图法（尤其是"抽取不放回"类问题），如果事件是三步或三步以上的实验时，采用树状图法较为方便，此时难以用列表法。

（3）列表法和树状图法求概率体现数形结合及分类的思想，我们常常借助分类的方法把复杂问题转化为简单问题来解决。

设计意图：通过问题反思的形式引导学生回顾、归纳、表达，形成知识体系，培养学生归纳总结概括的能力，充分发挥学生的主体作用。

7. 布置作业

（1）教材 P138 页习题第 4、5、6 题。

（2）以生活中等可能事件为背景，编一道计算概率的题目，并解答。

设计意图：通过作业进一步落实知识和技能，巩固所学知识，体会数学与生活的密切联系。

（七）预期效果分析

（1）以现实生活为背景提出问题，既达到很快切入主题，又激发学生的学习兴趣和主动参与意识。

（2）充分发挥学生的主体性，让学生的思维在教师的引导下层层展开，学生"听"有所"思"、"练"有所"获"，使传授知识与培养能力融为一体。

（3）精心设计的例题和练习，既能让学生获得成功的喜悦，提高学习能力，又能及时找到不足，调整学习目标，促进自身发展。

案例2 《中位数和众数（第1课时）》教学设计

教材：北师大版初中数学八年级上册第六章《数据的分析》第二节《中位数和众数（第1课时）》。

（一）教材分析

统计与概率是中小学数学课程的重要内容之一，在九年义务教育阶段占有重要的位置。一个完整的统计活动过程包括数据的收集、整理、描述、分析数据、作出决策这五个环节。在七年级，学生已经学习了数据的收集、整理与描述。《中位数和众数》是北师大版初中数学八年级上册第六章《数据的分析》第二节的内容，本节课主要让学生认识数据统计中除平均数外另外两个用来表示数据集中趋势的基本统计量，即中位数和众数，学会利用平均数、中位数、众数分析数据的集中趋势并作出合理决策，这节课是继平均数学习之后的后续内容，既是对前面所学知识的深化与拓展，提高学生对数据处理的能力，又联系现实生活，培养学生应用数学意识和发展学生的统计观念，为以后学习统计知识打下基础。

（二）学情分析

在小学第二学段学生已初步接触了平均数、中位数和众数这三个基本统计量，对三个基本统计量有一定的认识。在此基础上，通过上节课的学习，学生对平均数已经有了比较全面的了解，这为学习中位数、众数奠定了基础，同时，通过初中一年的学习，学生已初步具备一定的归纳、猜想能力，对数学学习有一定的兴趣，能够积极参与探究，但在学习方式方面，如自主探究、合作交流的意识还有待加强，尤其是结合数据分析作出合理决策是学生初次接触的，对学生是一个挑战。

（三）教学目标

（1）理解中位数和众数的概念和意义，会求一组数据的中位数和众数。

（2）结合具体问题解释中位数和众数的实际意义，并能分清平均数、中位数、众数三者的区别，根据实际问题情境选择适当的统计量表示数据的特征。

（3）通过实际问题情境经历探索中位数、众数的过程，培养学生的应用意识和实践能力。

（4）在解决实际问题的情境中，让学生体会数学与实际生活的联系，感受统计在生活中的应用，增强统计意识，培养统计能力。

教学重点：会求中位数和众数，能结合实际情境理解中位数和众数的实际意义。

教学难点：理解平均数、中位数和众数这三个概念之间的联系与区别，能根据具体问题选择适当的统计量分析数据信息并作出决策。

（四）教学诊断分析

（1）本节课的中位数和众数的概念容易理解，但在求中位数时容易出错，在教学中需强调两点：①先将一组数据按由小到大（或由大到小）的顺序排列；②当一组数据的个数是偶数时，要求中间两个数的平均数作为这组数据的中位数。一组数据中，每个数据出现的频数一样，求这组数据的众数时，是学生易出错点，有学生会认为这组数据的众数是每个数据都是众数，只要特别注意抓住概念中"最多"这个关键词，则可消除学生的误解。教学中通过分别代表几种不同情形的7组数据，巩固学生对中位数和众数的求法。

（2）在教学中最大的难点是在实际问题情境中让学生选取适当的数据的代表解决问题。由于没有什么标准，很难总结规律，学生会从自己的认知出发，感性分析问题。如在讨论问题情境中的问题——你认为用哪个数据的代表反映这家公司员工的一般工资水平，更合适？学生在小组讨论交流中，可能有用1800元（众数）或中等水平工资1900元（中位数）来回答，这样的选择都算比较合理，但也有同学还是认为是2700元（平均数）。应引导学生考虑实际背景，通过对这组数据的分析，结合实际背景，公司中只有两个员工的工资是在2700元以上，所以用平均数2700元描述这组数据的集中趋势是不合适的。同时也让学生意识到，这三个基本的统计量不能剥离了实际背景进行分析，从而使学生真切感受到这三个基本统计量的实际意义。

（3）在例题教学中，涉及如何利用样本的中位数估计总体的中位数的问题，从而评价成绩为142分的选手的成绩，由于这名选手的成绩不在样本数据当中，学生可能不易理解，只是知其然，道不出所以然。这就需要在教学中结合本题的实际引导学生体会用样本估计总体的思想。

（五）教学过程设计

1. 创设情境，导入新课

招聘启事

因本广告公司扩大规模，现需招员工若干名，我公司员工人均月收入为2700元，有意者欢迎加盟！

XX 广告公司人事部

2020年7月20日

员工	经理	副经理	职员 A	职员 C	职员 B	职员 D	职员 E	职员 F	杂工
月工资（元）	7000	4400	2400	2000	1900	1800	1800	1800	1200

问题1：你怎样看待该公司员工的收入？观察表中的数据，通过计算该公司员工的月平均工资谈谈你的看法。

问题2：用平均数2700元，反映这家公司员工的一般工资水平合适吗？为什么？

设计意图：通过生活中的真实问题，引起学生对"月工资水平"的认知冲突，发现在实际生活中某情况下，用平均数来描述数据特征有时是不合适的，从而激发学生的学习兴趣。（引出课题）

2. 探索新知

问题3：职员 C 说："我的工资是1900元，在公司算是中等收入。"如何理解"中等收入"？

设计意图：让学生交流讨论，初步感受员工的中等收入实际上就是找中位数的过程。

问题4：1900在这组数据中处在什么位置？

初步形成中位数的概念：将一组数据按照由小到大（或由大到小）的顺序排列，处于中间位置的数称为这组数据的中位数。

（出示新工资表）

员工	经理	副经理	职员 A	职员 C	职员 B	职员 D	职员 E	职员 F	杂工	小雪
月工资（元）	7000	4400	2400	2000	1900	1800	1800	1800	1200	2000

问题5：这组数据的中位数是多少呢？

设计意图：一组数据的个数是偶数时，如何确定中位数？

（板书中位数的概念）将一组数据按照由小到大（或由大到小）的顺序排列，如果数据的个数是奇数，则处于中间位置的数称为这组数据的中位数。如果数据的个数是偶数，则中间两个数据的平均数称为这组数据的中位数。

练习巩固：试求出下列各组数据的中位数。

数据	中位数
9，10，6，7，6	
5，9，8，10，10，40，12	
10，11，7，9，8，10	
12，8，14，44，200，55，20，100	

（情境，其中另一个职员：我们好几个人的工资都是1800元。）

问题6：认真观察这组数据，1800在这组数据中有什么特征？

设计意图：从问题情境中，得到众数的概念。

（板书众数的概念）一组数据中出现次数最多的数据称为这组数据的众数。

巩固练习：求下列各组数据的众数。

数据	众数
40, 50, 65, 33, 50, 70, 50	
5, 2, 6, 7, 6, 3, 3, 4, 3, 7, 6	
3, 0, −1, 5, 9, −3, 14	

议一议：通过上面的学习，你认为用哪个数据反映这家公司员工的一般工资水平，更合适？

设计意图：与问题情境相呼应，运用学过的知识进行分析，进一步掌握所学内容。

3. 例题讲解

在一次男子马拉松长跑比赛中，抽得12名选手的成绩如下（单位：分）。

136　140　129　180　124　154　146　145　158　175　165　148

（1）样本数据（12名选手的成绩）的中位数是多少？（学生独立完成）

（2）一名选手的成绩是142分，他的成绩如何？（学生交流讨论）

设计意图：应用新学知识于不同情境中，体会中位数、众数在生活中的应用，并渗透样本估计总体的思想。

4. 拓展延伸

一家鞋店在一段时间内销售了某种女鞋30双，各种尺码的鞋销售量如下表所示：

尺码（cm）	22	22.5	23	23.5	24	24.5	25
销售量（双）	1	2	5	11	7	3	1

你能根据上面的数据为这家鞋店提供进货建议吗？

（由学生叙述思考的过程，讲清自己的看法，经讨论辨析，最终形成共识。）

设计意图：巩固新学知识，感受众数的意义与作用。

5. 课堂小结

回顾本节课学习的内容，谈谈收获。

设计意图：让学生进行小结，回顾本节课所学的知识，加深对数据的代表的理解及体会数学与生活的联系。

6. 布置作业

必做题：课本第136页的第2、4题。

选做题：为了促进学生参加体育锻炼，学校超市决定购买一批运动鞋供学生选购，想调查各班级学生所穿的鞋的尺码大小。请帮超市调查本班级同学所穿的鞋的尺码大小，根据所得到的数据进行整理，计算所得数据的中位数、众数，并为学校超市购买运动鞋提出建议。

设计意图：分层次布置作业，其中"必做题"面向全体学生，巩固知识，加深理解；"选做题"面向学有余力的学生给他们一定时间和空间，互相合作，自主探究，增强实践能力。

（六）案例评析

（1）以故事贯穿课堂，采用了"情景教学""探究式""启发式"等多种教学方式，创造性使用教材，创设生活情境，通过生生或师生之间相互讨论，在问题解决过程中，建立数学模型，通过引导学生认识中位数、众数的特征，自主完成从具体事例中抽象出中位数、众数的概念。在教学过程中以问题串的方式启发学生，以生动的实例吸引和鼓励学生，在提出问题、分析问题、解决问题、提升能力的情境中展开教学，师生共同探究，逐步完善学生对数据处理的认知结构。

（2）教学设计遵循学生的认知心理，数学教学是数学活动的教学，学生才是数学学习的主人。在教学中，以学生独立思考为基础，适时激发学生的学习兴趣及积极性，组织与引导学生自主探索与同伴合作交流获取本节的知识内容。

（3）教学过程中教师不仅关注结果，更关注过程与方法，重视过程评价，使学生能积极参与数学思考，进一步提高学生学习数学的信心。

综合与实践教学要点解析

综合与实践作为义务教育阶段课程内容的四个部分之一，反映了数学课程与数学教学改革的要求，为学生提供了一种通过综合、实践的过程去做数学、学数学，理解数学的机会。《课标》指出："综合与实践是指一类以问题为载体，以学生自主参与为主的学习活动。在学习活动中，学生将综合运用'数与代数''图形与几何''统计与概率'等知识和方法解决问题。'综合与实践'的教学活动应当保证每学期至少一次，可以在课堂上完成，也可以课内外相结合。提倡把这种教学形式体现在日常教学活动中。"正因如此，义务教育教科书每学期都结合学生已有知识、经验，设置了相应的综合与实践学习内容，供教师与学生参考、选择，加以学习，也鼓励教师结合学生的实际，研制、开发、生成更多利于实现"综合与实践"课程目标的活动内容。开展综合实践与实践活动需要做到以下几点。

一、理解和把握"综合与实践"领域的背景及其价值

综合与实践的提出，一方面是20世纪数学应用的发展使数学教育发生很大的变化，作为数学"综合与实践"重要组成部分的"数学建模或数学应用"走入了大学、高中、初中、小学的课堂。"数学建模"就是综合所学习的数学思想、

方法、知识技能，解决一些生活和社会中的问题。数学建模强调动手实践，提高了学生学习数学的兴趣，培养了学生的创新精神和实践能力，使他们对数学的价值和广泛应用有了亲身体验。另一方面是世界一批优秀的科学家，特别是一批诺贝尔奖获得者倡导在儿童和学生教育中开展"做中学"活动，提高幼儿园和小学的科学教育水平，培育科学的思维方式。"做中学"就是让儿童和学生参与一些"科学活动"。通过十年的新课程实践，综合与实践的实施理念、价值和效果也得到了学校、教师和学生的认可，取得了一定的经验。

《课标》在教学建议部分指出，"综合与实践"的教学重在实践，重在综合。重在实践是指在活动中，注重学生自主参与、全过程参与，重视学生积极动脑、动手、动口。重在综合是指在活动中，注重数学与生活实际、数学与其他学科、数学内部知识的联系和综合应用。通过"综合与实践"的实施有助于积累数学活动经验，培养学生的应用意识、创新意识和模型思想，增强学生学习数学的兴趣与信心，改变学生的学习方式，促进学生的全面发展。同时"综合与实践"的实施也有助于提升教师的素养。《课标》在教学建议中提出，"倡导教师研制、开发、生成出更多适合本地学生特点且有利于实现'综合与实践'课程目标的好问题。""实施综合与实践时，教师要放手让学生参与，启发、引导学生进入角色。组织好学生之间的合作交流，并照顾到所有学生……"。对问题的选择有利于教师开阔视野，提升自己素养。可见，"综合与实践"的实施，有助于教师改变教学方式，转变教学理念。

二、精心选取或研发"综合与实践"活动内容，科学有效实施"综合与实践"活动

"综合与实践"活动的内容要特别突出"综合"。这种综合不仅表现为数学内部各分支（如几何、代数、统计）之间的综合、数学与其他学科的综

合、数学与学生日常生活实际的综合，而且还表现为解决问题的过程中要求学生的各种能力、各种方法、各种工具的综合。它不是一个具体知识点的直接应用，也不是已有数学知识、方法反射式的套用，而是给学生一个综合应用以往学过的所有数学知识、方法，去实际解决一个数学内部或生活实际问题的机会，条件未必可丁可卯，线索未必清晰可见，问题本身和结果可能还需要另外的解读。在"综合与实践"内容的选择上，以学生熟悉的生活、感兴趣的事物为背景，紧密联系学生实际，从学生的生活经验和已有知识经验出发，创设生动有趣的情境，引导学生通过观察、操作、实践归纳、类比、思考、探索、猜测、交流、反思等活动，掌握基本知识和技能。

"综合与实践"活动的实施要突出"做"和体现"过程"。"综合与实践"的实施是以问题为载体，以学生自主参与为主的学习活动，它有别于学生对具体知识的探索活动，更有别于课堂上教师的直接讲授。教师通过问题引领，让学生全程参与实践过程，经历相对完整的学习活动。它的核心是学生在教师的引导和帮助下有目标的、自主的实践活动。在具体的教学中要注意：①充分发挥学生的主体性，关注学生的学习过程。《课标》在课程理念中指出，"有效的教学活动是学生学与教师教的统一，学生是学习的主体，教师是学习的组织者、引导者与合作者"。教师可以向学生推荐活动，学生做出选择并实施这些活动，在活动的选择中学生要有较强的自主性。在活动的形式上要鼓励学生独立思考，多采用诸如小组合作、实景观察、实地测量、动手操作、直接收集数据、问卷调查真实数据计算等活动形式，使学生真正动起来，在活动中积累数学活动经验，提升数学能力和素养。②鼓励学生思维方式的多样性，突出过程性评价。解决问题的方式方法是多样的，在"综合与实践"的教学活动中，教师要创设利于学生思考、交流、合作的课堂氛围，鼓励学生独立思考，积极参与讨论和交流，培养学生良好的思考习惯和合作意识，鼓励学生大胆质疑，提出不同的看法和解决方法，允许学生有错误的看法和方法，给学生留下足够的时间和空间去探索和思考，培养学生的创新意识与实践能力。在活动中，教师要以过程性评价为主，依据特定的学习形式、特殊的学习对象以及具体的解决问题过程来选择适当的评价形式。

案例 《设计遮阳篷》（第1课时）教学设计

课题：北师大版初中数学九年级（下册）综合与实践《设计遮阳篷》P117~P119。

（一）教材分析

"综合与实践"的内容是帮助学生综合运用已有知识与经验，经过自主探索和合作交流，解决与生活经验密切联系的、具有一定实践性和综合性的问题，以培养学生解决问题的能力。《设计遮阳篷》旨在使学生综合运用所学知识（如三角函数、圆、抛物线、相似等数学知识及地理知识）解决生活中的实际问题，体会数学是一门具有广泛联系、十分有用的学科；在解决问题中学生要经历查阅资料收集和分析信息，测量基础数据并画图，动手制作模型等过程，学生将获得科学研究的体验，以及发扬与同伴合作和克服困难的精神，使他们的自信心得到发展。

《设计遮阳篷》教材设计了2个课时，本节课是第1课时，本课时主要围绕设计满足"既能最大限度地遮挡夏天的阳光，又能最大限度地使冬天的阳光射入室内"这样一个条件的遮阳篷，引导学生将复杂问题简单化，即舍弃一些次要因素，抓住主要矛盾，做出合理的假设；经历将实际问题数学化，即将实际问题转化为数学问题，运用所学的知识，通过计算、推理、分析得到数学结论，进而回到实际生活中进行检验的数学建模过程。

（二）学情分析

九年级学生通过三年的学习，积累了丰富的活动经验，具有一定的自主探究和合作交流的能力，已具备解决这类实际问题所需的相关知识，如三角函数、圆、抛物线等数学知识及地理知识，能比较熟练地运用数学知识解决一些现成的应用型问题。但是由于学生日常社会实践的机会较少，对遮阳篷缺乏了解，特别是"如何将生活中的遮阳篷抽象成几何图形、建立数学模型、提出符合他们现有的知识能力水平的数学问题"还是有一定难度。

（三）教学目标及重难点

教学目标：

（1）通过调查实践，分析遮阳篷设计原理，设计解决问题的方案，经历和体验建立数学模型解决实际问题的过程，并在此过程中尝试发现和提出问题。

（2）经历从实际问题抽象出数学问题—建立模型—综合应用已有的知识解决问题的过程；在解决问题的过程中进一步丰富学生的空间观念和符号感。

（3）通过自主探究、合作交流获得成功的体验和克服困难的经历，增进学生应用数学的信心。

教学重点：将复杂实际问题简单化，抽象出数学问题—建立模型—综合应用已有的知识解决问题。

教学难点：将复杂实际问题简单化，抽象出数学问题，建立数学模型。

（四）教学策略分析

本节课主要以学生自主探究、合作交流的形式展开，利用导学案，并借助问题串引导学生设计满足多个条件的遮阳篷，通过"复杂问题简单化""实际问题数学化""学以致用""归纳拓展"等一系列教学活动，让学生亲历实际问题—数学建模—解决方案设计的探究过程，提高学生解决问题的能力，积累解决复杂实际问题的经验。

（五）教学过程

1. 走近遮阳篷

（课件展示遮阳篷图片）

思考：①通过上网查询或实地查勘，你知道遮阳篷有哪些形状、类型？

②你知道遮阳篷的设计原理吗？设计遮阳篷要考虑哪些因素？

③设计固定的遮阳篷需要满足什么条件？

设计意图：让学生走近遮阳篷，分享课下学习成果，认识遮阳篷的相关知识，尤其是明晰遮阳篷的数学设计原理及需要满足的条件，为后面的问题探究奠定基础。

2. 提出问题

假设某居民楼地处北半球某地，窗户朝南，窗户的高度为 h cm。此地一年中正午时刻，太阳光与地平面的最小夹角为 α，最大夹角为 β。请你为该窗户设计一个遮阳篷，要求它既能最大限度地遮挡夏天炎热的阳光，又能最大限度地使冬天温暖的阳光射入室内。（如图1）

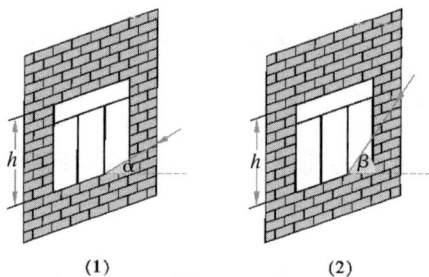

（1）　　　　　　　　（2）

图1

思考：

①阅读问题，你从中获取到哪些信息？

②设计一个固定的直角形遮阳篷，需要关注哪些因素？

设计意图：通过对具体实际问题的分析，让学生经历将复杂问题简单化即舍弃一些次要因素，抓住主要矛盾，做出合理假设的过程，并学会分层解决复杂问题的方法。

3.活动探究：探究遮阳篷的设计方案

（1）建立数学模型

思考：①解决实际问题的基本思路是什么？

②在已抽象出的几何图形中，哪些量是已知的，哪些量是未知的？

③要设计同时满足两个条件的遮阳篷，有什么好的处理策略？

设计意图：学生结合已有经验，思考讨论解决实际问题的办法，教师通过动画演示，让学生经历将实际问题数学化的过程，建立数学模型；并体会分层研究问题的必要性。

（2）分层解决问题

探究活动1：让夏天的阳光尽可能地留在外面。

夏天，当太阳光与地平面的夹角为 β 时（如图2），其中 AB 表示窗户（$AB=h$ cm，如图3），BCD 表示直角形遮阳篷。要想使太阳光刚好不射入室内，遮阳篷 BCD 应如何设计？

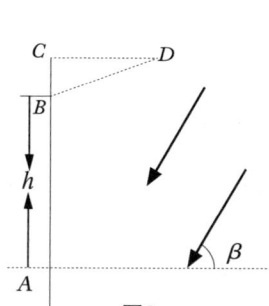
图2

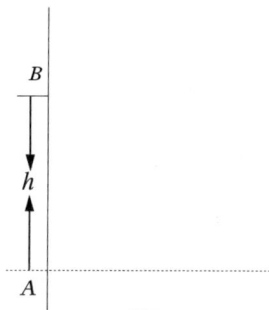
图3

思考：①一束平行光线照射到窗户上，要想让所有光线刚好全部不射入室内，关键是挡住透过遮阳篷边沿（即点 D）与窗户哪个点的光线？

②满足上述条件的光线与遮阳篷 CD 的夹角是多少？为什么？

③请在图2中画图表示。此时，BC，CD 唯一吗？说说自己的理由。

处理方法：学生结合问题串，独立思考，全班交流，通过画图或解直角三角知识解释 BC、CD 不唯一的原因。

教师引导学生关注"刚好全部不射入"条件，演示画图，总结设计方案。

结论：当太阳光与地平面的夹角为 β 时，要想让所有光线刚好全部不射入室内，关键是挡住透过遮阳篷边沿（即点 D）与窗户下端 A 点的光线，即经过 DA 的光线与地面的夹角为 β 或 $\angle ADC=\beta$ 即可，BC，CD 不唯一。

设计意图：以问题串的形式，明晰问题解决的方向，引导学生思考，自主探究符合条件的设计方案，并通过动手实践，画出符合条件的图形，讨论交流自己的想法，为下一环节的合作探究做铺垫。

探究活动2：让冬天的阳光尽可能地全部射入室内。

冬天，当太阳光与地平面的夹角为 α 时（如图4），其中 AB 表示窗户（$AB=h$ cm，如图5），BCD 表示直角形遮阳篷。要想使太阳光刚好全部射入室内，遮阳篷 BCD 应如何设计？请在图4中画图表示。此时，BC，CD 唯一吗？说说自己的理由。

处理方法：

小组合作，要求：①独立思考后，小组合作交流，确定遮阳篷设计方案。

②在学案上画出示意图，并判断 BC，CD 是否唯一？

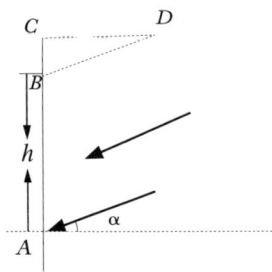

图4

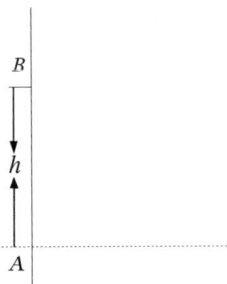

图5

③学习小组选派代表全班交流设计思路及设计方案。

教师关注学生在合作学习中的表现，适时给予有困难的小组进行帮助、指导。

设计意图：类比活动1的方法，通过小组合作，探究解决问题的方法并设计符合条件的方案，培养学生的合作意识及准确的语言表述能力。

探究活动3：二者兼顾——在冬天能最大限度地使阳光射入室内，在夏天又能最大限度地遮挡炎热的阳光。

要同时满足上面两个条件，那么遮阳篷 BCD 应如何设计？请在图6中画图表示。此时 BC 唯一吗？ CD 呢？你是怎样发现的？

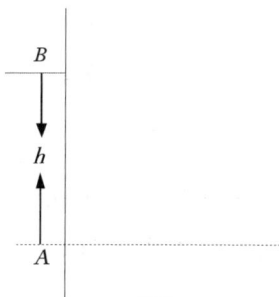

图6

处理方法：①学生独立完成设计方案的设计，画出示意图如图7，并能讲解自己的设计思路。

②小组合作，讨论：解释 BC、CD 的唯一性，并用含 h、α、β 的关系式分别表示 BC 和 CD；小组代表讲解推导过程。

③教师关注学习困难学生，进行个别辅导；关注学生推导关系式可能出现的多样性（通过三角函数及方程组思想解决问题或借助一次函数交点的方法解决问题）。

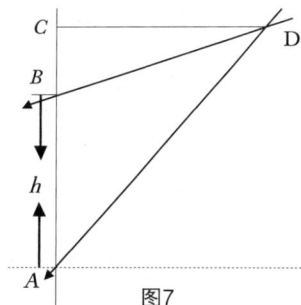

图7

方法1：在 $Rt \triangle BCD$ 中，$\angle BDC = a$，则 $BC = CD \cdot \tan \alpha$ ①。

在 $Rt \triangle ACD$ 中，$\angle ADC = \beta$，则 $AC = h + BC = CD \cdot \tan \beta$ ②。

联立①②得：$CD = \dfrac{h}{\tan \beta - \tan \alpha}$ ；$BC = \dfrac{h \tan \alpha}{\tan \beta - \tan \alpha}$ 。

方法2：以点 A 为坐标原点，建立平面直角坐标系，则直线 AD 的表达式为 $y = \tan \beta \cdot x$；直线 BD 的表达式为 $y = \tan \alpha \cdot x + h$；由此可得：$x = \dfrac{h}{\tan \beta - \tan \alpha}$ ；$y = \dfrac{h \tan \beta}{\tan \beta - \tan \alpha}$ 即点 D 坐标是 $\left(\dfrac{h}{\tan \beta - \tan \alpha}, \dfrac{h \tan \beta}{\tan \beta - \tan \alpha} \right)$ 从而可得 $CD = \dfrac{h}{\tan \beta - \tan \alpha}$ ；$BC = \dfrac{h \tan \beta}{\tan \beta - \tan \alpha} - h = \dfrac{h \tan \alpha}{\tan \beta - \tan \alpha}$ 。

设计意图：综合前面解决问题的方法，独立设计符合同时满足上述两个条件的遮阳篷，让学生进一步理清设计方法，提高学生独立设计符合条件方案的能力。

4. 学以致用

就北半球而言，冬至这一天的正午时刻，太阳光与地平面的夹角最小；夏至这一天的正午时刻，太阳光与地平面的夹角最大。已知银川地区一年中正午时刻，太阳光与地平面的最小夹角为30°；最大夹角为75°。某居民楼窗户的高度为150 cm。请设计一个直角遮阳篷，并求出 BC，CD 的长度（精确到1 cm）。

处理方法：①学生独立完成，个别交流。②教师重点关注学生解决实际问题的方法，引导学生先建立数学模型，画出符合题意的几何图形，进而解决问题，克服学生代入相关数据进行简单计算的做法。

设计意图：通过具体的实际问题，让学生经历实际问题—建立数学模型—运用数学知识解决问题的过程，达到学以致用的效果。

5. 总结方法，推广设计

（1）议一议

若根据上面的 BC 和 CD 的长度为银川地区设计一个遮阳篷 BCD，那么你认为它符合本课学习一开始提出的要求吗？你能提出进一步的改进意见吗？与同伴进行交流。

想一想：如何利用所学的知识，测量我们这里正午时刻太阳光与地平面的夹角？

设计意图：通过讨论交流，让学生进一步体会什么是数学建模，明晰在建立数学模型时，只能考虑主要因素，舍弃次要因素；数学模型反映实际问题中的关系和规律还有待于检验、修改，要结合具体的问题进行完善。

（2）拓展延伸

①如图8，如果要求遮阳篷的 CD 边为圆弧形（C，D 同高），那么你还需要知道哪些数据才能进行设计？

②如图9，如果要求遮阳篷的 *CD* 边为抛物线形状，那么你还需要知道哪些数据才能进行设计？

③如果要求 *CD* 边可伸缩，那么应该如何设计？

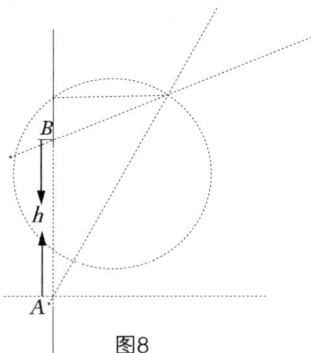

图8

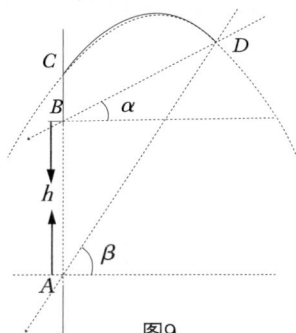

图9

设计意图：提供学生熟悉的几何形状，让学生结合本节课的学习经验，学会抓住主要因素进行不同形状的遮阳篷设计，体会数学的应用价值，激发学生课后研究的热情，为后续第2课时设计遮阳篷模型，书写设计报告奠定基础。

6. 课堂小结

本节课你有哪些收获与不足？与同伴交流。

设计意图：通过学生的交流，教师归纳，帮助学生积累解决实际问题的策略、方法及经验，起到"画龙点睛"的效果。

7. 布置作业

查阅有关资料，以小组为单位为教室窗户设计一个遮阳篷模型，并形成文字和数据说明。

（六）教学反思

本节课重点围绕设计一个满足条件的遮阳篷展开教学，教学中教师充分信任学生，尽可能地将问题留给学生，让学生通过自主探究、动手实践、合作交流，经历解决实际问题的整个过程，从而积累解决实际问题的经验与活动经验。虽然教师在课前对问题解决进行了充分的预设，但在实际教学中，教师始终以学生的思维方向为主线，围绕学生在解决问题中的质疑展开教学，真正体现了学生是课堂的主人的教学理念。借助导学案开展教学，学生预习效果良好，课堂表现积极，思维活跃，敢于质疑，达到了预期的效果。

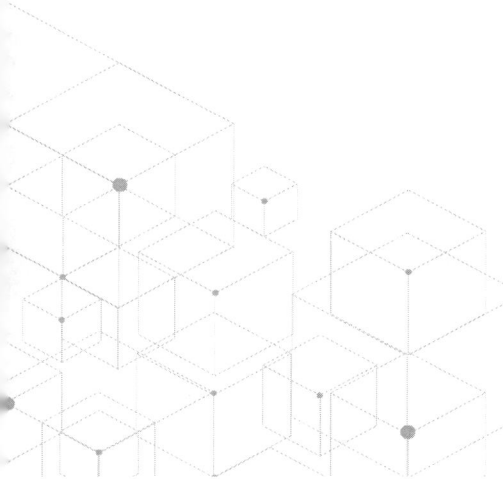

初中数学课堂教学
实施策略

基于核心素养的初中数学课堂教学的构建

《普通高中数学课程标准（2017年版）》明确界定了数学核心素养的含义，提出了6个数学核心素养：数学抽象、逻辑推理、数学建模、直观想象、数学运算、数据分析，并阐述了每个数学核心素养的内涵、价值、表现与目标。义务教育阶段虽然未明确提出其核心素养，但在《课标》中至少出现了4次"数学素养"字眼，并提出了数感、符号意识、空间观念、几何直观、数据分析观念、运算能力、推理能力、模型思想、应用意识和创新意识10个"核心概念"，我们可以将这10个"核心概念"作为义务教育阶段的数学学科的核心素养，在课堂上加以落实。作为一线教师需要进一步的认识、理解10大核心概念，更新教学观念，推进课堂变革，切实将数学核心素养落实在课堂教学中。

一、初中数学课堂教学中实施核心素养的再认识

1. 强化师生教与学的观念的更新

观念是行动的先导。在课堂中落实数学核心素养，首要的是要让所有师生深刻理解核心素养，回归数学教育教学的本源，从思想观念上接纳转变并付诸实践，把数学核心素养铭记在心，见诸于行。一方面，教师作为数学课堂教学核心素养的实践者，要改变"穿新鞋走老路"的旧观念。首先，要树

立以创新精神为价值取向的人才观和教育观。把培养学生数学核心素养放在突出位置，体现在课堂教学的每一个细节中，克服过去教育实践中急功近利、唯分数论的做法，即认为教育就是为了考试，教育的价值仅仅就是考试与分数的错误认识。在课堂教学中，要关注学生的学习效果，更需要关注学生的学习过程，促进学生学会合作学习和自主探究，让学生感受和理解知识生成和发展的过程。其次，要用发展的视角看教育的实效性，明确教育的意义在于促进人的发展，而不是简单地传授知识。在课堂教学中，要突出学生的主体地位，赋予学生学习的自主性和主动性，转变过去课堂教学中急于求成、学生略有困惑教师就急于讲解、组织讨论、交流的做法。真正为学生搭建一个合作探索的平台，用欣赏和发展的眼光看待学生的成长，突出以人为本，让人的发展成为课堂教学的出发点和归宿。我们要更新教学观念，认识到课堂教学除了传授知识外，更要注重学生的核心能力和素质，培养学生的核心数学素养。另一方面，要努力改变学生的学习观念。实践中，我们往往花大量的力气去转变教师的教育理念，而忽视了作为学习主体的学生的学习观念的转变，从而导致课堂教学中师生步调不一，理念不同，也就使得课堂变革事倍功半。作为课堂的主人和学习的主体，学生观念的更新决定着课堂教学的成败。事实上，我们的教育对象受应试教育的影响，以及在长期"被动学习"的过程中，其思想深处把学习当作是负担、苦差事，根本无法认识到学习的本质，对教育改革中提出的核心素养更是漠然视之，其根源就在于思想陈旧，在教育过程中，我们忽视了学生学习观念的更新。因此，在课堂教学中落实核心素养，必须使学生认识到什么是核心素养？核心素养对个人发展的意义，以及课堂如何做才能提升个人的核心素养？让学生真正明白学习的意义，逐渐形成正面、积极的情感态度和价值观，这样，学生就可以积极参与课堂学习，把被动学习变成"我要学习"，促进课堂教学中的师生和谐互动，形成善于合作、能于探究、敢于质疑的良好学习习惯，为落实核心素养培育生存的土壤。

2. 教师教学方式的自觉转变

实施数学核心素养的主阵地是课堂，课堂上教师的教学方式和教学行为决定着学生的学习方式。培养学生的数学核心素养，需要教师采取符合现代教育理念的教学方法，推进课堂教学改革，自觉培养学生的数学核心素养。现实中我们发现，经历了数次课程改革的洗礼后，我们教师的教学方式已有了明显的转变，开始注重课堂教学中体现学生的主体地位，努力通过合作学习等方式培养学生自主学习的能力；注重课堂教学评价，能用各种行之有效的评价方式激励学生获取一种经常性的成功感；注重个人角色的转变，确实改变了以往"一言堂"和"满堂灌"的陋习，努力成为课堂教学的组织者、引导者和合作者，但要真正把培养学生的核心素养落到实处，成为课堂教学中的常态，我们还需在此基础上进一步转变我们的教学方式，从课前研课、课堂组织等方面加以探索与实践。首先，要在充分研读教材、课标的基础上，强化单元教学设计，整体把握某个单元或板块所承载的数学核心素养的任务，明晰这些核心素养主要依托本单元的哪些知识点去落实？既相互独立又相融共生的六个核心素养在具体单元中是怎样的关系？在理清这些问题的前提下开展课堂教学，课堂教学过程中才能做到以核心素养为引导，突出内容之间的有机联系。明晰某一具体核心素养在本课时中有意渗透的出处，依据该种核心素养的主要表现、发展途径，采用行之有效的数学手段实施课堂教学，做到心中有数，从而处处渗透，关注学生核心素养的发展。其次，根据教学实践，改变课堂结构，以活动探究的方式进行教学。陶行知指出，先生的责任不在教，而在教学，在教学生学。作为一名教师，他的真正能力不在于能否传授知识，而在于能否激发学生的学习动机，激发学生的求知欲，让他们有兴趣地参与教学过程。我们知道，学生的数学能力和数学素养是在数学学科活动中形成和发展起来的。有效的数学活动能使学生的亲身体验与数学知识建立起联系。为此，课堂中我们要以真实的情境为载体，精心设计利于培养学生数学能力与数学素养的探究性活动，为学生搭建合作学习的平台，真正把课堂还给学生。我们要努力做到：只要学生能够探索出来的教师就不要包办；只要学生能够独立发现的教师就不要暗示；只要学生间通过质疑可以完成的知识建构，教师就不要吝啬时间而要学会等待，让学生从生活、活动、思索和合作交流中学习。在课堂上，教师要尽可能的给学生留下思考时间、活动空间和表现自己的机会，教师不仅要重视学生知识技能的掌握和培养，更要重视学生某一具体指向的核心素养的培养。

3. 促进学生学习方式的转变

所谓学习方式，不是指具体的学习策略与方法，而是指学生在自主性、探究性、合作性等方面的基本特征。学习方式决定一个人的思维方式，最终会成为一个人的生活方式。要促使学生提升个人的核心素养，就必须在教师转变教学方式的同时，帮助学生切实转变学习方式，而转变学生的学习方式主要依赖"过程与方法"维度目标来实现。这就要求教师在课堂教学中，不管是教学内容的确定，还是教学方法的选择，均要关注学生学习方式的转变。新课程提倡自主、探究、合作的学习模式，以培养学生的核心素养为基础，突出学习过程中的发现、探究、反思等认知活动，使学生有更多分析和解决不同背景下问题的机会。因此，教师在课堂教学中应努力促进学生学习方式的转变。首先，要营造自主合作的和谐氛围，把问题作为教学的主线。教师要为学生创造一个轻松愉快的心理环境，让学生在主动学习的过程中有一种安全感和宽松感，再引导学生从具体的情境中发现和提出问题，在解决问题的探究过程中获得愉悦，进而在教学中实施问题化学习，通过一系列真实的问题，让学生在对问题的探寻中完成知识建构，获取活动经验；让学生在问题与问题的关联中碰撞知识，洞悉知识与知识间的关系，从而达成"过程与方法"维度目标。而问题化的学习为学生搭建了自主探究、合作学习平台，有效培养学生自主学习、合作探究的意识与能力，养成"我应该学会做什么？""我应该怎么做？"的良好学习习惯与"我对我的所作所为应该负什么责任"的优秀品质。其次，精心设计课堂探究活动，促进学生自主合作学习。合作学习是一种培养学生创新精神和实践能力的有效学习方式，教师精心设计合作内容，明确学习任务和要求，指导学生开展合作学习，引导学生在自主合作学习中树立科学的批判精神；培养学生的问题意识，使其善于发现问题、提出问题、反思问题。教师在转变自身角色的同时给学生提供了一个转变学习方式的平台，从而实现学生学习方式的转变。

二、初中数学课堂教学中实施核心素养的实践思考

1. 夯实"四基"，关注"四能"，促进学生数学学科核心素养的形成与发展

初中数学课堂中落实核心素养，首要的是要弄清"四基四能"与核心素养的内在联系，处理好二者之间的关系。在《课标》的总体目标中明确提出了基础知识、基本技能、基本思想和基本活动经验。"四基"不仅是义务教育阶段数学学习的主线，也是学生学习数学的集中体现，关系到学生当前的学习和未来的发展。核心素养是在运算、探究活动等具体的数学知识与技能的基础上形成的数学思想和方法，以及对数学在现实生活中的作用与价值的认识。核心素养与"四基""四能"密切相连，对"四基"的理解与掌握体现和反映了核心素养，"四能"的提高其目的也是培养核心素养。核心素养的提高要落实到具体的教学过程中，体现在数学教学的各个环节，融入"四基""四能"的日常训练与培养之中。在日常的课堂教学中，要把完成"四基"目标与核心素养的培养有机结合，在夯实"四基"，发展"四能"的过程中，促进学生数学核心素养的形成与发展。反之，学生数学核心素养的形成与发展又促进学生牢固掌握"四基"与"四能"。例如：完全平方公式的学习，其中需要学生理解和掌握的基础知识和基本技能自不必细说，在这一节的教学中也

蕴含着丰富的数学思想，体现数学的核心素养。

在组织教学时，教师引导学生回顾平方差公式的学习过程：整式乘法—特殊结构—平方差公式—图形验证。首先，类比平方差公式的学习展开完全平方公式的教学，在这里教师教会学生对于具有共性特征的研究对象，可以借助联想和类比推理化新知为旧知，而类比正是数学核心素养中逻辑推理的一种重要形式；其次，在引导学生分析公式 $(a+b)^2=a^2+2ab+b^2$ 的结构特点，并用文字语言予以表达后，引导学生用所学公式 $(a+b)^2=a^2+2ab+b^2$ 进行公式 $(a-b)^2=a^2-2ab+b^2$ 的推导，让学生感受到知识间的内在联系和转化思想，同时培养学生的推理能力，然后通过几何图形面积的不同表示，验证、理解完全平方公式，让学生对完全平方公式有了一个清晰的几何直观的认识，突出了几何图形解释代数运算的意图，不仅体会数形结合思想，同时发展学生的符号意识和几何直观；最后，通过实例和习题对完全平方公式的结构，进一步强化并运用，培养学生的运算能力。可见，就完全平方公式的学习，除了认识公式的结构，理解、应用公式等基础知识与技能的学习之外，还有符号意识、逻辑推理、几何直观、运算能力等核心素养的渗透和落实。

所以"四基"目标只有和核心素养相融合，课堂才有生命力。在教学过程中，要把实现"四基"目标与发展核心素养有机融合，充分考虑内容所包含的核心素养，丰富教学过程，在有效实现"四基"目标的同时，形成和发展相关核心素养。

2. 问题导向，活动教学，促进数学学科核心素养的提升及水平达成

（1）尊重认知，创设利于落实核心素养的课堂情境

情境是知识转化为素养的重要途径。教学活动缺失了其所依存的情境，学生就很难将知识与现实生活建立联系。现实问题情境是培养学生核心素养的途径和方法，是实现核心素养的现实基础。在实践中，教师必须充分考虑学生的原有知识与智力水平、文化背景以及学习经验，尊重学生的已有认知，

从认知基础、认知规律和认知需求三个维度着手进行知识情境或活动情境的教学情境设计，实现知识与生活的衔接，激发学生的学习欲望，引导学生自主学习和探究，提高学生分析和解决问题的能力。要把情境创设作为常态下的一种教学手段，通过真实、有效、贴近学生生活和认知实际的情境，促进数学核心素养的落实。要知道，无论是学科问题情境还是生活情境，都可以使学生置身于一种自主学习的场景之中，有利于学生的潜能释放，使其在跃跃欲试的心理状态下，进行各种思维活动，从而实现了学生学习方式的转变。通过对知识及其生成过程的主动学习，学生最终能够解决问题，实现问题发现、独立分析、问题解决等多项素养的发展。

（2）问题主导，提供利于落实核心素养的土壤

数学核心素养的形成离不开学生问题意识的培养。我们说，课堂教学要以生为本，生要"会疑"，学生不仅能回答问题，更要能发现问题，提出问题。培养学生问题意识，首先，是老师自身要有问题意识，能够结合授课内容，通过科学有效的问题设计，引导学生积极参与知识的形成与发展之中，使学生在追寻问题结果的过程中，实现与教科书的对话，同时也潜移默化的教会学生如何提出问题以及如何解决问题的思维方法。其次，就是鼓励学生要敢于质疑，遇到不懂、不清楚等拿不定主意的题目、或与他人的观点不一致时，学生要敢于提出自己的见解与疑惑，以寻求老师或同学的帮助与解答。在教学过程中，教师要注意捕捉并能够充分利用学生学习的生成点，留给学生质疑的时间与空间，有时教师要懂得"显拙"，给学生得以展示交流的机会，形成质疑的氛围，并对学生质疑给予肯定和积极的回应，特别是教师要尽量扩散学生的质疑点，拓宽数学知识的学习素材，并以学生的质疑点为起点，引导更多的学生参与到讨论之中，使学生在争论中学会批判质疑，敢于打破惯例，突破思维定势，敢于思考，大胆提问，从而点燃他们创新思维的火花。

三、指向核心素养的课堂教学案例分析

基于核心素养的课堂教学到底是什么样的？在银川推进课堂变革的活动中，有多位教师执教了义务教科书（北师大版）七年级（上册）《应用一元一次方程——"希望工程"义演》一课。教学中，教师均借助教材中的情境，引导学生利用一元一次方程解决实际问题，但教学的起点，关注的重、难点以及指向的目标却各有千秋。下面就以本课为例，通过两个不同的课堂教学片段谈谈自己的看法。

授课内容：某文艺团体为"希望工程"募捐组织了一场义演，共售出1000张票，筹得票款6950元。成人票与学生票各售出多少张？

设售出的学生票为 x 张，填写下表：

	学生	成人
票数 / 张		
票款 / 元		

售票处

成人票 8 元
学生票 5 元

教学课例1：指向知识应用的教学

（出示情境题）

教师：题目中包含哪些等量关系？

学生：（独立思考）成人票数 + 学生票数 =1000；成人票款 + 学生票款 =6950；票款 = 单价 × 票数。

教师：如果设售出的学生票数为 x 张，你能完成下面的表格吗？

（学生独立完成表格的填写，个别学生交流自己的做法，列一元一次方程予以解答）

教师：你还有其他不同的设法吗？

学生1：可以设成人票数为 y 张，……

教师：（打断学生的回答）这个设法与上面的设法是一样的，都是直接设元，能不能间接设元呢？

学生2：可以设学生票款为 x 元。（学生讲解自己的做法）

教师：很好，那你们喜欢哪一种方法呢？

学生：（异口同声）第一种方法即直接设元法。（教师默认）

教师：想一想，如果票价不变，那么售出1000张票所得票款可能是6930元吗？为什么？

（学生小组讨论，仿照上面的方法列方程得：$x = 365\dfrac{2}{3}$，票数不可能是分数，故上述说法不成立）

评析：教学课例中，教师围绕本节课的课时目标，以"任务达成"为目的，关注的是如何列一元一次方程解决实际问题，侧重于知识的应用而非素养的培养。在教师的意识中，教学的主要目标是"会列一元一次方程解实际问题"，在这种教学观的主导下，课堂学习被简单的"精简"为知识与技能，仅停留在让学生学会某一类实际问题的解决方法，再通过更多的类似题目加以巩固。因教师教学方法的"陈旧"，导致课堂气氛压抑，学生处于被动的学习之中，教与学的过程缺少兴趣与真正的思考，也就少了课堂的质疑与生成，教师仅仅是向学生介绍了一种分析问题的方法和手段——表格法；虽然在"想一想"环节中也给予学生讨论交流、合作学习的机会与空间，但其出发点仍是列方程解应用题，整个教学过程中，更多的是教师主导下的"授之以鱼"，至于本课时中蕴含的数学核心素养即问题意识、方程思想、数学模型思想等都已失之交臂。

教学课例2：指向核心素养的课堂教学

（出示情境题，教师有意识地隐去了教材中的问题）

问题1：题目中涉及哪些已知量和未知量？

问题2：题目中有哪些等量关系？

问题3：根据这些信息，你能解决哪些问题呢？

（学生结合问题串，根据已有学习经验，寻找已知量、未知量以及等量关系，并尝试提出欲解决的问题，如：成人票数与学生票数各多少张？成人票款与学生票款各多少元？成人票款比学生票款多多少元等；教师在板书已知量、未知量时，"无意识"中生成表头，形成表格。在已有知识与新知识之间建立了联系）

问题4：从上面的分析，可以发现：题目中含有4个未知量，我们如何设未知数解决上面的问题呢？

（学生独立思考的基础上，讨论交流，合作学习，展示成果。课堂上，学生通过质疑、补充，先后展示了所有可能的设元法，并列出相应的方程加以解决，其中一位学生设学生票数为 x 张，列方程 $x+（1000-x）=1000$，针对这种做法，教师适时引导学生讨论，最后达成共识：题目中涉及两个等量关系时，在设元与列方程时，要注意区分，千万不能重复使用同一个等量关系式；甚至还有一位学生列出了二元一次方程组）

问题5：对比上面的几种解法，你喜欢其中的哪一种方法呢？

（学生纷纷讲述自己解法的优势，在争议与辨析中达成共识：对同一问题可以设不同的未知数，列出不同的方程，设元的方法不同，方程的复杂程度也不同，具体要视题目的实际加以甄别、选择）

问题6：想一想，如果票价不变，那么售出1000张票所得票款可能是6930元吗？为什么？

学生1：不能，因为仿效前面的方法，列方程得：$x=365\dfrac{2}{3}$，票数不可能是分数，故上述说法不成立。

（教师投去了赞许的目光，同时又鼓励性得看了看全班同学）

学生2：（略有迟疑）我也认为不能，因为6950-6300=20元，20÷3≈6.6，不符合题意。

教师（追问）：你能解释一下自己的想法吗？

学生2：题目中说，总票数不变，此时票款数减少了，那就只可能是成人票数减少，学生票数增加，并且两者的变化量应该是一样的。用减少的20元除以票的差价就是票的变化数量，而票数应该是整数，所以不能。

教师：（继续追问）我们能用一元一次方程解决这个问题吗？

（显然对于课堂上生成的这个问题，学生普遍感觉困难。教室里沉静片刻后，学生主动开始相互探讨交流，展开合作学习，最后借助一元一次方程解决了上述问题）

问题7：回顾整个学习过程，用一元一次方程解决实际问题的一般步骤有哪些呢？

（教师引导学生回顾解决问题的过程，总结列方程解应用题的一般步骤）

评析：教学课例中，教师以"希望工程"义演为素材，为学生搭建自主探索、合作学习的平台，充分调动学生的学习热情，鼓励学生亲历问题解决的过程，生成数学活动经验，感悟方程思想、数学模型思想，启发学生的问题意识。

首先，问题驱动，关注学生问题意识的培养。教师在处理情境题的教学起点是题目本身所包含的数学元素、数学关系，即从中发现数学问题，并思考怎样解决问题。教师借助问题串，引导学生在原有认知经验的基础上分析，寻找等量关系，在看似"无意"却是"有意识"地生成表格，让学生在已有知识（已知量与未知量）与新知识（表格）之间建立了联系，清晰地呈现出已知量、未知量。鼓励学生结合实际背景提出问题，并在已知量与未知量间建立等式关系，让学生经历从实际问题到建立一元一次方程模型的过程，实现了被动解决问题到"我提问，我解答"的转变。在问题驱动下，实现学生与课本的对话，在自主探索的过程中大胆质疑、达成共识。

其次，在基础知识与基本技能的达成中，关注学生的数学核心素养的发展。我们说，数学核心素养不是独立于"四基""四能"之外的概念，它综合体现在对"四基""四能"的学习之中。教学片断中，除了情境题，教师引导学生借助表格分析、构建方程模型以外，在"想一想"环节，当学生利用小学经验解决问题后，教师不是草草收场，而是及时鼓励学生尝试利用所学新知解决问题，进一步发展方程思想与数学模型思想。并能捕捉到知识的生成点，营造和谐的课堂氛围，培养学生的批判意识与创新精神。

总之，构建基于核心素养的初中数学课堂，需要我们以全新的理念，扎实的功底，敢于改革的魄力去实践与探索。实现核心素养的落地，需要我们努力做到：学习课标，深刻理解核心素养的内涵；研读教材，从教学内容中探寻核心素养；扎根课堂，将核心素养落实在日常教学的每一个细节之中。

浅谈数学问题生活化

义务教育阶段数学课程的基本出发点是促进学生全面、持续、和谐地发展，它不仅要考虑数学自身的特点，更应遵循学生学习数学的心理规律，强调从学生已有的生活经验出发，让学生亲自经历将实际问题抽象成数学模型，并进行解释与应用的过程，从而使学生在获得数学理解的同时，在思想能力、情感、态度与价值观等方面得到进步和发展。为此，我们数学教学就要尽可能接近学生的现实生活和社会生活，让学生认识到数学来自于生产和生活的实际，数学又可应用于生产、生活实践中，由此产生学好数学、用好数学的兴趣。

一、让"身边的数学"走进课堂

数学源于生活，用于生活，数学应该是学生生活中不可缺少的部分，然而现在学生天天与数学打交道，却对生活中的数学熟视无睹，对数学缺少兴趣，缺乏良好的数感，没有形成量的实际观念和鲜明的图形表象。基于此，我们要把"身边的数学"引入课堂，在学生生活经验基础上建构知识，使学生在不知不觉中感悟数学的真谛，学会用数学思想去观察、认识周围的世界，从而促进学生的日常思维向科学思维方式的发展。

案例1

在进行一元二次方程概念教学时，可从学生生活经验出发，设计以下两个问题让学生列方程，激发学生学习的兴趣。

1. 家乡的河边要建电灌站，要求设计建造底为正方形且面积为15平方米的蓄水池，它的边长应设计多长？

2. 剪一块面积是1500平方厘米的长方形红布，制作校旗，使它的长比宽多50厘米，应该怎样剪呢？

学生容易答出：

（1）设边长为 x 米，则方程为 $x^2=15$

（2）设宽为 x 厘米，则方程为 $x^2+50x=1500$

这两个方程学生乍看似曾相识，细瞧却又陌生，顿时产生了疑惑，这个疑惑在学生掌握一元二次方程概念的思维过程中，起了"催化"作用，此时，教师及时提问：

①什么叫方程？什么叫一元一次方程？

②方程中的"元"和"次"各是什么含义？

③口述两个方程各是几次方程？

显然，这种良好的思维情境创设，激起学生的求知心理，使他们处在一种饥饿中寻找食物的心理状态，为下一步归纳一元二次方程的本质属性做好准备。

案例2

在进行等腰三角形"三线合一"性质教学时，从农村建房常用的水平仪出发设计问题。

在一建筑工地上，技术员欲检查所安装的门窗是否水平，可由于身边没有测平仪，该怎么办呢？他灵机一动，找来了一个等腰三角形和一根细绳，很快解决了问题，你知道技术员是怎么做的吗？其中的道理又是什么？

案例3

"黄金分割"具有广泛的应用，国旗上的五角星是怎样画出来的？就是通过"黄金分割"作出的。

如图：AB 为内接单位圆的正十边形一边，由于 $OA=OB=r$，$\angle AOB=36°$，$\angle OAB=72°$，作 $\angle OAB$ 的平分线交 OB 于 C，则 $\angle BAC=36°$，$\triangle AOB \backsim \triangle CAB$。

设 $AB=x$

$\because OC=AC=AB$，$BC=R-x$，$OA:AB=AB:BC$

$\therefore r:x=x:(r-x)$，$x^2+x-r=0$，

$x=\dfrac{\sqrt{5}-1}{2}r$

x 是圆内接正十边形的边长，圆被十等分，当然可以找出五等分点了。

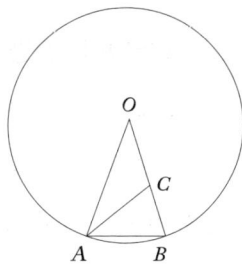

让这些来自身边的数学材料走进课堂，渗透数学源于生活的思想，创设与现实生活相联系的问题情境，尤其是再配合教师生动的语言和炽热的感情，调动学生的非智力因素，特别是内在动机，使他们以强烈的求知欲和饱满的热情学习新知识，站在数学应用的高度，把"身边的数学"引入课堂，把实际问题数学化。

如何做到这一点呢？作为教师则要善于处理教材，学会"变教材"。首先，要增加联系实际的内容，从生活中收集相关的数学知识，把身边的数学材料引进课堂。其次，要求教师做个有心人，鼓励学生收集、掌握、积累一些数学素材，为课堂教学服务。最后，要精选在现代或未来生活具有广泛应用的数学知识，丰富现有的教学内容，加大渗透思想方法的力度。

二、让数学知识走进生活

让数学知识走进生活，即问题解决，它是实现把"身边的数学"引入课堂的有效载体。建构主义学习理论认为，学习过程不是学习者被动地接受知识，而是积极主动地建构知识的过程。这种主体参与建构的数学课程必然要调动个体已有知识基础和学习经验，回到实际生产、生活中去，"问题解决"便凸现出来。

让数学知识走进生活，就是要向学生呈现生产、生活或相邻学科中的实际问题，让学生在解决实际问题的过程中，巩固和深化所学的逻辑知识，增进对数学的理解，体验数学的价值，它也充分体现了"学习不是为了'占有'别人的知识，而是为了'生成'自己的知识"这种现代教育观。其关键是设计具有深厚生活气息，难易适中，贴近学生认知水平的好问题，这也是引起学生主动参与、积极探究的关键。例如：可以结合身边的"打折销售"问题，设计以下问题，提高学生购物意识。

某商店将彩电按原价（每台2250元）提高40%，然后在广告上写上"大酬宾，八折优惠"，请你分析一下，该商店销售每台彩电与原价相比是赚钱还是赔钱，赚钱或赔钱的金额是多少？结合此问题，谈一谈自己的看法。

又可从学生身边"修堤造坝"的工程问题出发，设计问题，例如：在防汛抗洪中，为了加固河堤，需运来砂石将堤面加宽1米，使坡度由原来的1：2变成1：3，已知原来的背水坡长BC=12米，堤长100米，那么需要运来砂石多少立方米？（解：略）

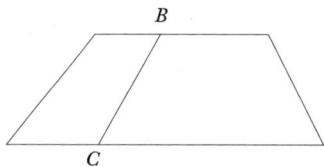

它们都贴近学生生活，以学生的生活经验为出发点，让学生用数学知识解决身边的实际问题，激发学生热情，体现数学在生活中的应用价值，与此

同时，我们还可以结合学生的认知水平，将数学知识运到生产中去。

例如：某工厂为了节省能源，要将一些正方形的废铁皮　加工成一些无盖的长方体盒子，怎样设计才能使得体积最大？

又如：某企业现有加工产品剩余的规格相同的四边形木板，为了节省能源，现将这些木板加工成地板块，请你从经济美观角度设计出加工方案，并用数学道理给予说明。

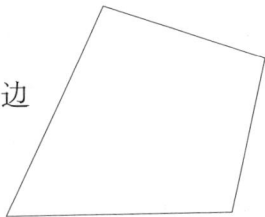

值得一提的是研究性学习，它是数学问题生活化的一个方面，研究性学习结合生活实际，让学生自己在教师指导下自主地发现问题，探究问题，获得结论，给学生一些研究性问题，让他们用学得的数学知识去解决问题，是数学问题生活化的具体实施，如：

1.足球是由两种正多边形图案组成的，有12个正五边形（黑色），20个正六边形（白色），让学生去计算边数、面积等。

2.小麦与玉米套种中的行距比、面积、产量计算等。

实际上与现代经济生活联系紧密的实际问题还有很多，诸如：利润、营销、决策、统计、储蓄、环保、人口等问题都蕴含着数学知识，这就要求我们从生活、生产中提炼出数学问题，编拟出科学合理的数学应用问题，实现具体问题数学化，让学生去体验数学所蕴含的美和数学的实际应用价值。

在一次师生座谈会上，就数学问题生活化，一位同学这样说，现在，我很重视数学，因为学数学有用，能解决生活中的许多问题，老师总是在新课题学习时呈现给我们一个实际问题或一种生活现象，使我们感受到身边到处都是数学，也认识到数学的价值，数学中每一个新的知识点，都是从解决实际问题出发建立起来的，为了解决实际问题而提出一些方法和策略，抽去这些方法和策略的实际背景就形成了数学模型，再把这些数学模型应用到解决实际问题的过程中去，一个新的课题就诞生了，例如：在探索三角形全等条件时，教师给我们呈现了这样一个问题。

小颖在作业本上画的三角形不小心被墨迹污染了，她想画出一个与原来完全一样的三角形，她该怎么办呢？请帮助小颖想出一个办法来，并说说理由。

这个问题对我们学生来说太熟悉了，但如何解决这个问题呢？它触击了我们的求知欲望，它让我们认识到数学的存在，在大家各抒己见，动手操作、探索的过程中，认识到这实际上是解决三角形全等问题，这样，一个活生生的数学课题便展现在我们面前。

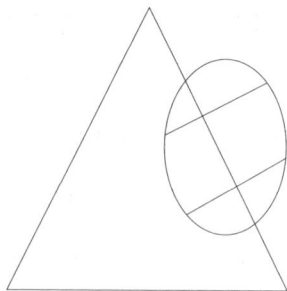

又如：在学习"过三点的圆"时，老师先给我们介绍了这样一个生活中的小故事，一位学生家中柜上的圆形玻璃镜，不小心被碰碎了，这个学生仅仅找了一块带有边缘的碎块到镜店就配了一块合适的镜子，让大家说一说她的做法，然后把问题展开，使我们逐步认识到这个数学问题是确定圆的问题。

总之，数学问题生活化，建构"情境创设—建立模型—解决问题"的教学模式，让学生在学科领域或现实生活的问题情境中，经历自主与合作的探索过程，获得知识与技能，并产生积极的情感体验，进而创造性地解决生活、生产问题。为学生呈现贴近生活、普遍存在的大众数学，使学生真正认识数学，体会到数学来自现实，有广泛的应用价值，同时，数学化的问题，能够体现数学发生、发展的过程，既有利于数学问题与现实更好的联系，更符合学生的认识水平和过程，可激发学生的求知欲望，培养学生解决实际问题的能力。

谈"推进课堂变革"对课堂教学的促进

推进课堂变革的目的在于推进素质教育，使素质教育能够真正落实在课堂教学中，全面提高课堂教学的质量和效益，提高学生的整体素质，"推进课堂变革"课堂评价五项指标的核心内容是进行民主平等的教学，充分重视学生学习知识的过程，使全体学生积极主动地参与教学的全过程，"推进课堂变革"的实施有效促进了课堂教学的发展与提高。

一、促进课堂教学的民主性

"推进课堂变革"课堂评价五项指标以教学民主为核心。人民教育家陶行知先生指出：创造力量能发挥的条件是民主。教学的民主性集中体现了"以人为本"，以促进人的全面发展为目的的现代教育教学思想。具体表现在课堂教学中就是以学生为主体、为中心，即创造良好、宽松、民主的教学环境和课堂气氛，消除学生学习的紧张和恐惧心理，使每位学生都有表达与交流的愿望和机会，能够主动开放心态，思维活跃，充分发展个性，实现自我价值，使全体学生自始至终积极、主动、自觉参与教学活动。在实际教学中，教师始终围绕一个中心即学生为中心，进行备课、授课、反思，从学生的角度出发，激发学生的学习兴趣，引导学生发现问题，解决问题，尊重学生的猜想及观点，让学生亲自经历知识的形成、发展过程，体验与人合作、探究的成就感，鼓舞学生大胆质疑，发表不同的意见，从而保证课堂教学有条不紊、生动活泼地开展下去。例如：为了体现教学民主，许多教师采用小组互助合作学习的形式，因为在小组中便于形成宽松、民主、和谐的学习氛围，每个学生都有参与学习的主动性，有主动探索的时间，有机会发表自己的见解。它变传统的师生之间的单向交流为学生与学生、教师与学生、学生与教师之间的多向交流，在学生与学生互动、教师与学生互动中获取大量信息。在良好的氛围中，每个学生都有学习的空间、学习的机会，都敢于发表自己的见解，敢于质疑问难，那么师生关系一定是平等和谐的，这也正是教学民主是核心地位的体现。

二、促进师生关系的平等、和谐，建立一种新型良好的师生情感关系

教学民主的基础是师生关系，在教学过程中，良好的师生关系首先表现为对学生的尊重、理解和信任，尤其要求教师尊重学生的人格，其次表现为民主、平等和关心。教育应当是有情感的教育，没有爱心就没有教育，"推进课堂变革"的实施使我们广大教师更注重把情感作为一种潜在的动力机制，激励、诱发、调动学生的学习情趣及其言行。"亲其师，信其道"，师生感情融洽，能使学生精神放松，思维活跃，敢想、敢说、敢问，乐于发表自己的意见，从而诱发创新意识。在"推进课堂变革"实施过程中，教师们把这种新型的师生关系形象地比作把"讲台"搬到学生中间去，做学生学习活动的参与者、合作者，变教师"教"为学生"学"，变提问为学生主动质疑，以朋友、合作伙伴的身份与学生平等对话，真诚相待，做"平等中的首席"，最大限度地调动学生全身心地"动"起来，积极主动地参与教学活动。尤其

是教师如果能将愉快、幽默、亲切、和蔼以及对学生的殷切希望，热情鼓励、警示、鞭策等信息及时传递给学生，使学生产生一种安全感，那么他们就会欣然接受教师的帮助，很自然地激起学生亲师、敬师、积极进取、努力学习的心理效应，使课堂真正成为相互尊重、共同提高、教学相长的场所。

例如：教学"角的认识"时，有位教师在通过投影演示帮助学生初步认识"角"后，这位教师要求学生举例说明生活中常见的"角"。起初由于低年级同学的认识水平的差异发言不够积极，参与意识淡薄，鉴于此，教师进一步调动学生"同学们，我这里有一位'科学家'的头像，你们谁想看看？"对科学家的崇拜与敬仰促使学生们争争抢抢上台看"科学家"的头像。哦，原来教师手里拿的是一面镜子，"科学家"就是学生自己，学生笑了，同时也更来劲了，甚至有一名学生发自内心的感叹："科学家中肯定会有我"。这时，教师乘机问："现在你们能举一个角的例子吗？"大多数同学已有所悟，列举生活中角的例子，他们纷纷发言："三角板、直尺、黑板、桌子、扇子以及钟表上的时针与分针、秒针都构成角"，平等的师生关系，善意和激励的举动，激发学生的想象力，调动了学生的参与意识。

三、促进教师面向全体，重视培养学生的创新精神和实践能力

面向全体，要求我们教师重视学生的个性特点，尊重学生的个性发展，在关爱、帮助学生成长的同时，培养学生的创新精神和实践能力，这主要是指激发学生的好奇心、求知欲和想象力并及时挖掘学生的创新潜能和闪光点，使学生的创新意识能充分发挥，创新潜能和丰富的想象力得到不同的发展，"推进课堂变革"的实施，使广大教师眼中有学生，切实为了每一位学生的发展而在思考、探索，寻找问题解决的突破口。课堂上，教师关注每一位学生的言行举止，帮助每一位学生获取知识，激励每一位学生去探究知识的发生与发展，为学生提供探究、创新的舞台。

例如：在《探索勾股定理》教学中，教师首先面向全体学生，引导、帮助学生通过小组合作，借助数格子探索勾股定理，并借助数据进行简单的验证之后，教师在原基础之上，重视对学生创新精神和实践能力的培养，教师启发学生动手通过拼图验证勾股定理，并帮助学生尝试进行理论证明，从而挖掘学生的创新思维，使知识得到进一步深化，在整个过程中学生的创新思维得到发展，同时激发学生的创新潜能，既面向全体学生，达到预期教学效果，同时又使不同程度的学生得到了相应的发展，在合作、交流、师生互动、生生互动中完成知识的发生、发展过程。

四、促进课堂评价的科学化、多元化

一堂优质"达标"课的显著标志之一，是学生的积极性和自觉性是否得到了真正的调动。科学、多元的评价手段是实现这一目标的保证。从实施素质教育、开展"推进课堂变革"已取得的经验来看，评价已成为课堂教学改革的一项重要内容，成为课堂教学中不可缺少的要素，它像一根指挥棒，具有导学、激励、反馈、总结等功能。适时科学的评价能够促进教学观念的转变，促进教学方法的改进，促进教师在分析把握教材、提高语言艺术和应变能力、掌握课堂调控技能等方面向更高层次攀升，同时，能营造宽松、和谐、民主的学习氛围，充分调动学生学习的积极性，收到事半功倍的教学效果。"推进课堂变革"实施以来，教师从最初的学习渗透到今天的科学运用，经历了摸索、实践、总结、再实践的过程，使我们的课堂评价更趋于科学化、多元化。

例如，我们在听一位教师教学《美丽的小兴安岭》一课时，课堂上她叫一名学生读课文，读完后她用富有激情的语言评价道："你读得真好，感情真投入，语调也把握得那么准确，把老师都吸引住了。"紧接着问："同学们愿意向他那样读吗？"教师的评价既是肯定，又是号召和鼓励，一下子激活

了全体学生朗读的欲望，把学习的自觉性和主动性调动了起来，大家读得特别认真，效果非常好。有时教师辅之以体态语言，如鼓掌、伸大拇指、发自内心的微笑也能使学生增强学习的自豪感和自信心。这种激励性的评价要恰当且有针对性，当发现学生在学习中的优点，及时予以充分肯定和热情鼓励，同时，对于问题又能及时指出予以点拨，但教学语言更讲究艺术，使学生容易接受乐于改正。

与此同时，我们走进今天的课堂教学，教师对学生的评价从以往单一的"你很好"、"你真行"的语言评价中走了出来，评价的方式更加多元化，小印章、小红花、成长记录袋等评价方式已走进我们的课堂，教师们确实从学生的角度出发、从学生身心发展出发，借助评价这一有力的工具，激励学生大胆质疑、拼搏进取，有效地提高了课堂教学质量。

"随风潜入夜，润物细无声。""推进课堂变革"就像春雨一般滋润着广大教师的心田，教师的角色、行为也在悄然发生着质的变化。面向全体，一切为了学生已成为教师们教育教学的支点和奋斗目标，为了这个目标，教师们在新课程理念的熏陶下，围绕着课堂评价五项指标创建民主、平等、和谐的课堂教学氛围，使更多的优质达标课涌现出来。从而实现达标课的目的——全面提高课堂教学的质量和效益。

促进数学知识自然生成的策略

《课标》指出：要注重过程性目标，用经历、体验、探索等词汇刻画学生的数学活动水平，强调使学生经历数学知识的产生和发展过程，在知识与技能、过程与方法、情感态度与价值观等方面得到全面发展。所谓知识的自然生成，不是指放任自流，任其自然，无所控制，而是要正确把握数学课标的这一理念，适时、适度利用问题（或素材）、情境、活动等来营造一种自然的状态并适时进行引导。从知识的生成规律和学生的认知规律出发，以数学教材为基本依据，挖掘数学知识所蕴涵的教育资源，为学生设计一个数学活动经验积累和数学知识自我建构的过程，使他们在数学知识的理解和应用的过程中，不断激发数学学习的兴趣，体验数学发现和创造的历程，培养创新精神和实践能力。那么，影响初中数学知识自然生成的因素有哪些？我们如何才能真正以知识自然生成为基础，构建高效课堂？在以学生的发展为主体的新课程理念下，这些显得尤为重要。

一、影响初中生数学知识自然生成的因素分析

在初中数学课堂教学中促进知识的自然生成既是学生发展的需要，也是提升课堂教学有效性的重要手段。通过查阅文献、课堂观察及案例分析，

我们发现实际教学中，依然存在着一些严重影响初中数学课堂教学中数学知识自然生成的因素。

1. 教师教育、教学观念转变不够

课堂教学是以教师为中心还是以学生为中心？课堂教学过程中是以教师预设的课堂教学流程和模式为主还是以学生在课堂中动态的学习状态为主？这些都是新课程背景下的教师必须思考的问题。现在都说学生是课堂教学的主体，但有些教师在课堂教学时却没能用心关注学生的学习状态、认知结构和学习习惯，没能有效提升课堂教学的效率，也没有实现从课堂教学转变到关注学生发展的轨道上来。

2. 忽视对学生自主学习能力的构建

有的教师对教材和学生研究不够，未能紧紧围绕课堂教学目标进行深入思考，教学时盲目追求活跃的课堂气氛，虽然学生在课堂上敢说也有话说，其实华而不实，流于形式，停留在浅层次的交流上。例如，在一节《实数》的复习课上，教师给学生准备的导学案，试卷那样的8开纸正反两面印得满满的，其中知识回顾有四个环节：①看书说出本章主要学习内容；②自己构建知识网络结构图；③找出本章学习中你存在的疑难问题；④师生共同梳理本章所学知识。学生刚看完书，教师就在大屏幕上出示知识网络图，供学生参考完成后续三个环节。课后与这位教师交流后，知道因为本章内容较多，教师没有放给学生独立完成构建本章知识思维导图的机会。教师的意图是抓紧时间全面复习本章内容，但很明显，学生的思维无法进入真正的思考状态，学习的热情不高，形成的知识体系较为肤浅，并未达到预期效果。教师忽视了将学生的自主学习能力与素养的构建作为长期目标，不注重学生长期的思维训练与习惯养成，没有关注到学生的终身发展。

3. 教师欠缺课堂教学的把握能力和艺术

自然动态生成的课堂教学中，学生的思维一旦放开，就可能产生很多千奇百怪的想法，有的时候甚至可能使我们的课堂教学陷入危机。例如，在一节《分式方程》的应用课上，教师出示题目：某市从今年1月1日起调整居民用水价格，每立方米水费上涨$\frac{1}{3}$。小丽家去年12月份的水费是15元，而今年7月份的水费则是30元。已知小丽家今年7月份的用水量比去年12月份的用水量多5 m³，求该市今年居民用水的价格。学生独立思考后各抒己见，在此期间，教师注重引导学生确定主要等量关系，认真分析问题中的数量关系，出现了多种选设未知数列分式方程的方法。可是有的学生用算术方法或列整式方程（组）方法求解时，教师虽然予以肯定，但没有通过交流，捕捉、暴露学生的思维方式，让所有学生都能在二者比较的过程中，构建分式方程，进一步掌握列分式方程解决问题的方法。可见，若教师不具备良好的课堂把握能力，会阻碍学生数学经验的自我生成，就无法将与课堂教学目标一致的观点加以放大，促进学生的目标达成；也无法对与课堂教学目标相左的观点加以引导，使之回归正途；更无法对课堂教学中一些带着故意破坏目的的观点进行巧妙化解，实现课堂的和谐与高效。

二、促进初中数学知识自然生成的有效性策略

1. 创设有效问题情境

《课标》指出：数学教学活动，特别是课堂教学应激发学生兴趣，调动学生积极性，引发学生的数学思考，鼓励学生的创造性思维。可以说，有效教学"发生"的前提条件之一便是学生能积极主动的参与。因此，课堂教学情境重在于创，贵在于新，旨在于效，让所创设的情境成为学生积极参与、快乐学习和自主探究的环境，让所创设的情境真正发挥提高课堂教学效率的作用，而不是成为课堂教学环节的"摆设"。

案例1

在教学义务教育教科书北师大版七年级下册"5.4探索三角形全等的条件（3）"时，执教者创设这样的情境引入本节课的学习。

如图1，舞台背景的形状是两个直角三角形，工作人员想知道这两个直角三角形是否全等，你能帮他想个办法吗？（课件展示图1）

图1   图2

问题1：如图2，当每个三角形都有一条直角边被花盆遮住无法测量，而且他只带了一把卷尺时，能完成任务吗？

问题2：工作人员测量了每个三角形没有被遮住的直角边和斜边，发现它们分别对应相等，于是他就肯定"两个直角三角形是全等的"；你知道为什么吗？

【说明】结合实景图，学生在给定问题的引导下，积极地进行思考，把实际问题转化成数学问题，并回忆学过的三角形全等的有关判定，巩固复习判断三角形全等的方法。接着提出：当每个三角形都有一条直角边被花盆遮住无法测量，而且他只带了一个卷尺，能完成这个任务吗？教师充分调动学生的积极性，想出各种解决问题的办法，并鼓励学生大胆交流，表述自己的理由，并将自己的思路写下来，与同伴交流。在问题1中，当学生感到困难时，演示工作人员的测量方法及下面结论。并引导学生思考：①如何验证这个结论呢？②我们要作的直角三角形要知道哪两边的长？通过问题串引导学生对工作人员提出的办法及结论进行思考，思考验证他们的方法，从而展开直角三角形全等这种特殊条件的探索。

上述问题能有效激发学生的学习兴趣，激起他们的好奇心，吸引他们主动参与，更好地进行数学思考。只有这样，才能不断冲击学生头脑中原有的数学认知结构，并利用有关知识与经验去"同化"或"顺应"当前要学习的新知识，使他们以"再发现"和"再创造"的方式经历数学知识的发生发展过程，促进知识自然生成，达到学生对知识意义的建构。

2. 巧妙揭示知识背景

知识的自然生成内涵有两层，一是尊重知识间的内在联系和结构特点进行教学；二是遵循学生的认知规律和心理意愿来开展教学。明确知识的内在联系和结构特点是知识自然生成教学的前提。由于受教材篇幅和结构体系的制约，有些数学教学内容往往省略了知识的发生和发展过程。这样，教材中呈现给学生的就是"死"的结论，老师要摸索初中数学知识的自然生成规律，摸清学生的已有知识储备及学习经验，抓住知识理解的关键，突出知识形成过程的本质和重点所在，使学生对知识的接受不唐突，不牵强，一切来得都非常自然。

案例2

在教学北师大版教材八年级下册"5.3频数与频率（1）"时，执教者这样设计教学活动。

课堂上调查每一位学生最喜欢四门学科中哪一门功课（如用 A 表示语文，B 表示数学，C 表示英语，D 表示物理）。通过现场调查掌握第一手资料，使学生明白统计的数据并不是凭空捏造出来的，同时，为下一环节的讨论提供合适的数据，引出频数这个概念，体会频数可以用来衡量对象出现的频繁程度。在此基础上出示老师所带两个班级体育成绩情况统计表：

体育成绩统计表

	及格人数	不及格人数	总人数
1班	45	5	50
2班	38	2	40

提出问题：

（1）1班、2班中哪个班级的及格人数多？你觉得哪个班级体育成绩较好些？

（2）比较两个班级的体育成绩能否只从各分数段的人数来看呢？你认为应该怎样比较？

【说明】通过这样两个活动让学生多次体会数据的整理与表示，帮助学生感知频数和频率这两个新概念产生的必要性及背景，把数学知识的生成过程以显性的、确定的方式呈现出来，这种呈现方式也为教师提供了"创造性使用教材"的空间。实现学生对数学知识的"知其源（追溯源头）、会其神（领悟本质）、通其用（感受价值）"的实践活动。 这样，知识的获得就成了学生爱学的自然过程。

3. 精心设计好问题串

《课标》指出：学生学习应当是一个生动活泼的、主动的和富有个性的过程。学生应当有足够的时间和空间经历观察、实验、猜测、计算、推理、验证等活动过程。为落实这一理念，需要采用"问题串"把教学引向深入。心理学家维果茨基关于认知心理学的观点认为，人的认知结构可以划分为三个层次，即"已知区"、"最近发展区"和"未知区"。 人的认知水平就是在这三个层次之间循环往复，不断转化，螺旋式上升。 课堂提问不宜停留在"已知区"与"未知区"，问题串设计要落在学生的"最近发展区"，善于积累经验的教师会寻找学生"已知区"和"最近发展区"的结合点，在知识的"增长点"处设置悬念，在学生可能形成思想、观念等原始生长点处利用问题串引导，使学生认知结构中的"最近发展区"上升为"已知区"，不知不觉唤起学生对学习的热情，逐步提高问题的难度，从而促进数学知识的自然生成。

案例3

在进行"对顶角"的教学时，教师可以设计以下问题串：

问题1：把两根小木条中间钉在一起，使它们形成4个角，这4个角的大小能自由改变吗？在制作过程中你有什么感想？

问题2：在相交的道路、剪刀、铁栏栅门等实际问题中（教师通过多媒体课件呈现图片），你能发现哪些几何形象？试作出它的平面图形？

问题3：如果将剪刀用图形简单地进行表示（如图3），那么∠1与∠2的位置有什么关系？它们的大小有什么关系？能试着说明你的理由吗？

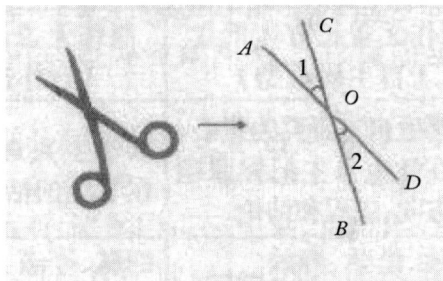

图3

问题4：找找生活中对顶角的例子。

【说明】问题1是一个与学生的生活紧密联系的数学实验，直观的动态模型能够使学生初步形成对学习对顶角概念的形象雏形理解，从而让学生经历知识的发生过程，能够给学生提供充分的实践与想象的空间。问题2配合问题1对几何形象进一步去观察、操作、猜想，使学生的发现与归纳在更高的思维层次上展开，从而克服了直接给出"两线四角"引入对顶角概念的单一教学模式，促使学生进行探究式的主动学习。问题3为学生提供了极好的探究"对顶角相等"这一性质的现实模型，让学生亲身体验了对顶角性质的归纳，使之自然稳固地内化到认知结构中。问题4让学生回到现实中，应用对顶角的概念去寻找生活中对顶角的例子，既能使学生体验到数学的应用价值，又能加深学生对知识的理解，真正实现知识的自主建构。因此，这些问题串预设了丰富的具有现实背景的问题，关注了学生的生活经验，让学生动手"做"数学，开拓了学生的思维空间，提高了学生的自主探索能力。

因此，问题串的生成，要做到问题前后连通，这样有助于搭建学生学习的"脚手架"，引导学生自主探究，把学生由问题的"浅滩"诱入问题的"深水"处，让一串问题生成了一节课的全部知识，既表现了一节课的整体美感，又提高了整节课的效益，达到提纲挈领的作用。

4. 采用梯度式探究教学

《课标》指出：数学教学活动必须建立在学生的认知发展水平和已有的知识经验基础之上，有效的数学学习活动不能单纯地依赖模仿与记忆，动手实践、自主探索与合作交流是学生学习数学的重要方式。探究教学，它的核心是构造一系列探究的方法，来展示知识发生、发展过程，并内化为经验，是数学问题的结构和演变的过程。所以，探究的价值不仅仅是获得知识，更重要的是让学生经历探究的过程，感受数学文化的底蕴。探究应能诱导学生积极思考，要想探究活动井然有序，课堂效果好，教师就得抓住契机设置启发学生思考、梯度适宜的探究活动。

案例4

在教学义务教育教科书北师大版七年级上册"2.8有理数的乘法"时，可以这样设计。

（1）甲水库的水位每天升高3厘米，乙水库的水位每天下降3厘米。4天后甲、乙水库的水位的总变化量各是多少？

如果用正号表示水位上升，用负号表示水位下降，那么4天后甲水库的水位变化量为：$3+3+3+3=3×4=12$（厘米）。

同理，乙水库的水位变化量为：

$(-3)+(-3)+(-3)+(-3)=(-3)×4=-12$（厘米）。

（2）运用上面的运算方法，进行下列计算：

$(-3)×3=$ _____

$(-3)×2=$ _____

$(-3)×1=$ _____

$(-3)×0=$ _____

（3）观察以上算式，你能发现什么规律？

（4）猜一猜：

$(-3)×(-1)=$ _____

$(-3)×(-2)=$ _____

$(-3)×(-3)=$ _____

$(-3)×(-3)=$ _____

（5）观察每个式子中的两个因数及积的符号，你能得到什么结论？

【说明】这一组探究活动，先以问题（1）这个探究情境，引导学生运用已有的生活经验初步感知 -3 乘以4的实际背景，为问题（2）的探究搭建平台。问题（3）通过探索规律，让学生自己观察发现算式的因数与积的关系：当第二个因数减少1时，积增大3，为问题（4）的猜想提供方向。当第二个因数从0减少为 -1 时，积从0增为3，规律继续下去，有理数乘法法则的三种情况便逐一呈现出来。通过对特例的归纳，鼓励学生运用自己的语言加以描述，得出法则。

事实上，学生学习的过程与科学家的研究过程在本质上是一致的。教学中应引导学生像"小科学家"一样通过探究活动去发现问题、提出问题、分析问题直至最后解决问题。因此，探究是一种需要，能够集中学生的注意力，激发学习兴趣，产生学习动机，明确学习目标，建立知识联系，使学生的求知欲由"潜伏状态"进入"活跃状态"，从而能深入地理解知识的生成过程。

5.巧用动手实践活动

在课堂教学中，有的数学知识，可以让学生在动手实践中自然获得。学生既能从中发现数学原理，又能体验到问题的结论和方法之间的精彩过程，以已有的知识和经验为基础进行积极"和谐"的建构活动，可以把新的学习内容自然地纳入已有的认知结构中去。实践证明，只有通过学生自主探索、动手操作、观察、比较，这样的课堂才能更具生命力，才能让学生更牢固地掌握知识，促进高效课堂自然生成。

案例5

在教学义务教育教科书北师大版八年级下册"5.5三角形的内角和定理的证明"时，教师这样展开教学。

（1）我们知道，三角形三个内角的和等于180°，你还记得这个结论是怎样探究得到的吗？

（2）每个学生用手中的三角形纸片动手实践，找出验证方法。

（3）交流各种验证方法。

方法1：（用折纸的方法验证三角形内角和定理）先将三角形纸片一角折向其对边，使顶点落在对边上，折线与对边平行，然后把另外两角相向对折，使其顶点与已折角的顶点相嵌合，最后得所示的结果。（如图4）

方法2：将三角形纸片任意两角剪下，拼凑在第三个顶点处。（如图5）

方法3：将三角形纸片三顶角剪下，随意拼凑在一条边上。（如图6）

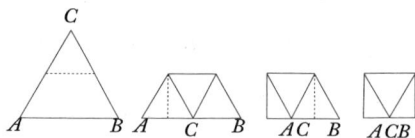 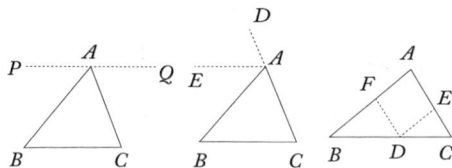 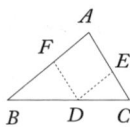

图4   图5   图6

【说明】"三角形三个内角的和等于180°"是小学就已获得的结论，本节课则是要严格证明这一结论，难点是添加合适的辅助线，突破这一难点的方法是与实验方法建立起联系，让学生从中得到启发：证明的方法虽然很多，但基本思路都是把分散的三个角"搬"到一起构成一平角，而作平行线则是将角"搬"到一起的基本途径。

在以上的教学中，教师不是简单地把知识灌输给学生，而是充分体现学生的主体地位，让学生动手操作，亲身实践，动脑思考，围绕学生学习中的问题展开教学，学生在实验的同时，也经历了知识的形成过程，可以加深理解，长久记忆，真正明确知识的来龙去脉。这个过程不是刻意的，不是强加给学生的，而是动态、自然地生成。

6. 重视运用多媒体技术

《课标》指出：积极开发和有效利用各种课程资源，合理地应用现代信息技术，注重信息技术与课程内容的整合，能有效地改变教学方式，提高课堂教学的效益。需要注意的是，现代信息技术的作用不能完全替代原有的教学手段，其真正价值在于实现原有的教学手段难以达到甚至达不到的效果。

案例6

在教学义务教育教科书北师大版八年级上册"3.5它们是怎样变过来的"时，有以下几个教学环节。

（1）图7由四部分组成，每部分都包括两个小"十字"。最右侧部分能经过适当的旋转得到其他的三部分吗？能经过平移得到吗？能经过轴对称得到吗？还有其他的方式吗？

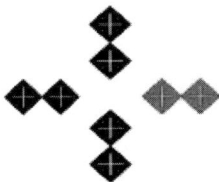  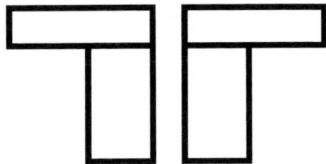

图7　　　　　　　　　图8　　　　　　　　　　　图9

（2）怎样将图8中的右图变成左图？

（3）你能将图9的左图通过平移或旋转得到右图吗？

【说明】本节课旨在通过几组相对活泼的问题，向学生展示图形之间的变换关系。借助"十"字组成的简单复合图形，提出具有一定开放性的问题，如果在黑板上画出各种变化情况，有些变化学生只能想象，部分学生能力达不到。利用 Flash 可以展示随意变化，形成多种情况，逐步培养学生良好的空间观念和一定的创新意识。

现代媒体技术解决了几何图形的运动变化难以真正在黑板上直观展示的"尴尬"，为我们提供了一个十分理想的"做数学"的环境。学生可以任意拖动图形、观察图形、猜测并验证图形，在观察、探索、发现的过程中增加对各种图形的感性认识，形成丰厚的几何经验背景，从而更有助于学生理解和证明。多媒体所呈现的丰富的动态的图形，可以极大地开阔学生的视野，给学生更多"发现"的机会，同时，课堂教学也能在动态、直观地展示中自然生成。

总之，新课程理念下的动态、自然生成的教学，不是简单的传递和被动的接受。由于学生的差异、课堂问题的突发性，教学过程中常常会出现疑惑，更有可能出现创新思维的火花。因此，教师要努力提高自己的教育智慧，巧用这些生成性资源，顺势进行引导，就会激起学生思维的碰撞，使数学知识因自然生成而美丽，使数学课堂因自然生成而精彩。

初中数学导学案教学中的问题及对策

　　导学案教学以教师为主导，以学生为主体，以学案为依托，引导学生在自主探究的基础上进行合作学习，从而建构知识体系，实现学生自学、合作、创新能力和整体素质共同提高的一种教学模式，被越来越多的教师青睐，科学、合理地运用导学案展开教学，能切实转变学生的学习方式，实现由"学会"到"会学"的转变。但随着导学案教学的不断深入，我们发现，导学案教学依然存在诸多的问题与弊端。如在导学案设计过程中，导学案内容单一且逻辑结构模糊；留给学生的思考空间过小。同样在使用的过程中教师间形成了基本不认可导学案与过度依赖导学案两种极端的做法。编者对上述问题进行了更深入的探究，并结合具体实践，提出相对应的策略，希望能够给初中数学教学带来一些帮助。

一、导学案存在的问题分析

1. 设计过程存在的问题

　　（1）"拿来主义"盛行，导学案内容单调，逻辑结构模糊

　　在导学案教学的实践中，我们发现，大多数的教师并没有认真设计导学案，而是过分依赖网络，彻底使用"拿来主义"，照搬照抄网上现存的导学

案或者是完全利用其他教师设计的导学案开展教学，从而使导学案教学逐渐沦为一种有固定框架的教学形式或是教学改革的代名词。这种不符合学生实际情况制定的导学案不但失去了导学案教学的优势，不能真正提高学生自身的学习能力，还会导致学生对知识点产生误解，增加学生的课业负担。除此以外，一些教师也动手设计导学案，但由于缺乏对导学案教学的深度认识与理解，所设计的导学案内容呈现方式单一，逻辑结构模糊，甚至是将导学案演变成了简单的题卡而失去了其导学的目的。例如，教师在有理数的概念教学部分设计了如下学案：_____、_____、_____统称为整数；_____、_____统称分数；_____和_____统称有理数。注意：0既不是正数，也不是负数；$-a$不一定是负数，$+a$也不一定是正数。从这之中可以看出，教师仅是将书本的知识点移到了导学案上，并没有帮助学生形成自己的知识体系，也没有达到导学案的引导作用。

（2）环节设计追求形式，弱化了问题导学功能

一些教师过分追求面面俱到，在导学案设计过程中，只注重内容的丰富，而忽视了内容的质量，将教学目标、教学重难点、教学手段等内容全部放置到一课时的导学案中，冲淡了教学的重点内容，既不能帮助学生进行有效的思考，也不能帮助学生有效梳理知识体系。这种导学案缺少能够启发学生思考的问题设计，忽略了导学案的"导学"功能，正如上面的例子，导学案中大部分内容都可以在教材上直接找到，教师只是将教材中的知识点以某种方式直接呈现给学生，就连例题也不例外，并没有通过问题引导学生进行深度的思考与自主探究，学生只是被动的接受，没有主动思考的过程，当然也就谈不上对学生学习方式的转变与自主学习、合作学习及思考能力的提高。

2. 使用过程中存在的问题

（1）教师应付导致导学案流于形式

在导学案的开发、利用过程中，我们发现，一些教师习惯于经验施教，

无论是思想认识上，还是行动中都十分抵触导学案的使用，仅是片面的认为导学案教学不便于操作，没有传统教学模式那样容易调控，即便是学校或者教研组通过集体备课开发出了相关的导学案，这些教师也只是将导学案在课前分发给学生，让学生进行自主的预习。在课堂上，教师完全不利用导学案，不及时解决学生利用导学案自主学习过程中遇到的问题，从而导致学生也不够重视导学案的作用，只是流于表面的完成导学案上的相关内容，使导学案演变成了一种题卡或学习材料。导学案成了一种可有可无的教学方式，成了课堂改革的幌子，这与导学案的初衷相悖。

（2）教师过分依赖致使夸大导学案作用

在运用导学案教学的过程中，也有一些教师过分依赖导学案，盲目放大导学案的作用。一方面，过分放大导学案的教育教学功能。教师在开发导学案时，将教师的方法点拨甚至是教师的课堂语言都呈现在导学案上，用导学案替代了教师的教法及导学，严重影响了学生的学习效率，制约了教师的思维创新。另一方面，过分夸大了导学案的承载功能。教师无限制地增大导学案的容量，不但将教材中的内容全盘转移到导学案上，同时将课后检测、课后拓展等也编入导学案中，冲淡了导学案在课堂教学中的导学功能，致使课堂单调枯燥，学生在这种情况下不能够提高自身的学习兴趣，制约了学生自主探究的能力。

二、导学案现存问题的应对策略

为了更好解决导学案出现的问题，让导学案的作用得到充分展现，最大限度地提高课堂教学效果，编者将在下文提出一些针对性的策略。

1. 明确自身角色，更新教学模式

《课标》提出："数学课程能使学生掌握必备的基础知识和基本技能；培养学生的抽象思维和推理能力。培养学生的创新意识和实践能力；促进学

生在情感、态度与价值观等方面的发展。义务教育的数学课程能为学生未来生活、工作和学习奠定重要的基础。"这说明数学教学价值取向必须要以"学生未来发展的需求"来确定"现在的教学设计方向"。作为导学案教学的实践者，我们要明白：数学导学案教学的出现是试图重建教与学的关系，尝试从"教为中心"转变到"学为中心"，凸显学的重要性；也在试图重建学生的自主课堂，尝试把时间还给学生，让学生自主学习、思考、探索，培养学生自主学习能力；只有清楚了数学导学案教学的这些价值，并在实践中实现，才会最终实现数学教学和学生成长的和谐发展。

2. 导学案设计要从实际情况出发，注意分层设计

在设置导学案时，教师应该注重因材施教。在实际教学中，往往是以教研组或备课组为单位进行导学案的设计，设置统一的课时教学目标，设置统一的导学案。可我们知道，事实上每个学生个体具有不同的特征，他们的学习能力、认知水平是有差异的，而且不同班级、不同的学生的原有知识水平、活动经验等也是不同的。因此，教师在设计导学案时，就要在统编导学案的基础上，认真分析个人所带班级学生的特点，结合学生的实际，对统编导学案进行修改、完善或补充，以贴近学生，提高学生的学习能力。同时，在导学案的设计当中，教师应该注重分层设计，更好地帮助各个层次的学生进行提高，使不同层次的学生都能通过导学案获得不同的收获与发展，既要突出基础知识点，帮助水平较弱的学生提高自身的知识掌握程度，还要有提高学习能力的综合实践题目，让学有余力的学生得到进一步提升。从而帮助各个阶层的学生更好的达到教学目标，帮助每一位学生提高自身的学习能力。

3. 导学案设计要精选题目，突出问题设计

导学案设计除了帮助学生明确一节课的学习目标，帮助学生有效开展自主学习外，关键是对题目精选与问题的设计。导学案上题目的选择一方面要突出例题的代表性与创造性，例题的选择不能仅仅是照搬照抄教材中的例题，而是要在理解教材例题设计意图、考查知识点的基础上，选择贴近学生实际、与原有例题相近或方法相同的题目，以帮助学生在自主学习的基础上触类旁通，另一方面要突出课堂习题的精准性，要避免因习题的重复与累加，造成学生学业负担增加，要精选习题，突出能力训练，达到举一反三的功效。同时，要重视导学案各环节的问题设计，通过问题引导学生自主探究、自主学习，让学生在解答教师所设计的问题的过程中明白算理、逐渐掌握解决问题的方法，同时也逐渐教会学生提出问题，通过问题的设计突出导学案的"导学"功能，真正实现学生学习方式的转变。

4. 客观认识，高效使用导学案

教师在使用导学案的过程中，要科学客观的认识导学案的功能，恰当、高效的使用导学案，一方面不能不假思索的实行拿来主义，要结合课型、授课内容及学生实际取其精华，去其糟粕；另一方面要辩证的认识导学案在教学中的作用，要明白任何教学方式都是有缺陷的，我们要尽量去其缺点，发挥其优势，与传统教学中的优秀作法相结合，提高课堂教学的实效。首先，要充分利用导学案的课前预习作用。教师在课前给学生分发导学案，让学生进行独立的思考、学习，教师在课前，要收集学生的导学案，根据学生完成的情况，安排合适的教学内容，将学生在导学案中呈现的问题在课堂上进行重点讲解，充分发挥导学案的反馈功能，提高教学效率。其次，要充分发挥导学案的导学作用。教师可以利用导学案，将学生放置在课堂的核心地位。教师可以整理出教学重点，将它与导学案进行合理的结合，再通过安排学生进行小组讨论，之后再对小组内产生的问题进行针对性的解答。最后，教师应该充分利用导学案的反思作用。在课程结束之后，教师应该让学生进行知识点反思。这能够帮助学生理清知识点的内容，提高学生的学习兴趣以及学习能力。

总之，随着导学案教学的逐渐深入，要更好地解决导学案教学过程中遇到的问题就需要教师自身的努力。教师要切实转变教育理念，改变教学方式，在继承中发挥导学案的作用，特别是要优化导学案的设计，在课下做功课，通过针对性的问题设计，引导学生自主学习、合作探究，关注课堂生成，还课堂于学生，转变学生的学习方式，实现课堂教学变革。

中学数学优化问题串的策略

《课标》指出：数学教学中，教师要适当创设一系列问题，鼓励学生去发现数学规律和问题解决的途径，使他们经历知识的形成过程，培养学生的创新精神和问题意识。基于这一理念的指导，我们发现越来越多的数学教师采用了"问题串"的形式开展教学活动。所谓问题串，就是在一定的学习范围或主题中，围绕一定目标或某一中心问题，按照一定逻辑结构精心设计的一组（一般在 3 个以上）问题。在教学中，针对具体的教学内容和学生的能力，设计并合理运用问题串，已成为教师教授过程和学生学习过程的一个重要工具。那么，在中学数学的实际课堂中，教师们对问题串的设计与运用的现状如何？如何有效的优化问题串设计？这在以学生为主体，培养创造性思维的课堂教学中显得更为重要和突出。

一、研究方法

（1）重点对本校20名数学教师采用随堂听课、教案中的问题串设计进行分析，研究问题串在中学数学课堂中运用的现状。

（2）对教师访谈，我们重点就教师对问题串在教学中运用的认识、设计问题串要注意的事项、教师就具体内容进行问题串设计的能力三个方面进行了调查。

二、问题串在中学数学课堂上的运用

1. 问题串在中学数学课堂上的运用现状分析

在实际听课的过程中，我们发现，80%的教师改变了以往传统的讲授式教学方法，多采用以学生为中心的探究式教学模式，而且无论是情境的引入、数学知识的生成还是知识的应用、课堂小结都能借助问题串的形式进行展示；这使得课堂气氛更加活跃，学生的主动参与意识明显增强。

在对教师教案、教师课堂中的问题串进行分析，我们发现，就问题串设计而言，还存在以下问题：①问题串的设计脱离学生设计，问题设计过难，缺乏一定的启发性；②问题串设计过于注重细化铺垫，目标仍是如何更快得出结论，失去了问题串的思维价值；③知识性和判断性的问题过多，难以体现整体上的思想和方法；④为问题串设计而设计，只追求新颖与潮流，而忽视了问题串本身的意义；⑤问题串中暗示性语言过多。

在教师访谈过程中，我们发现，几乎所有的教师都认为利用问题串实施教学改变了教师教和学生学的模式，一定程度上调动了学生的主动性，实现了"以学生为主体"的课堂教学；但谈及在问题串设计过程中要注意哪些事项、如何设计问题串时，60%的教师表示没有研究过，20%的教师谈到要结合具体内容和学生实际设计问题串，但均未形成较为成熟的做法；而就具体教学中的问题串设计策略，更是有近80%的教师表示在实际教学中主要是照搬课本或他人设计好的问题串，或是临时性的进行模仿、改编，仅有10%的教师表示曾研究过问题串设计方面的知识，确定自己可以进行合情设计。

2. 中学数学课堂中问题串设计的策略分析

（1）生活化的问题串设计

在实际教学中，我们发现，学生倾向于对自己身边数学问题更加感兴趣，贴近学生生活实际的问题串更能够引导学生主动参与。为此，可以根据教材，将问题串与学生现有的知识经验或者生活经验联系起来，为数学学习提供具体的教学情境，从而达到事半功倍的教学效果。

案例1

在教学义务教育教科书北师大版八年级（下册）"分式"（第1课时）时，通过以下问题串进行教学。

问题1：周末，学校组织优秀学生到科技馆参观。学校距科技馆80千米，校车的速度为60千米／时，那么经过多长时间可以到达？

问题2：到达科技馆后，看到科技馆售票窗口处写着：成人每人30元，儿童每人10元。我们去了 a 名老师，b 名学生，如果让你去买门票，你要付多少钱？平均每人多少钱？

问题3：在科技馆，我们了解到科技馆的一些情况，请看大屏幕：①科技馆设有6个展厅，建筑面积共是 m 平方米，你知道平均每个展厅有多少平方米吗？②在动漫展厅中有 p 个展柜，共展出动漫作品 q 件，平均每个展柜展出几件作品？

问题4：观察代数式 $\frac{4}{3}$，$30a+10b$，$\frac{30a+10b}{a+b}$，$\frac{m}{6}$，$\frac{q}{p}$。找出你熟悉的代数式。还有哪些代数式我们还未学过？

问题5：观察代数式 $\frac{30a+10b}{a+b}$，$\frac{q}{p}$ 它们有什么共同的特征？与 $\frac{4}{3}$，$30a+10b$，有什么区别？

案例通过学生感兴趣又贴近实际生活的"科技馆参观"活动为背景，从学生熟悉的行程问题、销售问题设置问题串，激发了学生主动参与的意识，又让学生在解决问题的过程中潜移默化的接受了新知识。

（2）个性化的问题串设计

个性化问题串设计就是要求问题串的设计要面向全体，尊重学生的个性差异，让不同层次的学生都能获得解决数学问题的机会。在教学过程中，问题串设计要充分考虑学生的个性差异，问题本身要注意序列，做到层次清楚，充分考虑让每个学生的思维都能被触动，都参与思考，使学生在问题串的引导下，通过自身积极主动的探究知识。

案例2

义务教育教科书北师大版八年级（上册）"探索勾股定理"的教学。

教师在情境导入新课后，教师出示下列问题串，让学生自主探究。

问题1：在纸上任意画若干个直角三角形，测量它们各边的长度，看看三边长的平方有什么关系？

问题2：如图1中图（1）、图（2），等腰直角三角形的三边的平方分别是多少？它们满足上面所猜想的数量关系吗？

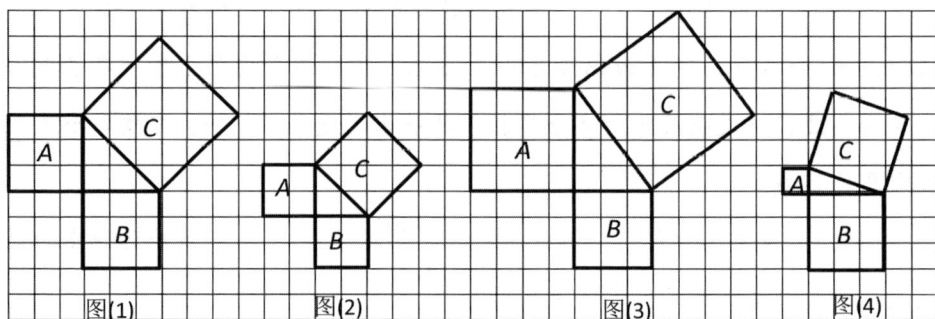

图1

	A 的面积	B 的面积	C 的面积
图（1）			
图（2）			
A、B、C 面积间的关系			
直角三角形三边关系			

问题3：如图1中图（3）、图（4），一般直角三角形三边的平方分别是多少？你是如何计算的？它们也满足上面的数量关系吗？

问题4：在单位长度不同的方格纸上任画几个顶点在格点上的直角三角形。看它的三边是否满足上述规律？

问题5：直角三角形的两直角边分别为1.6个单位长度和2.4个单位长度，它们的三边是否满足上述规律？

问题串的设计立足于让学生体验勾股定理的探索，教师成为学生学习的引导者、组织者。设置的问题串由浅入深，层次分明，能够照顾到不同层次的学生，有利于调动每一位学生学习的积极性和激发每一位学生的学习兴趣，通过探索、动手、猜想、归纳和验证的探究过程，使学生养成科学的探究习惯和方法。

（3）精细化的问题串设计

问题串设计要根据教学目标，把教学内容编设成一组组、一个个彼此关联的问题，使前一个问题作为后一个问题的基础和前提，后一个问题是前一个问题的发展、继续、补充或分解、提示，这样每一个问题都成为学生思维的梯度。教学中，一般采用"低起点、小坡度、多训练、分层次"的方法，将学习目标分成若干层次，设计出由浅入深的基础题，逐步加深，在适合学生的最近发展区内运用一系列问题串设问，层层递进，通过合作交流，在尊重事实的基础上达成共识。

案例3

在学习了推论"直角三角形斜边上的中线等于斜边的一半"之后，就一道习题设计了如下的问题串。

已知，如图2，点 C 和点 D 在 AB 的两侧，且 $\angle ACB = \angle ADB = 90°$，

点 E 是 AB 的中点。

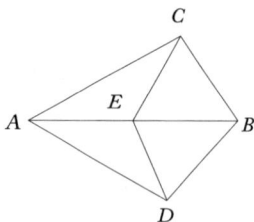 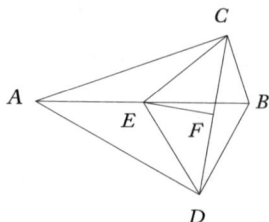 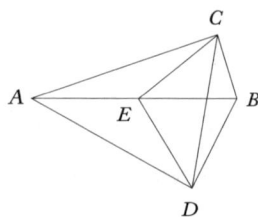

图2   图3   图4

问题1：EC 与 ED 是什么关系？为什么？

问题2：当点 C 和点 D 在 AB 的同侧时，上述结论是否成立？为什么？

问题3：如图3，连接 CD，并且 F 是 CD 的中点，EF 和 CD 具有怎样的位置关系？为什么？

问题4：当点 C 和点 D 在 AB 的同侧时，上述结论是否成立？为什么？

问题5：如图4，当 $\triangle CED$ 是直角三角形，求 $\angle CAD$ 的度数。

此题以"直角三角形斜边的中线"及"等腰三角形三线合一"的知识背景，通过设问，步步深入，形成问题串，在"变"中拓宽学生的思维空间，在"不变"中寻找关系，从而找到解决问题的途径。通过这一组变式提问，将静态的数学与动态的变化结合起来，让学生在图形的变化中理解并体验变与不变。学生不仅学得轻松，也培养了探索知识、发现知识、应用知识的综合创新能力，了解了解题的奥秘在于"万变不离其宗"。

（4）开放化的问题串设计

设置问题时要从多层次、多角度设置疑问，形成问题串引导学生深入思考，吸引学生积极动脑、拓展创新思维，培养学生触类旁通的能力和发现问题、分析问题、解决问题的能力。通过动手、动眼、动嘴、动脑，主动地获取数学知识，做课堂学习的主人。

例如，在学习《一次函数图象的应用》时，为了让学生掌握图象信息题，可以设计下面的问题串。

题目：八年级同学到黄河公园郊游，一部分同学步行提前出发，另一部分同学骑自行车沿相同的路线前往。如图5所示，L_1，L_2分别表示步行和骑自行车的同学前往目的地所走路程 y（千

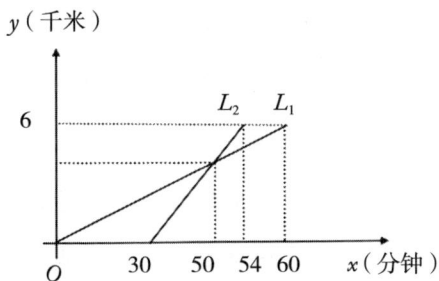

图5

米）与所用时间 t（分钟）之间的函数图象，请根据图象回答下列问题。

问题1：步行同学比骑自行车的同学早出发了几分钟？

问题2：谁先到达终点？比另一队早几分钟？

问题3：骑自行车的同学在出发后多长时间追上步行的同学？

问题4：根据函数图象，你还能得到哪些信息？

在让学生独立思考、充分讨论后，同学列出所获得的信息近20条，并且有四组的同学都提出"骑自行车的同学追上步行同学时距离出发点有多远？"这样的问题，更没想到的是学生竟然用三种方法进行了解答。

这样开放性的问题串设计为学生搭建了充分展示自我的平台，也培养了学生发现问题、提出问题、解决问题的能力，从而培养了学生从图象中读取信息的能力。

（5）体系化的问题串设计

数学知识相互贯通、协调，并在相应的层次及层次与层次之间呈现整体性，这种整体性能对数与代数、空间与图形、统计与概率这三部分产生整合功能，此外，这种整体性还反映在数学与其他学科知识的有机关联而产生的知识的统一与综合。这些无疑会对学生认知结构产生积极的影响。因此，要注重从同一模型、相近题类和方法的归类等方面形成问题串，不仅产生布局设计的整体效果，同时也取得相似强化与特殊成效。

例如，在教学"二次函数图象"课上，教师在导入 $y=a(x+m)^2$ 与函数

$y=ax^2$图象的位置关系时，设计如下问题串。

问题1：请比较这三个函数 $y=\frac{1}{2}x^2$，$y=\frac{1}{2}(x+2)^2$，$y=\frac{1}{2}(x-2)^2$ 图象有什么共同特征？

问题2：它们的顶点和对称轴有什么关系？

问题3：图象之间的位置能否通过适当的变换得到？

问题4：这样的变换从函数表达式上有什么反映？

问题5：由此你发现了什么？能结合"数"与"形"找到其中的规律吗？

教师通过以上问题串设计，把分类思想、方程思想、类比思想三者有机紧密地串联起来，帮助学生梳理知识体系，从而帮助形成了完整的知识结构。

三、中学数学课堂中问题串设计的注意事项

1. 处理好问题串的梯度与密度之间的关系

一方面，问题串设计的梯度过大或密度过小，无形中会使问题的难度增大，容易造成思维障碍从而影响教学的顺利推进；另一方面，设计的问题串的梯度过小或密度过大，就容易出现问题坡度太小，学生看一看就可以解决的局面，从而造成思维量小，使思维价值缺失。为此，问题串的梯度与密度要适度，要从学生的实际出发，符合学生的一般认知规律与身心发展规律，所设计的问题串要层层递进，要在学生思维的最近发展区内，不能让学生有望而生畏之感；同时，也不能让学生有不动脑筋就能轻易答出的懈怠。要让学生感到"三分生，七分熟，跳一跳，摘得到"。

2. 处理好问题串的思考度与暗示度之间的关系

在问题串设计的过程中，问题的思考度过深，在问题的表述中又捕捉不到暗示的信息，可能会造成课堂气氛沉闷，最终导致给学生设计的问题串变成了教师自问自答。相反，问题缺乏思考的深度或出现类似于"上面的代数式有分式吗？请找出其中的分式"这样有非常强烈暗示性的问题。为此所设

计的问题串要能激起学生的积极思考，给学生"百花齐放"的思维空间，有"一石激起千层浪"的点拨，使学生对数学知识、数学方法、一般规律的认识达到"殊途同归"的效果。特别是要尽量避免采用那种"是不是""对不对"之类的无效问题，以及由此引起的简单答复，这样会让人感到课堂气氛热烈，而实际上是学生揣摩教师的心思，投其所好的应付，从而掩盖了真实的课堂情况。

3. 处理好问题串的开放与封闭之间的关系

在问题串的设计时，一些教师为了使自己的课堂更加个性化，也就是我们所说的追求一节课的"精彩点"，一味追求开放性答案，结果在课堂上，学生不能紧扣所学知识点，使得答案五花八门，严重脱离问题的核心，甚至有些答案可能连教师自己都无法界定其真假，导致课堂失控，难以收场。也有些教师缺乏课堂的调控力，害怕或担心学生提出自己意想不到的答案，在设计问题串时，全部选择封闭性的问题，从而限制了学生的思维，使学生的创新思维难以得到应有的训练与提高。所以，在设计开放性问题串时一定要注意"度"的把握，即问题串的设计必须符合学生的认知水平，接近学生学习的"最近发展区"，其中最有效的途径之一就是与课本内容相匹配，将典型例题及习题进行恰当地改编就可以获得。

4. 处理好问题串的预设与生成之间的关系

教师预设的问题串是按照课程内容、学生实际情况等设计的，反映了教师的教学思路，具有一定的科学性和合理性。但教学过程是动态生成的、复杂的，学生的思维是活跃的，尽管教师对可能出现的结果做了充分的预设，课堂上依然有可能会产生教师预设之外、意想不到的很多有价值的问题，所以教师要防止预设问题串束缚了教学进程，成为学生拓展思维或学习的障碍，一旦"异常情况"出现，教师要及时捕捉和利用有效信息，灵活处理这种动态生成的教学资源，适时设计、补充一些问题，以调整和改善教与学的活动。为了处理好课堂生成与预设的关系，有经验的教师经常会捕捉和积累学生学习过程中的困难和课堂生成的有价值的问题，并把它们巧妙地设置成以后教学备用的问题串，从而达到师生互动与和谐，取得好的教学效果。

综上所述，合理设计"问题串"实施课堂教学，已被越来越多的一线教师所青睐，初中数学教材的很多章节也采用了"问题串"的形式引导学生逐步的对问题进行分析、解决，使得以"学生为主体"的教育理念得以落实。而具体到数学课堂，要使课堂生动，关键是看教师如何设计课堂问题串并正确运用。可以说，设置具有价值的问题串是一堂课的"灵魂"，有效问题串的设计和运用决定着教学的方向，关系到学生思维活动的深度和广度，直接影响着课堂教学的实效。同时，我们也需要正视目前在运用问题串过程中所存在的问题，加强研究，积极反思与改善，努力做到会用问题串，善用问题串，用好问题串，从而使我们的课堂灵动而充满活力。

初中课堂教学中问题串的设计

《课标》指出："数学教学中，教师要适当创设一系列问题，鼓励学生去发现数学规律和问题解决的途径，使他们经历知识的形成过程，培养学生的创新精神和问题意识。"因此，课堂上教师如何提出问题引导学生分析、解决，让学生主动地获取新知识，是目前所有数学教师都应重视的问题。以问题串实施教学，可以让问题更具体，更有针对性，进而帮助学生建构数学模型，培养问题意识，提高思维深度。这里所说的问题串，是指在一个课时内，围绕该课时目标或该课时的某个中心问题，按照一定逻辑结构、设计原则设计的一组（一般在3个以上）问题。这就要求教师必须认真研究教材，充分挖掘题目的丰富内涵，设计科学、恰当的问题串，调动学生探究问题的积极性。设计有意义的、恰当的问题串，可以引导学生有针对性的独立思考、主动探究，从而教会学生在解决问题的过程中发现并提出问题，增强学生的问题意识。北师大版数学教材中很多章节也借助问题串呈现教学内容，意在引导学生主动提出问题、分析问题并解决问题。下面笔者就以北师大版《义务教育教科书数学》九年级上册"反比例函数应用"一课的情境题为例，阐述对课堂教学中问题串设计的几点思考。

一、情境再现

某校科技小组进行野外考察，途中遇到一片十几米宽的烂泥湿地；为了安全、迅速通过这片湿地，他们沿着前进路线铺垫了若干块木板，构筑成一条临时通道，从而顺利完成了任务；你能解释他们这样做的道理吗？当人和木板对湿地的压力一定时，随着木板面积 S（m^2）的变化，人和木板对地面的压强 P（Pa）将如何变化？

如果人和木板对湿地地面的压力合计600 N，那么

（1）用含 S 的代数式表示 P，P 是 S 的反比例函数吗？为什么？

（2）当木板面积为0.2 m^2时，压强是多少？

（3）如果要求压强不超过6000 Pa，木板面积至少要多大？

（4）在直角坐标系中，作出相应的函数图象。

（5）请利用图象对（2）和（3）作出直观解释，并与同伴进行交流。

二、突出特点

仔细研究我们会发现，上面情境题中问题串的设计突出了以下特点。

第一，生活化的问题串设计，有利于激发学生的探究欲望。课堂上，我们发现所设计的问题串越贴近学生的生活实际，学生就越感兴趣，也越愿意主动地参与课堂。因此，教材选择了"野外考察"这一联系学生生活实际的情境，从学生现有的认知基础入手，讨论压强、压力、受力面积之间的关系，引出对反比例函数的研究。这样的问题串紧扣课时教学任务，问题简洁明了，不但突出了教学的重难点，而且符合学生由浅入深，由易到难的认知规律。

第二，层次化的问题串设计，有利于帮助学生突破教学重难点。课堂中怎样突出重点、突破难点，这是教师备课时必须考虑的内容，也是评价一节

课是否成功的标尺。学生对诸如函数这种高度抽象性的知识点缺乏感性认识，仅依靠教师的讲解，是很难真正地理解知识。这时设计有梯度的问题串，能把难点知识分解成相互关联、相互递进的小问题，引导学生从最近知识领域入手，从而达到预期的效果。对于上述问题串，考虑到学生对反比例函数的概念已经非常熟悉，教师便通过问题（1）让学生写出函数关系并判断是否为反比例函数，进而得到函数关系式，接着通过问题（2）和问题（3）引导学生在函数关系式的基础上，利用方程和不等式解决问题，符合从学生"最近发展区"设计问题的原则，最后让学生画出相应的函数图象，并借助图象解释问题（2）和问题（3）的结论，从而突出了本节课的重点，也突破了难点。这样的设计，不但使学生能轻易解决问题，还能照顾到了不同层次学生的需求，使他们都能获得解决问题的机会，从而提升思维能力。

第三，精细化的问题串设计，有利于提高课堂的练习性。教材编写者根据教学内容和教学目标，通过问题串的设问，使学生在"变"中拓宽视野，拓展思维，在"不变"中寻找知识间的关系。这样学生不但容易掌握所学知识，而且还会灵活地运用知识解决实际问题。

第四，体系化的问题串实际，有助于学生完善知识结构。情境题通过问题串，把函数、方程、不等式三者联系起来，帮助学生了解知识之间的联系，特别是借助图象，使学生对抽象的知识有了直观的理解，从而形成完整的知识结构。

第五，开放化的问题串设计，有利于学生提升创新性思维。首先，通过问题串让学生尝试利用多种方法解决问题，先运用函数表达式解决，再利用函数图象进行解释，从而在动手、动口、动脑主动地获取知识。其次，留给学生充足的思考时间与同伴交流，使他们在解决问题的基础上进一步从图象上获取信息。教师应为学生搭建充分讨论的平台，培养学生从图象中获取知识、发现问题、提出问题并解决问题的能力。

三、应注意的问题

当然，数学课堂教学中问题串的设计还有待优化。在课堂教学中，要想设计科学、合理、有效的问题串，笔者认为还需要注意以下几点。

第一，深入研究教材，挖掘潜在功能。问题串本身的结构既具有联系性又具有发散性，为培养学生创造性思维创建了平台。所以平时的教学过程中，教师要善于挖掘教材，在设计问题串时，首先要"承前"，充分了解本节课之前，教材中已学过的相关内容，以及这些内容在本节课的作用，进而从学生最近的知识领域设计问题。其次要围绕本节课的三维目标，将重难点合理分散，既要让学生掌握知识，还要让学生体验数学的乐趣，发展学生的思维。最后是要"启后"，即要清楚本节课在以后学习中的地位和作用，以及与后续所学知识的联系，通过问题串的引领，激发学生进一步思考，为以后的学习提供知识储备和思维储备。

第二，教师必须全面了解学生，因人施问。问题串的设计虽然有一定的结构与原则，但最终要服务于课堂。所以，在设计问题串时，教师要充分考虑教学实际，针对不同班级、不同层次的学生设计不同的问题，并在课前做好预设。在课堂上，教师要根据教学需要适时设计、补充一些问题，从而有效调控教学活动，以满足不同学生的需求。有经验的教师会经常捕捉和积累学生学习过程中的困难和课堂生成的、有价值的问题，并巧妙地设置成以后教学备用的问题串，从而使教学更加科学、合理。

第三，教师设计的问题串应尽量丰富、有趣。在教学过程中，每节课都会有一个服务于本节课教学目标的主问题串，而在问题之间又会根据授课情况派生出若干个子问题串。这些问题串往往是一些启发性的提问，其目的是使主问题串之间过渡自然。因此教师在课堂教学中要及时捕捉和利用各种有效信息，提高课堂应变能力，通过不断地试探，引导学生一步步去寻求解题思路，使主问题串最大限度地发挥作用。

　　总之，数学课堂教学的核心是问题。在课堂上合适且有价值的问题串，能够激发学生参与课堂的热情，切实提高课堂教学效率。同时运用问题串实施教学，对教会学生突出问题、分析问题、解决问题有着潜移默化的作用。

创设数学问题情境的误区及策略

数学情境是学生掌握知识、形成技能、发展心理品质的重要源泉，是沟通现实生活与数学学习、具体问题与抽象概念之间的桥梁，它有利于解决数学的高度抽象性和学生思维的具体形象性之间的矛盾。《课标》指出：数学教学要紧密联系学生的生活实际，从学生的生活经验和已有知识出发，创设各种情境，为学生提供从事数学活动的机会，激发学生对数学的兴趣，以及学好数学的愿望。因此，许多数学教师都非常重视创设情境，力求为学生提供良好的学习情境。然而，在实际课堂教学中，我们发现有些教师对情境创设的意义把握不准确、理解不深刻，对情境创设的实施技巧运用不到位、掌控不自如，仍存在一些亟待研究和改进的问题，我们有必要走出一些课堂情境的误区，回归有效的课堂教学。

误区一：片面追求"情境"效果——喧宾夺主。一些教师在创设问题情境时，曲解了"问题情境"的内涵，盲目追求"情境"效果，而置"问题"于从属地位，教师用心良苦，为了达到某种情境效果，置教学效率于不顾的同时，大大削弱了数学的"问题"功能。例如，在教学《打折销售》一课时，一位教师创设如下情境：播放了一段购物的场景，商店里有琳琅满目的商品。然后问："在上面的画面中，你看到了什么？""衣服""运动裤""领带"……学生就是不提商品上的价格单及上面的折扣，"我发现一些商品都在打折"，没办法老师只能自己说。而事实上，"数学问题情境"包含两层意思：首先是有"问题"，即数学问题；其次才是"情境"，即数学知识产生或应用的具体环境或氛围。很明显，"问题"是核心的、本质的，而"情境"是辅助的、形式的。良好的问题情境是激发学生创造潜能、引发学生主动思考的动力源，是数学问题解决的起点。情境因问题而有意义，问题因情境而有生机。

误区二：过分追求情境的生活化——牵强附会。有些教师把数学"问题情境"片面理解为生活情境，凡事必找生活原型，将数学视为生活问题的附着物，是数学教学的又一大误区。例如在引出"倒数"时，一位教师想联系生活又觉的很难，就望文生义说："我们生活中有很多东西都可以倒过来，如人可以倒立，杯子可以倒过来口朝下，凳子可以倒过来放在桌上"……（板书：倒数）结果此"情境"将数学"问题"引入歧途，在后面的举例中，有学生竟然出现了"9的倒数就是6"的错误。不可否认数学与现实生活存在着千丝万缕的联系。教学中适度而有效地联系"数学现实"是大有裨益的，在吸收"数学现实"为教学服务时，学生能充分的感知数学从生活中来并最终服务于生活、回归实际。然而，数学发展史也表明，数学一方面来自外部，即现实社会发展的需要；另一方面源于内部，即数学自身发展的需要。这就是说，既然许多"问题"源于数学内部，"情境"为何不从数学内部中创设呢？其实我们可以直接创设倒数的问题情境：同学们，我们现在做下列运算：$\frac{3}{4} \times \frac{4}{3}$，$1.5 \times \frac{2}{3}$，$-5 \times (-\frac{1}{5})$，做完题后请说说你发现了什么？有什么规律？你能自己列几个这样的式子吗？随着学生探索问题的深入，教师可以非常自然地引入"倒数"概念，不仅"问题"非常明确，激励学生去探索的情境也更生动。

数学联系生活不是一种时髦，它必须为我们的数学教学服务。如果只是为了联系生活而牵强附会，就失去了其本身应有的价值，同时也不利于学生对知识的更好掌握。

误区三：盲目追求情境导入——买椟还珠。一些教师片面的认为，一节好课就必须注重教学的情境化，为了创设情境可谓是"冥思苦想"，好像数学课脱离了情境，就脱离了学生的生活，就不是新课程理念下的数学课。结果辛辛苦苦创设的情境，不但没有起到应有的作用反而严重偏离了教学目标，使得情境的创设成为了课堂教学的"摆设"。事实上，一个好的情境应该服务于教学目标，在吸引学生的注意力、提高学习兴趣的同时，要把数学课变得更富有数学味道。使得学生在真正的数学情境中让学生经历探索和发现的过程，在现实背景下感受和体验有关的知识，更好地完成教学目标。

在创设数学问题情境时，我们应该在民主和谐的气氛下，联系实际，运用多种方法创造生动活泼的问题情境，使枯燥、抽象的数学知识更贴近学生的社会生活，符合学生的认知经验，使学生在生动有趣的情境中获得基本的数学知识的技能，体验学习数学的价值。下面就简单的介绍一些在教学实践中积累的几点做法。

一、利用生活中的问题创设情境，激发学生的求知欲

数学来源于生活，又服务于生活。与数学相关的问题是取之不尽的，若能把它们运用得恰到好处，就会开启学生的智慧之门。如在教《展开与折叠》这一课时，我设置了一个生活中的问题情境——
小壁虎的难题。

一只圆桶的下方有一只壁虎，上方有一只蚊子，壁虎要想尽快吃到蚊子，应该走哪条路径?

此时，学生各抒己见，提出不同的路线方案，

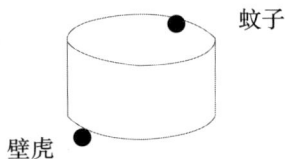

学习氛围变浓了。经过讨论得出一致结论——把立体图形展开成平面图形。那常见的一些立体图形（如三棱柱、四棱锥、正方体……）的展开图是什么呢？学生们兴趣盎然地开始了新课的探索。

利用生活中的素材，巧妙设疑，让数学课贴近生活，会让学生的学习兴趣大为提高。兴趣是一种具有积极作用的情感，而人的情感又总是在一定的情境中产生的。在数学教学中，如果把数学知识放在一个生动、活泼、愉悦的情境中去学习，更容易激发学生的学习兴趣和求知欲望。

二、采用其他学科的素材创设问题情境，拓宽学生的知识范围

数学作为一门学科，其独立性是显而易见的。但是从初中学生的年龄特点和心理特征出发，我们可以利用其他学科的素材，化抽象为形象，化静态为动态，以激发学生的求知欲和学习热情。

如在教《从不同方向看》这一课时，我先让学生欣赏如下的诗篇。

横看成岭侧成峰，远近高低各不同。

不识庐山真面目，只缘身在此山中。

——苏轼 《题西林壁》

并让学生朗诵了一遍这首通俗易懂、脍炙人口的古诗。在学生提出"不是上数学课吗？怎么学起古诗来了"的疑问声中，我提出了这样的问题："这是一首同学们都非常熟悉的古诗，也是一首著名的哲理诗。但诗人不是抽象地发议论，而是紧紧扣住游山谈出自己独特的感受，借助庐山的形象，用通俗的语言深入浅出地表达哲理，故而亲切自然，耐人寻味。也许同学们会说，这有什么，语文老师早就跟我们很详细地讲解过这首诗了，数学老师想补充什么呢？嘿，还真别说，这首诗里其实也蕴含了一些普通的数学原理，你看出来了吗？"，在

古诗的诵念中学生明白了为何要画三视图，并产生强烈的画三视图的求知欲。

又如《生活中的轴对称》这一节，伴随着小提琴曲"梁祝"，屏幕上展现翩翩起舞的蝴蝶，在蝶翼的张合间，让学生欣赏美妙的对称。通过对学生听觉和视觉的刺激，使学生获取了数学知识。并且在完成本节课教学目标的同时，对提高学生的审美能力和音乐鉴赏能力又大有裨益。

只要其他学科的素材对学生来说比较熟悉，用来创设问题情境，引入新课就比较容易。此外还可以丰富学生的感性认识，拓宽学生的视野，学会用联系的观点看问题，与其他学科的学习起到相辅相成的作用。

三、创设问题情境，让学生在实践中出真知

除了可以利用现成的问题情境外，还可以组织活动创设问题情境。让学生参加活动的同时体验数学知识的奥秘，通过活动得来的知识会更容易进入学生的大脑。

如在教《正数与负数》的第一课时，我选择一些学生感兴趣的题目开展了一次小型的知识竞赛，答对加分，答错扣分，比赛结果中自然出现了负分。学生通过切身体验，感受表示一对相反意义量的必要性，再引进"正数与负数"的概念就水到渠成了。

又如《数据的收集》这一节，我开展模拟的民主选举活动，学生切身体会到数据的作用，从而明白数据准确的重要性，并学会了数据收集的一种方法。

实践证明，活动是学生获取感性认识，发现数学知识的重要途径。组织活动是营造和谐、宽松、愉悦的教学环境，激发学习兴趣、培养能力、发展思维的重要手段。

总之，作为数学活动的组织者、引导者和合作者的教师，要走出数学情境创设的误区，依靠自身智慧，努力提升各种情境创设的效果，让情境更好地服务于教学，让学生在情境中获得体验、唤起情感、激活思维，更好地学习。

应用多媒体优化数学课堂教学的实践与反思

数学是人们从客观世界定性把握和定量刻画的基础上，逐步抽象概念、形成方法和理论，并进行应用的过程，这是一个充满着观察、实验、模拟、猜测、矫正、调控、探索和创新的过程。在教学中，恰当、合理地应用多媒体信息技术可以有效地帮助我们完成这些活动，以优化教和学的过程，实现以转变学生学习方式和促进学生发展为宗旨的教学技术应用观。

一、掌握功能，运用多媒体优化数学课堂教学

1. 多媒体的动态演示助力知识建构

多媒体的动态演示能够实现传统教学手段无法达到的动态效果，帮助学生在已有的感性认识基础上，构建新知。

动态演示为学生提供感性经验，大多用于概念、规则和知识的应用。传统的教学手段只能借助图形、文字说明来展现知识的发生、发展与结束过程，往往使学生处于似懂非懂状态中。在教学时，采用计算机动态演示的教学方式，能将传统教学中不易展示的图形、图象的变化、较为抽象的概念等知识变得生动形象，促使学生理解知识，也有利于培养学生的思维能力，化静为动，达到优化课堂教学的目的。

　　"线段、射线、直线"这节课中，"直线"的概念过于抽象。在传统教学中，教师只能在黑板上画一条"直线"或者拿一根线绳拉直，作描述性的讲解。由于提供给学生认知的材料没有充分体现出直线的特征，学生很难形成正确的表象，更难抽象出"直线能向两端无限延伸"的本质特征。根据学生以形象思维为主的特点，充分利用电教手段表现形式的直观现象，图文声像并茂的优点，尽量把抽象的教学内容用形象直观的方式展现在学生的面前。为此，教师应用多媒体技术，在屏幕上首先出现一个"点"，"点"缓缓向两边延伸成直线。教师强调："像这样能向两端无限延伸的线叫直线"。由于电教手段的应用，静态的图形变成动态的，抽象的概念变成直观、可感知的物象，学生很轻松的明白了"直线"的内涵。

　　又如，在北师大版七年级上册"生活中的立体图形"，为了帮助学生认识和理解点动成线，线动成面，面动成体，仅依赖于课本中的图案和学生的想象就显得力不从心。而借助计算机，用 Flash 动画的形式，反复演示点—无数点—线—无数条线—面—无数面—体，向学生形象直观地展示点、线、面、体之间的联系，有效地提高了课堂质量。

　　2. 多媒体情境创设提升教学成效

　　多媒体能够创设生动逼真、贴近生活的数学情境，诱发学生的学习积极性，从而使学生自主的对问题深入地探究与理解。

　　数学情境是学生掌握知识、形成能力、发展心理品质的重要源泉，是沟通现实生活与数学学习、具体问题与抽象概念之间的桥梁。因为只有在一种原始的情境、生活的情境、活动的情境、游戏的情境中，才能诱发学生思维的积极性，引起学生更多的联系，从而比较容易调动起学生已经形成的知识、经验、策略、模式、感受和兴趣。这样便能使学生主动地参与知识的获得与问题的解决过程，从而对问题深入的理解。如果数学只是建立在机械性和抽象性上，学生能调动起的只是一些外显的表面的知识技能技巧，知识很难达到内化，灵活的思维进不了学生的心灵深处，这样的学习只能是一种记忆的复制。

运用多媒体能够创设多种情境，有故事性的情境、活动化的情境、生活化的情境，在课堂教学中起到优化教和学的作用。

（1）故事化情境

学生对故事非常感兴趣，百听不厌。为此，把教材中的一幅幅画面所反映的问题情境编成简短的小故事，使学生产生身临其境的感觉，增加课堂教学的趣味性，能够有效地调动学生全身心地投入到学习活动中。

例如，在八年级课程"谁的包裹多"一课中，教材给出的问题情境是一头老牛和一匹老马驮包裹的场面，并通过它们的对话给出二者所驮包裹数的关系，让学生通过列一元一次方程解决问题。教师运用多媒体这样设计：在欢快的音乐声中，动物王国里一片忙碌的丰收场景。学生顿时被画面所吸引，注意力特别集中。这时，老牛和老马驮着包裹走来，老牛已是气喘吁吁，而老马却似乎毫不费力。（老牛到底驮了多少包裹？学生开始质疑），同时传来老牛和老马的一段对话。"累死我了！""你还累，这么大的个，才比我多驮2个。""哼，我从你背上拿来1个，我的包裹数就是你的2倍。"多媒体结合动画、声音，绘声绘色地给学生创设了一个丰富多彩的故事情境，在这种愉悦的氛围中，学生不但学到了知识，而且感受到学习的乐趣。

再如，教学"时，分的认识"，怎样让学生能够直观地、形象地感受时针和分针走动的节奏快慢，到底是怎样一个概念呢？在传统的教学中，教师往往会拿一个实物钟，让学生来观察，这样的确很贴近生活，但是如何作到更加有趣味，更加有情境呢？一位教师运用多媒体技术，制作了这样一组动画：龟兔赛跑，小兔子跑了一圈，乌龟才跑了一大格，这样学生很清楚的知道，分针走一大圈，时针就走一大格，于是得到1小时 =60分钟。在接下来的动画上，教师并没有做成像实物钟那样的时钟，他将此改造了一下，将每个数字都改成了一棵小树，将学生带进了一个故事情境中，学生的兴趣非常浓厚，自主地去观察发现，清晰地感受到时与分之间的关系。

（2）活动化情境

例如，在学习完圆的概念后，教师用计算机出了这样一道题：你能用学习的知识说明汽车的车轮为什么做成圆的吗？一会儿屏幕上出现了一片绿地，一只小猴子坐在一辆方形车轮的小汽车中，一上一下的颠簸前进，学生见了哄堂大笑。这时，教师引导学生思考：小猴子为什么会感觉颠簸呢？一名学生回答说："因为它的车轮是方的，有棱有角，跑起来自然会感到颠簸"。教师说："难道坐在没棱没角的车轮的车上就不会感到颠簸了吗？请同学们再看看屏幕。"屏幕上一只小猴子又坐在椭圆形车轮的小汽车上走来，仍见小猴子随着车轮的转动上下颠簸。"这是为什么呢？"老师的提问，再定向聚集起学生的思维。此刻学生思维真正被激活，开启了心智，学生经过热烈的讨论，运用所学的知识回答了老师的提问：因为在同一个圆上所有半径长度都一致，车轮做成圆形的，在滚动时，车轴与地面的距离始终保持不变，这样车子前进时就会保持平稳，所以车轮要做成圆的。老师肯定了学生的答案后，再次引导学生看屏幕，一只小猴子坐在圆形车轮的小汽车上，在悦耳的音乐伴奏下平稳前进。车轮向前滚动时，车轴"画"出了一条与地面平行的"直线"鲜明地提示了车轴与地面距离始终保持不变的道理。多媒体创设了活动化情境，给学生带来了欢乐，在轻松的氛围中更进一步掌握规律，理解新知，并能留下永恒的记忆。

（3）生活化情境

在《课标》中指出：从学生已有的生活经验中来学习，理解数学，让数学生活化。有一位老师在教学"打折销售"一课时，安排设计了这样一个生活化情境。

屏幕上放映出学生熟悉的"家乐福"服装超市的购物场景，并伴有简短的介绍。

教师：你们想知道哪些服装的价格呢？

学生：我想看看运动服的价格。

这时教师轻点鼠标，屏幕上出现了运动服专卖柜台。上面清晰地标注着各种款式运动服的价格，并在旁边挂有："特价筹宾8折"。

教师：这些服装每件到底卖多少元呢？巧妙地将知识点定位在打折销售上，让学生思考、讨论。接下来，教师又向学生显示了一些服装的销售情况。多媒体帮助学生将超市搬进了课堂，将生活气息带入了课堂，让学生在教室里也能充分感受生活，产生浓厚的学习兴趣，也真正体现了数学的应用价值，实现了从生活中学习数学。

二、破除"至尊"，提高多媒体辅助教学的认识。

任何一种教学手段都不是万能的，切忌夸大其效能，要克服多媒体辅助教学的"至尊论"等认识上的偏差。在数学课堂教学中，要想优化教学，提高效益，就要把握好运用多媒体辅助教学的分寸。

1. 要把握运用的"度"

多媒体辅助教学虽然拥有众多优势，但凡事都要讲求一个"度"，防止供大于求，产生副作用。如教学"用图画表示的应用题"时，可利用多媒体展示大量的应用题图景，帮助学生理解题意，然后根据图意列式计算解决问题。如果一节课仅仅瞄准了多媒体的动态效果，从头到尾都用计算机动态画面播放题目，那就变成了观看动画片的课了。这样做无疑过分强调了学生的形象思维，而忽略了抽象思维的训练，同时也容易使学生对图像产生依赖，而养成思维的懒惰，不利于学生的思维产生质的飞跃，多媒体在教学中的运用也就因此而失去了运用的价值。

2. 要把握运用的"量"

由于多媒体辅助教学能实现大容量、高密度的信息交换，教师就容易加大课堂练习量，尤其是现在教学中使用的课件设计多是顺序化结构，上课时只需按一下键，课件就会按顺序播放。从而容易造成计算机机械地代替教师向学生按部就班地灌输知识，变成换个样式的"现代化"的注入式教学，尤其在数学练习课中，由于利用计算机辅助教学，教师省下了大量的时间，加之屏幕切换过度迅速，容易使教师忽略学生的思维强度与节奏，致使练习过量，训练不到位。这种在练习中变"人灌"为"机灌"，甚至是"人机共灌"的"填鸭式"练习，导致学生从"题海"又跌入"题库"的问题非常值得注意。因此在练习中一是要注意过量，二是要注意反馈，三是要重视思考。

3. 要把握运用的"时"

资料表明，课堂教学80%的教学效果是在20%的时间里收到的。因此，合理安排多媒体辅助教学的使用时机，抓住多媒体辅助教学手段在教学过程中的最佳作用点极为重要。在教学中，将使用的课件放在授课之前、之后、还是之中，要从教学的实际需要出发，一般"激趣"为主放在课前；若以"明理"为主和以"思维训练"作为重要环节则放在授课之后；若以突出重点突破难点为主则放在课中。当然，还应注意运用多媒体教学时，教师应提出启发性问题，并给予必要的讲解与指点，使学生不仅产生急切要看的欲望，而且知道要"看什么""怎么看"，起到引起学生注意，变无意注意为有意注意的作用。

总之，数学是研究空间形式和数量关系的科学，在数学教学中紧紧抓住这一特有的数形关系，运用直观媒体制作一些直观的动画，创设一些赏心悦目的教学情境，努力把抽象的数学知识形象化、趣味化，帮助学生学会用表象来理解和解答数学问题，发展学生的思维。多媒体辅助教学以图文并茂、声像俱佳、动静皆宜的表现形式，以跨越时空的非凡表现力将课堂教学引入全新的境界，合理、正确的运用能有效的优化课堂教学过程，提高课堂实效。

成长记录袋评价的误区与对策

立足过程，促进发展。新的课程评价理念要求我们在关注学生学业成绩的同时，更要发现和发展学生多方面的潜能，结合学生发展的要求，帮助学生认识自我、建立自信，促进学生在原有水平上有更好发展。成长记录袋作为质性评价的一种重要方法，为关注学生的发展过程提供了有效的评价手段，它全面、深入、真实再现了学生的特点和发展趋势，越来越受到更多教师的青睐，但是在运用其评价学生的实际操作中，仍存在不少"误区"，使成长记录袋的评价功能成效甚微，流于形式，甚至成为浪费时间、白费精力的无效劳动。

误区一：缺乏民主、平等的评价氛围。一些教师虽然使用成长记录袋对学生进行评价，但学生的情感不是很投入，对新的评价方式默然处之，依然是一名被评价者的角色。其原因就在于师生间没有建立起民主、平等的评价氛围，评价过程中无法互动、信赖，虽然是使用了新的评价手段，也试图体现新的评价理念，可教师的角色还有待于根本性的转变，依然处于主宰地位，压制了学生的自我评价意识和个性张扬。

误区二：评价的目的不明确，使用的方法不恰当。有些教师盲目的滥用成长记录袋，不知为何使用，也不知道该收集哪些材料，如何处理，随意性很强。所以，在评价过程中，缺乏对评价内容的筛选和对被评价者发展过程的监控和指导，甚至部分教师都不假思索地直接套用，使成长记录袋成了学生的负担，更谈不上发挥其应有的作用了。

误区三：评价的指导工作不到位，包括思想指导和用法指导。教师从自身出发单方面地对成长记录袋进行策划、收集，学生对新的评价理念缺少认识，使学生处于被动的接受中，为此，在具体操作中，学生不理解、也不明白为什么要这样做，它有什么价值和意义，学生仅是你让我装什么我就装什么，处于被动的心理状态，甚至大部分同学不知道成长记录袋是何物，久而久之，便使成长记录袋评价流于形式。

误区四：内容积累不科学，不重视对收集材料的及时反馈，忽视了对成长记录袋的阶段性反思、交流。在成长记录袋内容的收集、整理过程中，不少教师只关心学生成长记录袋中是否有内容，而缺乏质量意识，所收集的材料带有很大的盲目性，甚至有些同学的成长记录袋成了"杂物袋"，而缺少能反映学生发展过程和发展趋势的实质性材料，尤其忽视了对成长记录袋的反思、交流，使成长记录袋评价方式单纯地扮演了材料积累的角色，从而失去了成长记录袋评价的功能，也就谈不上有效地帮助和激励学生并关注学生的发展。

在中小学运用质性评价的过程中，如何走出成长记录袋评价的误区，切实发挥成长记录袋评价的激励作用呢？

1. 建立平等、民主的评价氛围与和谐的人际关系

平等、民主的评价氛围是成长记录袋评价的重要因素。新的评价方式强调参与和互动，让学生从被动接受评价逐步转向主动参与评价，要将评价变成主动参与、自我反思、自我教育的过程。在评价之初，许多学生总处于被动的接受评价中，缺乏主动意识和信心，甚至感到无所适从，那么，教师就要从根本上转变评价观念，避免为学生筹划一切，包办代替的现象，而忽视

了学生的独立性。在成长记录袋内容的收集与整理中，要充分相信学生、尊重学生，要允许学生的个性张扬，自主决定内容的取舍、质量和价值。如果教师一开始就对学生存在主观独断的思考，并且居高临下，学生就会逐渐变得"顺从"，评价也就成了教师管理学生的单一手段，而失去了质性评价的意义，从而使评价"穿新鞋走老路"，不利于学生的发展与反思。

和谐的师生关系是进行成长记录袋评价的支持性条件，在评价过程中，要充分发挥评价的激励作用，教师与学生要互相尊重，学生与学生间要相互学习、互相帮助、及时交流，形成和谐的人际关系。由于成长记录袋评价需要师生互动，在互动中关注学生发展的需要，因而要求教师具有耐心，加强指导，使学生能发挥最大限度地主动性，通过自己的全程参与，学会反思和判断自己的进步与努力情况。因此，在运用成长记录袋评价时，教师要特别注意：一是变管理者为顾问、伙伴、指导监控者，真诚坦率地与学生平等相处，尊重学生的选择，容许学生对评价结果发表不同的意见或进行申诉，用爱心与恒心为学生创造一种积极、友善的评价氛围；二是教育指导学生平等相处，互相合作，在交流、反思中促发展，求进步；三是为学生个性发展留足空间，鼓励学生创新、求异，与教师共同承担起促进自我发展的职责。

2. 结合学科特色，明确评价目的

评价是为学生的发展服务，而不是学生的发展为评价的需要服务，其根本目的在于促进发展。成长记录袋评价应用得法，会成为非常有价值的教学辅助手段，为此在采用成长记录袋时教师必须结合本学科的特点，明确自己的评价目的及工作安排，考虑学生的实际状况，有效地使用成长记录袋。就以数学学科为例，成长记录袋评价要重视过程，促进发展，更多地关注学生求知、探究和努力的过程，深入学生的发展进程，及时了解学生在发展中遇到的问题和所做出的努力以及获得的进步；借助对成长记录袋内容的反思交流，加强对学生的学法指导，有效帮助学生形成积极的学习态度，科学的探究精神，侧重于学生在学习过程中的情感体验，价值观的形成，以实现"知识与技能"、"过程与方法"以及"情感与价值观"的全面发展。内容收集上可包括：单元反思，疑难问题及解答，探究活动的设计方案与过程记录，自己的学习方法和策略，阶段性反思交流材料，自我评价及他人评价结果等。要以目的确定内容，用内容促进发展，从而真正实现对学生的评价。

3. 精心指导，突出优势，促进学生有效地进行自我评价

在成长记录袋评价过程中进行思想指导、用法指导是顺利运用其评价的保证，尤其是许多教师都面临大班额的困扰，这就更离不开对学生的科学性指导，以实现评价的有效性，提高学生的主体地位和主动意识，进而减轻教师自身的压力。首先，是对学生进行思想指导，由于成长记录袋评价改变了传统的分数就是结果的片面评价方式，它更关注过程，要求学生全方位地参与整个评价过程，工作量大、主动性强，为此一定要让学生在思想上重视，切实转变观念，由被评价者成为评价主体中的一员，这样教师便要加强评价目的宣传。针对新的评价方式，对学生进行思想教育，让学生认识成长记录袋评价的优势及对自身发展的重要性，帮助学生接受新事物以便主动、积极地参与评价，及时反馈信息，为成长记录袋评价做好思想准备工作。其次，对成长记录袋用法指导也是关键的一步，刚使用成长记录袋时学生总是感到陌生，无从下手。为此，教师要准确把握自己在成长记录袋应用中的作用和角色，注意做到：①成长记录袋内容的收集、编排和保存等主要工作要让学生自己完成，由学生自己负责提交作品或资料的质量和价值，从而拥有判断自己学习质量、进步和努力情况的机会。②教师要侧重指导学生学习收集资料，促成和完善成长记录袋，并且灵活运用抽查、集体展示与评比、集体指导、答疑等方式进行监控、指导，让学生学会收集、处理内容，把有价值的内容装入成长记录袋。③定期主持召开成长记录袋的反思、交流与评分会议，发动学生自评、互评，充分发展学生的自省意识和能力，让学生学会反思。

4. 及时反思，突出实效，真正为学生的发展服务

成长记录袋的使用最终是为了帮助学生认识、反思自己的进步和努力情况，以评价促发展，这样对成长记录袋内容的及时反馈就十分重要，要通过反思帮助学生认识不足与进步，及时调整自己的学习状态，并且对成长记录袋要做好评分工作，纳入促进学生发展的终结性评价中，以突出实效，一般要做到：①大力倡导学生和家长参与的自评与互评活动，对内容做出分析、说明和建议，形成激励性的改进意见或建议，促进学生发展，并且允许学生对评价结果提出质疑。②对成长记录袋进行评分要分阶段性评价和终结性评价，恰当、合理的选择评分者及评价方式，并且尊重学生的意见。③要科学处理评价结果，把结果纳入促进学生发展的终结性评价中，除数量化的评定外，还应该有文字描述部分的评价、分析和建议。

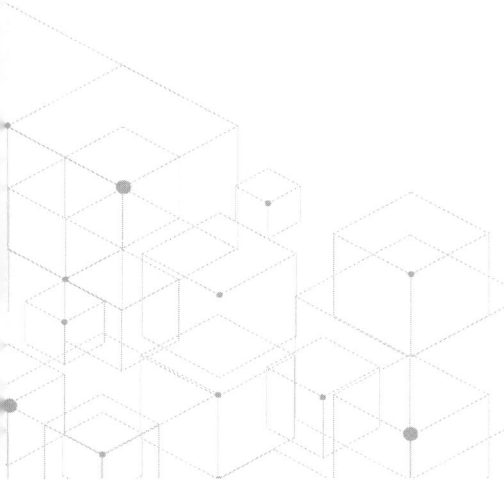

课例剖析与
教学设计

实施分层教学　提高教学效益

　　"人人都能获得良好的数学教育，不同的人在数学上得到不同的发展。"是《课标》的基本理念。所谓"不同的人在数学上得到不同的发展"是指每一个学生都有丰富的知识体验和生活积累，每一个学生都会有各自的思维方式和解决问题的策略。然而纵观我们的教学实际，学生个性差异明显和教师整齐划一的教学要求严重影响了教学质量的提高，从而导致了优生"吃不饱"，中等生"吃不好"和学困生"吃不消"的不良后果。久而久之，两级分化现象日趋严重。因此，数学教学应当面向每一位学生，适应每一位学生的需要，发展每一位学生的智慧潜能。如何才能实现这样的教学目标？笔者通过多年实践发现，分层教学是一种行之有效的教学模式。所谓分层教学，就是在常态编班下，在班级授课制不变的条件下，对同一班级，不同类型的学生，在同一课堂教学过程中实行与各层次学生的学习情况相适应的，着眼于促进学生在各自原有基础上不断提高的一种教学模式。具体做法如下。

一、了解学生，科学分组

　　为了使教学适应不同学生的个性差异，教学活动更具有层次性、针对性、有效性，教师要通过访谈、笔试、观察，开座谈会，问卷调查等形式了解学生，掌握学生的认知情感、认知状况、心理特点、情感需要、非智力因素等方面的差异，再依据学业成绩及学生课堂上的注意、反应、学习兴趣、态度、方法、习惯等方面，将学生划分为三个组。

A组是按《课标》基本要求进行教学的对象，学生主要表现为：学习基础差，学习有障碍，对学习不感兴趣，上课注意力不集中，懒于发言，不能很好地参与教学活动，不能及时完成作业，学习习惯差，缺少家庭辅导条件。

B组是略高于基本要求的教学对象，学生表现为：学习有一定的基础，学习兴趣不高，上课能注意听讲，能参与教学活动，完成作业，有一定学习欲望与较好地学习习惯。自主学习能力差，缺乏学习主动性。

C组是按较高要求进行教学的对象，学生表现为：学习基础好，上课专心听讲，积极参与教学活动，能认真完成作业，学习主动，学有余力，有很好的学习习惯和方法。

一般情况下，为了便于开展针对性教学，需要相对稳定的层次，学生分组每学期调整一次，分层推进，缩小A、B、C组间的差距，最终实现A组逐步解体，B、C组不断壮大的目的；但也要视学生的学习情况，在教学过程中对学生层次进行适当地调整，以激励学生向更高一层迈进，防止分层带来的副作用。

二、课堂教学目标层次化

教学目标层次化是备课环节中备学生的重要方面，也是实施分层教学的前提。教师要在透彻理解课程标准和教材的基础上，结合班级不同层次学生的实际情况，合理的确定不同层次学生的教学目标，并将层次目标体现在教学的全过程中。例如，在讲"用公式法解一元二次方程"时，制定了公共目标：会用求根公式解一元二次方程。不同目标：让A组学生了解求根公式的推导过程；让B组学生理解求根公式的推导过程；让C组学生能推导求根公式。

三、课堂教学层次化

分层授课是实施分层教学的中心环节，教师要根据学生层次的划分和教学目标的划分把握好授课的起点，处理好知识的衔接过渡，降低教学坡度，教学过程要遵循"学生为主体、教师为主导、探究为主线、能力为目标"的教学宗旨，让所有学生都参与学习过程。课堂教学既要体现面向全体的"合"的环节，又要体现因材施教的"分"的环节。主要体现在以下几个环节。

1. 分层设计课堂提问

课堂提问是师生交流的重要途径，课堂上教师必须注意所提问题的层次性，要与不同层次的学生水平"相匹配"，使每位学生都能积极参与，具体操作时可以把一节内容根据知识发生发展的规律设计几组题，题组之间有着密切的内在联系，使知识由浅入深，由单个知识点到综合运用形成一个知识链。或者是每组题围绕一个中心知识点设计低、中、高三个档次的小题，几个小题之间分出层次，拉开档次，步步高升，形成一个有机结合的知识链，这样用题组组织课堂教学内容。解每组题时，要求 A 组学生解 A 题，争取解 B 题；B 组学生解 B 题，争取解 C 题；C 组学生解 C 题。使知识发展的规律与学生的认识规律有机结合起来。同步进行使教学目标指向每个学生的"最近发展区"。例如：

已知，如图1，$AC \perp CE$，$DE \perp CE$，$AB=DB$、$BC=DE$。

（1）请说明△$ABC \cong$△BDE的理由；（A 组）

（2）问：$\angle ABD=$ _____ 度，并说明理由；（B 组）

（3）当△DBE 沿着 BC 方向向左平移使 E 点到点 K 时，问 $\angle AKD=$ _____ 度，从而说明图形平移有何规律？（C 组）

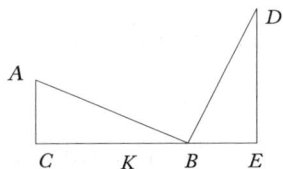

图1

2. 分层实施课堂反馈

调动每个学生的积极性，让他们各抒己见，相互启发，相互补充，达到相互推进的目的。如上述问题反馈时可以先由 A 组学生解答问题（1），其他同学补充，再由 B 组学生解答问题（2），其他层次学生补充，最后由 C 组学生解答问题（3）。然后在全班上作交流，教师对表现出色的学生给予充分肯定和表扬，然后根据课堂讨论中普遍存在的问题，教师精讲或适当点拨。这样不仅提高了直角三角形全等的判定方法、性质及图形平移性质的应用能力，而且使学生在兴趣的驱动下，形成积极探索和创造的心理势态，激发起学习的内动力，促进了学习上的成功，培养了分析问题和解决问题的能力，从而提高了课堂效率。

3. 分层设计课堂练习

在课堂教学中，教师按照分层教学目标，以及学生不同的数学能力和思维水平分层次设计课堂练习题，习题分为 A、B、C 三类，与三个层次的学习目标相匹配，其中，A 组练习题的能力要求是识记和理解水平，相当于教材中的"做一做"、随堂练习；B 组练习题的能力要求是属于简单应用和简单的综合应用的水平，相当于教材中知识技能与数学理解部分的习题；C 组练习题的能力要求是应用水平相当于教材中拓广应用部分的水平。让各层次的学生选做自己这一层次的练习，并鼓励 A 与 B 组学生，在有余力的情况下，选做高一层次的练习题，这样 A 组的学生既能初步掌握课堂教学内容，也能独立或者在老师的指导下完成相应的练习，从而使 A 组学生获得成功的喜悦，树立了学习的信心，同时，B 与 C 组学生也能获得其所需的要求。例如，在学生学习了角平分线的性质后，给出：

题组1：如图2，已知，$\angle ACB = \angle ADB = 90°$，$\angle 1 = \angle 2$，则（1）$AB$ 平分 $\angle CAD$ 吗？请说明理由（A

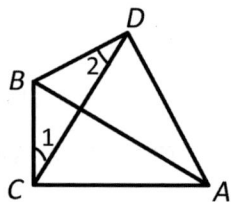

图2

组）。（2）AB 平分 $\angle CBD$ 吗？请说明理由（B 组）。你还能得出哪些结论？（C 组）。

题组2：如图3，三条公路相交，请在 $\triangle ABC$ 内找出一点 P 使之到三条公路的距离相等（A 组），若在整个平面上找，能找到几个点 P，分别做出来（B，C 组）。

图3

在学生独立完成练习时，教师认真巡视，及时做好分层次的信息反馈和分层次的答疑工作，尤其是要及时地做好对 A 组学生的个别辅导工作。

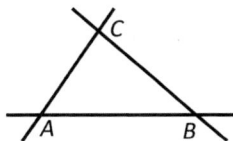

4. 分层设计课后作业

课后作业的安排要有层次性，以适应不同层次学生的需求，达到不同的训练目标，同时也减轻学生的作业负担；不仅能使学生各补所缺，各有所获，也避免了同学间互相抄袭作业的不良习惯，A，B，C 组同学都要完成每日的"必做作业"，提高作业 B 组同学选做，C 组同学必做。此外，还向不同层次的学生列出一些数学课外阅读书目，让他们自由选择，以开拓数学视野，各层次学生在完成自己的作业后，可尝试做高一层次的练习。

5. 分层辅导

分层辅导是实施分层教学的关键。因课堂时间有限，课堂上只能解决大部分学生的问题。教师要利用有限的时间加强分层辅导，包括查漏补缺，学法指导和心理辅导。对 C 组学生辅导应注重知识的联系和区别及解题思路和综合能力的培养；对 B 组学生的辅导重在对其分析和解决问题能力的培养；对 A 组学生辅导的重点要放在基础知识的掌握和基础题型的解决上，鼓励其学好数学。除教师个别辅导外，还应发动优生帮带、辅导学困生，开展互帮互学、小组共同创优活动，从而使学生整体逐渐进步。课外辅导是课内辅导的补充和延续，对学困生可结合面批作业来开设"小灶"，对学有特长的学生可利用兴趣小组活动给予"加餐"，以此来加强辅差培优工作。

　　实践证明，分层教学实现了在同一课堂内为不同的学生提供不同的发展空间，变"同步走"为"异步走"，最大限度地调动所有学生的积极性，有利于辅差培优，发展学生的个性特长，可大幅度提高教学质量，在今后的教学实践中有待于进一步用先进的教学理念优化分层教学模式。

基于学生认知　聚焦教学重点　落实数学素养

——以《完全平方公式》教学为例

伴随着高中阶段数学学科六大核心素养的提出，如何让数学核心素养落地课堂成了教育专家、一线教师们普遍思考、研究的课题。义务教育阶段虽未明确提出其核心素养，但初中学段的教师还是围绕着《课标》提出的数感、符号意识、空间观念、几何直观、数据分析观念、运算能力、推理能力、模型思想、应用意识和创新意识这10个核心概念，开展了一系列的探索与研究。历年来，银川市通过"课堂教学变革"的开展，意在引导一线教师改善课堂教学环境，提高课堂实效，培养学生数学核心素养，促进课堂教学的深度变革，使各学科核心素养真正落地课堂，引起了一些教师的共鸣。下面就以《义务教育教科书（北师大版）》数学（七年级下册）中的《完全平方公式》一课为例，谈谈自己的看法。

一、课例分析

1. 教材分析

完全平方公式是继平方差公式后的又一个形式较为复杂的结构化公式，

它是数学知识的重要内容，是后续学习因式分解、一元二次方程、二次根式、二次函数等其他数学知识的基础，同时又是学生学习其他学科不可缺少的工具。要掌握好公式的结构特征，必须让学生亲身经历公式的探索过程，经过观察、归纳、验证等数学活动获取数学经验，增强语言表达和推理能力。

教学重点：经历探索完全平方差公式的过程，并能运用完全平方公式进行计算。

2. 学情分析

学生经历了整式的运算、平方差公式的学习，积累了一定的数学公式学习的经验，具备良好的探究意识、质疑能力。但由于完全平方公式的结构比平方差公式复杂，且教材中又以两个公式出现，学生认识、揭示公式的结构，尤其是其中间项的符号确定比较困难。

教学难点：用自己的语言解释规律，揭示公式的本质特征。

3. 教学片断（简述）

（1）复习引入

问题1：你还记得平方差公式及其结构特征吗？

问题2：我们是如何发现并验证平方差公式的？

问题3：平方差公式与整式的乘法有何联系？

设计说明：教师利用问题串引导学生回顾平方差公式的学习过程、公式的内容及结构特征，为学生类比学习完全平方公式埋下伏笔。

（2）公式探究

问题4：如图，一块正方形的花圃，原来的边长是 a m，因实际需要，现将其边长再增加 b m，你能表示出现在新花圃的总面积 S 吗？

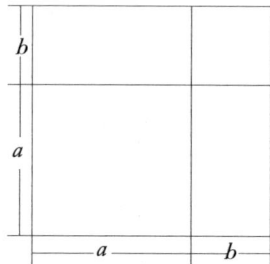

设计说明：学生数形结合，在独立思考的基础上，小组讨论；对照图形交流自己的表示方法，通过对同一图形面积的不同表示，发现公式 $(a+b)^2=a^2+2ab+b^2$。

问题5：你能从整式乘法的角度说明上面等式的正确性吗？$(a-b)^2$呢？你是怎么想的？

设计说明：学生独立思考，类比平方差公式的推导过程，完成上述公式的推导过程；同时鼓励学生通过乘法公式推导或直接应用新公式得出 $(a-b)^2=a^2-2ab+b^2$。进而指出上述两个公式我们把它们叫做完全平方公式。

问题6：认真观察上述两个公式，思考（1）公式的右边是几项式，每一项分别是什么？（2）公式的左边有何特点？

设计说明：借助问题串引导学生从自己熟悉的"项"的角度分析公式的结构，培养学生的合作学习能力，经历独立思考，讨论交流，合作学习的过程，得出公式的结构特征是两项和的平方等于首项平方、尾项平方与首尾项2倍积的和。教师进一步补充，公式的左边可简述为首平方，尾平方，首尾两倍之积放中央。

（3）例题讲解（略）

（4）反思提升

问题7：对比平方差公式，完全平方公式与其有何联系与区别？

问题8：回顾本节课的学习，我们学会了哪些知识、方法？你有何感想？

设计说明：教师鼓励学生畅所欲言，反思学习内容、学习建议等，在此基础上，教师借助多媒体进行归纳小结。

区别与联系：

	平方差公式	完全平方公式
相同点	整式乘法的特殊形式，即二次项乘法 都可以利用整式乘法法则进行推导，借助几何图形解释 结构特殊，统称为乘法公式	
不同点	$(a+b)(a-b)=a^2-b^2$ 相反项 相同项 相同项的平方 相反项的平方	$(a\pm b)^2=a^2\pm 2ab+b^2$ 首相 尾相 首平方 首尾2倍之积 尾平方

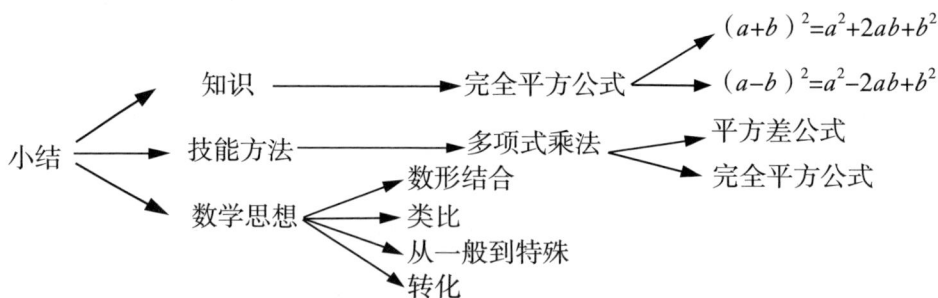

二、教学评析

1. 以学生原有认知为依据，指引新知探究

银川市课堂教学评价"核心指标"标准中明确要求，学生认知发展成为教学基本依据。平方差公式与完全平方公式都是整式乘法中最基本的两种特殊形式，从教材的编写意图上，我们也不难发现，完全平方公式的学习与平方差公式学习、探究方法及过程有许多的相同或相似的地方，这为学生学习完全平方公式奠定了良好的基础。基于此，本节课教师既没有沿用教材的传统设计，也没有直奔主题创设问题情境，而是先带领学生回顾平方差公式的学习过程，让学生在对旧知识的回忆中获取研究新知识的思路与方法，弱化了学生学习新知识的心理负担，有效地激发学生的学习欲望，有利于学生将

新知识纳入自己已有的学习经验与网格之中，为后面学习完全平方公式的推导奠定了基础。

让学生讨论发现完全平方公式的特征环节，教师考虑到学生在七年级上册《整式》一章的学习中，是从"项"的角度认识代数式，为此，教师通过问题串启发引导学生从"项"的角度分析、揭示公式的本质特征。实践证明，在课堂教学中，当教师提出"观察算式各项及结果，你发现了什么？"时，学生在经历观察、思考和合作讨论后，能顺利说出公式的右边为"首项平方、首尾两项积的2倍与尾项平方的和"。这说明从"项"的角度揭示公式符合学生的认知水平，接近学生的"最近发展区"，解决了学生学习公式过程中$2ab$项的符号最容易出现错误的问题，即这里的 $-2ab$ 其实是"首项与尾项乘积的2倍"，其符号取决与首项与尾项的符号，具体的说，就是"同号取正，异号取负"，十分有效地突破了教学难点。

2. 以突破教学重难点为根本，创造性地开发教材

就完全平方公式的发现、推导教学环节，教科书中依然沿用平方差公式的探究模式，通过具体的多项式乘法的计算发现乘法公式，再从多项式与多项式相乘着手，推导公式，然后利用几何模式和割补面积的方法验证公式。但考虑到七年级学生正处于形象思维向抽象思维的发展过渡期，其感性认识事物的能力更为突出，而完全平方公式与平方差公式相比较，完全平方公式的形式、结构更复杂、更抽象，对学生的学习形成了一定的障碍。本节课中，教师打破传统教学的局限，采用情境教学法，创设具体、形象的生活问题，借助多媒体，动态展示图形的拼接过程，形象解读文字含义，在分析、解决面积问题的过程中发现完全平方公式，进而从多项式乘法的角度推导完全平方公式，化抽象为具体，从对完全平方公式的感性认识逐渐上升到理性认识，揭示公式的本质，便于学生认识、理解公式的特征，体会数形结合思想。

3. 以建构知识体系为目标，科学设计课堂小结

数学学科的特点决定了数学课程是一个有机的整体，这不仅体现在具体的教学内容之间的有机联系、严谨的知识脉络上，也体现在数学学习过程中所反映出来的数学思想、方法的一体性上。系统、整体性地构建数学知识体系，有利于学生厘清知识间的联系与数学学习思想方法，抓住数学学习的本质。在小结环节中，教师打破常规，改变以往课堂小结中让学生回顾知识要点、谈学习感受的做法，而是首先通过"图画"呈现，将平方差公式与完全平方公式进行对比分析，引导学生进一步认识二者之间的异同点，构建知识间的联系，让学生感受数学学习的整体性。其次，教师又以思维导图的形式，从学习内容、学习技能、思想方法等方面引导学生建立知识框架，完整呈现知识体系，进一步加深学生对新知识的理解，培养学生归纳概括的能力。

4. 以落实数学核心素养为价值取向，夯实课堂教学实效

我们知道，课堂是培养学生数学核心素养的主阵地，这便需要教师始终以核心素养为价值取向，精心研究课本，理解教材编写意图，清晰地知道每个教学片段与课堂教学环节中所蕴含的价值所在，以教材为教学蓝本，充分发挥教育智慧，创造性地设计、组织课堂教学，以此培养学生的数学素养。正如《完全平方公式》课例，教师充分地挖掘教材，重组教学内容，将落实核心素养贯穿于教学始终。

（1）回顾旧知，培养逻辑推理能力

本节课可以说将类比思想渗透得淋漓尽致。教师通过回顾复习，引导学生利用研究平方差公式的方法去学习和推导完全平方公式，不仅有利于学生突破重点，还教会了学生研究乘法公式的一种方法，即针对具有共性特征的研究对象，可以借助联想与类比推理，将新知识转化为旧知识，抓住知识间所具有的共性进行类比学习，从而提高学习效率。而类比恰是数学核心素养

中逻辑推理的一种重要形式，真正做到了"授之以渔"。

（2）公式发现，培养几何直观能力

教学中教师通过创设来自生活实际的背景问题，引导学生用不同的方式表示几何图形的面积，从而发现完全平方公式，使学生对完全平方公式有了一个几何直观的认识，通过形象的几何图形，不仅让学生清楚的"看到"了公式的结构特征，还突出了用几何图形解释代数运算的方法，学生在体会数形结合思想的同时，发展了学生的符号意识和几何直观。

（3）公式推导，培养数学推理能力

在完全平方公式的推导环节中，教师先从代数角度通过多项式的乘法法则推导出完全平方公式，再利用公式 $(a+b)^2=a^2+2ab+b^2$ 推导出公式 $(a-b)^2=a^2-2ab+b^2$，然后引导学生从"项"的角度着手分析公式的结构特征，并用文字语言予以表述。这样的处理，不仅让学生感受到一题多解，也让学生感受到知识之间的内在联系及转化思想，让学生学会了研究乘法公式的基本套路与方法，更重要的是将培养学生的推理能力这一重要的核心素养落到了实处。

实施课堂讨论　提高课堂实效

——《三角形相似条件》教学片段评析

一、教学片段

出示：如图△ ABC 与△ DEF 相似吗？

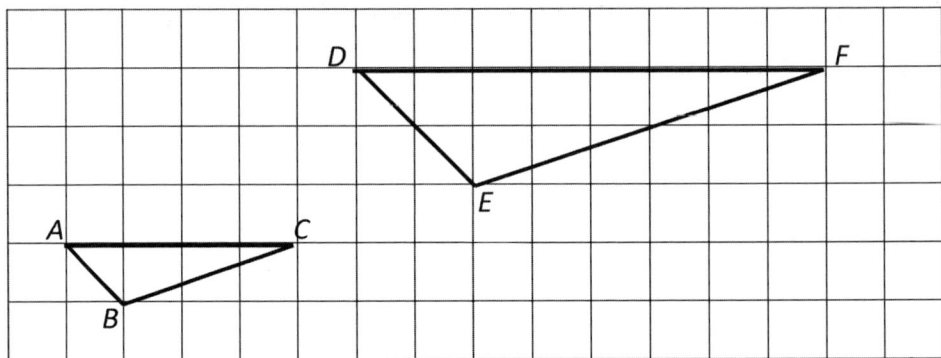

师：请仔细观察图形，独立思考问题。

（学生独立思考一段时间后，只有个别学生举手）

师：请大家把自己的想法告诉给同伴，听听同学们是怎样想的？（教师意在引导学生进行讨论，解决问题）

学生在小组长的组织下，展开了热烈的讨论，并积极有序地发表自己的意见，有些组还积极动手测量、计算、验证。

教师参与个别小组的讨论中，认真听取小组意见，及时反馈信息，并适时引导小组成员进行有效的讨论、发言。

（大约10分钟左右，各小组的发言人陆续举起了手，课堂又平静了下来）

师：它们相似吗？请各组交流一下各自的结论及方法。

学生甲：我们组一致认为两个三角形相似。我们分别测量了 AB 与 DE，AC 与 DF 及 $\angle A$、$\angle D$，发现 $\dfrac{AB}{DE}=\dfrac{AC}{DF}$，且 $\angle A=\angle D$，所以二者相似。

师：很好，还有不同的方法吗？（鼓励学生发表不同的见解和想法）

学生乙：老师，我们也认为它们相似，不过我们认为测量总会有误差，可以借助计算进行判断。（教师鼓励学生上台来讲解自己的思路，该生借助图形开始讲解）在探索过程中，我们利用方格纸分别构造直角三角形，根据勾股定理求出三角形的三条边，可以发现它们的三边对应成比例，故它们相似。

（听完讲解后，同学们纷纷动手验证这种方法，在交流中传递、学习知识）

师：你们真行！老师为你们感到骄傲。（及时肯定成绩，让学生体验成功）

学生丙：在讨论中，我们发现 $AC /\!/ DF$，$AB /\!/ DE$ 并且 BC 与 EF 在同一条直线上，从而得出 $\angle C=\angle F$，$\angle B=\angle E$。也可以判断两个三角形相似。

（是呀！我怎么就没有发现呢？同学们纷纷点头称是）

…………

二、教学评析

在数学课堂教学中，有效地组织、实施课堂讨论，可以最大限度地激发学生的学习兴趣，充分调动学生的主动性、积极性，体验数学活动中的探索和创造过程，培养学生的合作意识，增进学生与学生之间团结、协调、合作共事的群体协作精神。在长期的摸索与实践中，笔者认为：合理、有效地组织学生进行课堂讨论要着眼于以下几点。

1. 适时

课堂讨论的成败及作用的大小，在很大程度上取决于时机的选择与确定，为了使课堂讨论不流于形式，并且充分发挥其积极的作用，应将课堂讨论用在刀刃上。为此，教师要切实把握讨论时机，适时运用课堂讨论，在本文教学中，教师立足于开放性的讨论题，发现学生难以全面、准确地解决问题，从而达到回顾与反思的目的，尤其是在学生经过独立思考后依然感到难以下手，此时安排学生讨论，要求学生把自己遇到的问题讲给同伴听，集体寻找解决问题的办法，最后学生经过讨论和探索，从不同的角度发现和解决了问题，使问题的解决得到了进一步的升华，学生在讨论中也体会到自己才是学习的主人，知识是在探索中获得的。

2. 适度

在课堂教学中，学生总是对各种讨论兴趣盎然，教学气氛也趋于民主，学生们能畅所欲言，积极表达自己的看法，在争论和交流中学习，促进自己的思维发展。教学中，教师加强宏观调控，使课堂讨论有一定的限度，而不是漫无边际的讨论下去，使学生既讨论充分又不造成时间的浪费。在课堂讨论时，教师既是引导者，更是组织者、参与者，主动深入到各个小组指导发言，适时控制学生的讨论方向，以防偏离主题，并且及时反馈各种信息，使教学有的放矢。我们说，留给学生足够的思维空间，但这决不意味着让学生随心所欲、海阔天空，课堂讨论必须围绕主题及中心任务，从而促进学生的思维发展，也有利于培养学生严谨治学的学习习惯。

3. 有效

课堂讨论的最终目的在于教学的实效性，让学生紧紧围绕中心展开激烈的讨论，在学生思维碰撞的过程中学习、探究知识，最终解决问题。教学时，教师以身作则，成为学习、讨论的参与者，对学生进行有效的引导，对学生在讨论中的表现与发言及时反馈，及时对讨论中出现的闪光点给予肯定，激发学生讨论的积极性，与此同时教师还加强对学生良好学习习惯的培养，要求学生明确题目要求，以便很好的理解并积极参与到活动中，教会学生学会倾听，尊重他人意见，鼓励人人参与，并在交流过程中，注意营造民主、和谐的人际关系，便于学生大胆质疑，积极表述自己的见解，提高课堂讨论的实效与价值。

导之切　学之实

——以"增收节支"教学为例

一、开门见山，走近表格

课前思考与预设：从学生的最近发展区出发，充分考虑学生的已有认知水平，设计情境引入，呈现学生熟悉的学习场景，直接点明本节课分析、解决实际问题的方法——表格法，自然切入主题，水到渠成。

如图，某文艺团体为"希望工程"募捐组织了一场义演，共售出1000张票，筹得票款6950元。成人票与学生票各售出多少张？

设售出的学生票为 x 张，填写表1。

表1

	学生	成人
票数 / 张		
票款 / 元		

问题1：你还记得吗？我们是借助什么分析问题，寻找等量关系的？（学

生能清楚说出是利用表格法分析问题）

设计意图及反思："希望工程"义演及利用表格分析其中的数量关系是七年级上册知识，学生对此非常熟悉。本节课正是以学生熟悉的这个情境为切入点展开教学，通过对知识的复习回顾，直奔主题。教师指出利用表格分析数量关系，建立方程也是我们常用的一种方法。这样既能对本节课的学习起到启发、铺垫和指导的作用，又能让学生在学习本课前，了解本节所要研究和解决的问题，以及解决问题的策略。

二、明确任务，目标解读

课前思考：学习目标是学生学习过程中自我要求、自我激励、自我调控和自我评估的主要手段，是学生学习的出发点和归宿。通过对学习目标的解读，让学生知道本节课要"学什么""怎么学""学到什么程度"，从而调动学生参与学习的积极性。学生通过自学及教师的解读，画出关键字句，明确本节课的学习任务及需要达到的学习程度。

学习目标：

（1）能从具体实际情境中获取文字信息，生成表格。

（2）会用表格分析实际问题中的数量关系，建立方程组并解决问题。

（3）经历通过建立适当的表格分析数量关系、解决问题的过程，发展模型思想和应用意识。

设计意图及反思：通过"能、会、生成、建立"等可评、可操作的表述动词呈现学习目标，用目标激励、引导学习活动，使学生少走弯路，积极有效地开展学习活动。

三、活动探究 1，初识表格

课前思考与预设：教材中的引例、随堂练习都呈现了完整的表格，让学生通过填写表格，寻找数量关系列出方程组，从而感受到利用表格可以很容易的找到等量关系。但是在实际应用中，没有现成的表格供学生参考，表格需要学生通过分析生成，这对于学生来说是更实际的问题，也是对学生能力的考查。而正因为如此，学生几乎还是沿用传统的分析方法，利用表格分析问题仅仅停留在课堂表面，无法起到发展学生思维的作用。可见，如何生成表格，是利用表格分析问题的前提与关键。为此，要达到课标的要求，学生就必须认识表格的构成元素并能进行提炼，而不是教师提供现成的表格让学生填写。鉴于建立表格使用的一些专业术语距离学生太远，学生听不懂、不明白，无法按照老师的引导进行探索，如关键词、研究对象等，教师借助问题串将这些术语用浅显易懂的、贴近学生认知的语言表达出来，引导学生分析问题，获取文字信息，建立已知量、未知量、研究对象与表头间的关系，初步经历表格的生成及用表格分析复杂数量关系的过程。

例1：某蔬菜工厂去年的利润（总收入－总支出）为200万元。今年总收入比去年增加了20%，总支出比去年减少了10%，今年的利润为780万元。去年的总收入、总支出各是多少万元？

问题2：认真读题，你认为题目中的关键语句有哪些？（学生阅读题目，提炼文字信息）

问题3：精读关键语句，句子中的关键词有哪些？请圈出来。

（学生找出关键语句；关键语句中的三个相关量——总收入、总支出、利润；关键语句中的两个研究对象——去年、今年。教师有意识地将上述关键词板书成表头的形式，自然引出表格）

问题4：题目中的已知量、未知量分别是什么？如何设未知数？

问题5：你能从表格中发现等量关系并列出方程组吗？

（学生通过寻找已知量、未知量并设未知数，理解表格的对应关系；并根据表格中发现的等量关系列方程组）

设计意图及反思：列表格分析问题的关键是要能生成表格。该题表述简洁明了，题目中的数量关系均是学生非常熟悉且已掌握的内容，对学生没有困难。教学中关注的是如何在分析的过程中自然的生成表格，并让学生能初步感受到表格的作用，即可清晰的将数量关系与等量关系呈现在表格中，使找等量关系变得更简单、容易。学习过程中借助问题串，层层递进，指导学生独立思考、尝试借助表格分析并列出方程组，在此基础上，教师及时进行小结，帮助学生认识建立表格的方法，即表格中第一行的3个相关量其实就是我们熟悉的两组未知量和一组已知量，第一列是3个相关量，如时间、速度、路程等；研究的对象一般都有两个，如原计划与实际等。

通过这个过程，让学生在看似"无意"（自己解决实际问题），实则"有意"（教师巧妙设计引导）的情况下自然、主动地走近表格法，初次感性认识表格，感受表格在分析问题中的优势，使学生克服对新知识的排斥，从而实现新旧知识的过渡。

四、活动探究 2，亲历表格

课前思考与预设：学生心中困惑的是为什么要借助表格来分析问题。课本中的例题涉及的数量关系较为复杂，特别是题目中不能直接通过设未知数完成表格，这恰好能够让学生感受到引入表格分析问题的必要性。在学习过程中，由于学生特别容易将相关量与研究对象混淆，要让学生在初次认识表格法的基础上，通过模仿、尝试建立表格，还有一定的困难。为此教师要根据课堂的实际，有效组织开展合作学习，再通过教师的引导，同学间的交流、质疑、辨析，使学生基本明白如何生成表格，实现从引例的感性认识，逐渐上升到理性认识，进而突出本节课的教学重点，突破教学难点。

例2：医院用甲、乙两种原料为病人配置营养品，每克甲原料含0.5单位蛋白质和1单位铁质，每克乙原料含0.7单位蛋白质和0.4单位铁质。若病人每餐需要35单位蛋白质和40单位铁质。那么每餐甲、乙两种原料各多少克恰好满足病人的需要？

活动要求：

（1）先读题，找出题目中的关键语句（独立完成）。

（2）小组合作：在关键语句中找到3个相关量、2个研究对象建立表格。

课堂教学中，由于学生不能正确定位研究对象，所以出现了表2和表3两种情况。

表2

	甲原料	乙原料	营养品
蛋白质			
铁质			

表3

	蛋白质	铁质	营养品
甲原料			
乙原料			

这时教师鼓励学生大胆质疑、辨析，通过设未知数，填表等过程，让学生亲历表格生成及分析问题的过程，辨析相关量与研究对象之间的联系与区别。教学中，教师可先将错就错引导学生填表，进而发现问题、再修改完善，既让学生感受到表头设计的不拘一格，又认识到如何区别研究对象与相关

量，让质疑生成成为课堂的核心价值。最后教师结合已生成表格及时小结利用表格分析问题的方法：通常是根据两个研究对象的同一个未知量间的数量关系设未知数填表，即纵向填表；依据同一研究对象与3个相关量间的等量关系列方程，即横向列方程。

设计意图及反思：通过例题让学生经历由感知表格到认知表格的过程，再次体验用表格分析问题的方法及一般步骤。先让学生尝试利用表格分析问题，再由教师根据课堂效果及时点拨、引导，师生共同借助表格分析问题，此时教师要明晰用表格分析问题的方法。本环节建立表格是本节课的难点，学生还分不清楚相关量与研究对象，这时教师组织学生小组合作完成任务。教师在巡视过程中要指导学生通过找关键词建立已知量与未知量的表格，进而分析、解决问题。

五、课堂达标，应用表格

课前思考与预设：课堂检测是教师及时回收反馈信息，找到目标差，及时进行补偿教学，确保当堂完成教学任务的重要环节。设计检测题时充分考虑题目的难度和层次性，既要适合学生现有水平，又要兼顾学生的"最近发展区"。为此，笔者结合学习目标，有针对性，由易到难设计了两道题，通过学生的交流、讲解，了解、检查他们掌握知识的程度，并进行激励性评价。

（1）请分析、快速完成表格（表4）填写并列出方程组

一、二两班共有100名学生，他们的体育达标率（达到标准的百分率）为81%，如果一班学生的达标率为87.5%，二班学生的体育达标率75%，那么一、二两班各有多少人？

设一、二两班分别有学生人数为 x 名、y 名。

表4

	一班	二班	两班总和
学生人数			
达标学生人数			

设计意图及反思：让学生借助已知表格分析问题，降低难度，通过在表格中呈现各量之间的关系，进一步感受利用表格分析、寻找等量关系的优势。（学生展示作品，讲解思路）

（2）表格法分析解答下列各题

国庆节期间，小红利用每天上、下午时间在家读名著。原计划每天阅读90页，实际比原计划每天多读3页。已知小红上午的阅读量比原计划多20%，下午阅读量比原计划低10%。求小红原计划上午和下午分别读多少页名著？

设计意图及反思：让学生尝试用表格的方法分析和解答问题，体验和巩固用表格分析问题的方法，并通过学生的点评、交流，让他们在学习中建立互信、互助、共同进步的良好学习氛围。

六、学习小结

课前思考：传统的课堂小结完全由教师来归纳，提炼思想方法，总结学习经验，许多教师经常提出的第一个问题是："通过今天的学习，你有哪些收获？"然后让学生畅所欲言，结果变成大话、空话、套话甚至是假话，这种没有以教材内容为载体的"收获"是虚无缥缈的。那么到底什么样的课堂小结才是科学有效的？

预设：围绕课堂内容，以知识的发生发展过程为线索带领学生展开回顾，在此基础之上，学生畅所欲言谈学习本节课的感受。

问题6：本节课我们利用表格分析、解决实际问题，如何生成表格？如何利用表格寻找等量关系呢？（教师引导学生共同回顾生成表格、利用表格分析、解决问题的过程，让学生相互交流、补充，教会学生分析复杂问题的一种方法——表格法）

问题7：结合这节课的学习，你有什么感受呢？（学生畅所欲言，相互学习、补充，在此基础上，教师进行系统归纳总结）

（1）利用表格分析问题、寻找等量关系是我们常用的一种分析应用题的方法，具体做法是：①读题、寻找关键语句，并提炼题目中的"相关量和研究对象"；②依照书写习惯，将相关量成行、研究对象成列，形成表格；③根据关键语句中隐含的关系，完成表格的填写；④利用表格的直观呈现列出方程组，解决问题。

（2）分析应用题可以提炼出3个数字：3，2，1。3即3个相关量；2即2个研究对象；1即相关量中1组已知量。

设计意图及反思：通过小结使学生形成一个清晰的知识结构，总结表格分析问题的方法，然后引导学生跳出表格的束缚，发现分析问题的规律，达到知识的进一步升华，从而提高小结环节的教学立意。

《分式》教学设计

教材：义务教育教科书北师大版初中数学八年级（下册）第三章第1节《分式（第1课时）》。

一、教材分析

分式是继整式之后对代数式的进一步研究。与整式一样，分式也是表示具体问题情境中的数量关系的一种工具，是解决实际问题的常见模型之一。本章内容的学习为今后进一步学习函数和方程等知识起到奠基的作用，同时也是学习物理、化学等学科不可缺少的数学工具。

《分式》第1节的内容分两课时来完成，本节课是第一课时，也是分式这一章的起始课，主要内容是分式的概念、意义和用分式表示数量关系，它是在学生学习了整式运算、分解因式的基础上进行的，学好本节课，是今后继续学习分式的性质、分式的运算及解分式方程的前提；其中对"分式有无意义的讨论"为以后学习反比例函数作了铺垫。

二、学情分析

分式是在学生学过分数、整式的基础上对代数式的进一步研究。分式与分数类似但又有所不同，分数是分式的具体化，分式是分数的一般形式，这种一般与特殊以及"数式相通"的类比思想学生比较欠缺；同时学生缺乏对字母及其他数学符号用于运算的能力，所以本节课的学习中，分式在什么条件下有意义的讨论是学习的难点。但考虑到八年级的学生已具有一定独立思考，概括归纳的能力，也有很强的合作意识，所以本节的设计中，突出了学生观察、猜想、分析、思考、归纳等过程，让学生真正的参与到学习中去，充分经历自主探索、小组合作、交流的过程，进而突出重点，突破难点。

三、教学目标

（1）经历用分式表示现实情境中数量关系的过程，体会分式的模型思想，进一步发展符号感；能用分式表示实际问题中的数量关系。

（2）经历自主探索、小组合作交流的过程，归纳分式的概念，明确分式与整式的区别。进一步培养学生代数表达能力和有条理地思考问题的能力。

（3）通过与分数的类比，探究分式有无意义的条件等活动，进一步培养学生运用类比转化的思想解决问题的能力。

（4）利用实际情境，培养学生关注生活，热爱数学的情感，在土地沙化问题中体会保护生存环境的严峻性。

教学重点：探索分式的概念、用分式表示现实情境中的数量关系。

教学难点：分式有无意义的讨论。

四、教学方式

利用丰富多彩的现实情境，让学生充分经历自主探索、小组合作交流的过程，主动地获取知识。教学过程始终以学生活动为主，让学生感受概念的形成过程，教师力图从学生的原有认知及最近知识发展区入手，设计问题串并适时点拨、指导，从而达到"水到渠成"的效果。

五、教学流程

1. 创设情境

课件出示章前图：代数式庄园（图略）。

（1）请在"庄园"里找出我们熟悉的老朋友——整式。

$$\frac{2400}{x}, \frac{c}{ab}, \ 15x^2, \frac{a}{m-n}, \frac{5a}{3}, \frac{1}{4-m}, \frac{3-a}{a+2}, \ m+n$$

（2）教师疑问：我们在学习中会遇到诸如 $\frac{3-a}{a+2}$，$\frac{2400}{x}$ 之类的式子，你知道这些式子与整式的区别吗？你见过类似 $\frac{1}{x-2} = \frac{3}{x}$ 这样的方程吗？你能求出它的解吗？

设计意图：学生的认知发展成为教学基本依据。分析学生的原有认知，教师引导学生观察，寻找熟悉的整式，复习整式的概念；然后提出问题，让学生带着问题进入本章的学习之中，激发学生的求知欲望。

2. 建立模型

幻灯片1：宁夏是土地沙化最为严重的省区之一，西、北、东三面分别有腾格里、乌兰布和与毛乌素三大沙漠。给人们的生活带来了诸多不便。（课件出示）

设计意图：通过从学生身边熟悉的问题出发，让学生认识到土地沙化的危害，体会保护人类生存环境的严峻性。自然引到环境保护问题上。

幻灯片2：面对日益严重的土地沙化问题，银川市决定分期固沙造林，一期工程计划在一定限期内固沙造林2400公顷，实际每月固沙造林的面积比原计划多30公顷。

问题：如果设原计划每月固沙造林 x 公顷，则

①实际每月固沙造林_____公顷。

②原计划完成一期工程需要 _____个月。

③实际完成一期工程需要_____个月。

④据了解，实际固沙造林比原计划提前了4个月完成任务，你能列出关于 x 的方程吗？

设计意图：教师先引导学生获取信息，列出代数式，并鼓励学生说出自己的想法。

幻灯片3：做一做。

①已知梯形的上底是 a，下底是上底的2倍，高为 h，则梯形的面积为_____。

②正 n 边形的内角和是_____度，每个内角为_____度。

③小明家距离学校 S 千米，他步行速度为 v 千米／时，小明到学校需要_____小时。

④新华书店热销一种科普图书，原价每册 a 元，现降价 x 元销售，降价后该种图书每册_____元。如果当这种图书全部售完，其销售额为 b 元。那么这种图书共有_____册。

设计意图：从贴近学生生活的实际情境出发，让学生体会代数式是表述现实生活的一类数学模型。学生独立完成并口头回答，教师板书答案。在教材处理上，本环节对原教材进行了适当的修改，使得学生列出的代数式既有分式又有整式，为学生比较整式归纳得出分式的概念做铺垫。

3. 探索新知

提问：观察这些式子，$x+30$，$\dfrac{2400}{x}$，$\dfrac{2400}{x+30}$，$\dfrac{3ah}{2}$，$\dfrac{(n-2)\cdot 180}{n}$，$(n-2)\cdot 180$，$\dfrac{S}{v}$，$\dfrac{b}{a-x}$，请你将它们进行科学的分类。

设计意图：学生的潜能释放成为课堂的主要特色。让学生依据自己的标准对代数式进行分类，其目的是让学生充分研究上述代数式在形式上的特点，为得出分式做准备。教师在给予肯定的同时，要引导学生注意寻找它们的本质，进而将式子分成两类：整式与其他，为下面的环节奠定基础。

议一议：这些式子有什么共同特征呢？与整式又有什么区别与联系呢？幻灯片出示议一议的要求，组织学生有目的的进行小组讨论。

设计意图：学生有效合作成为课堂主流文化。给学生充足的分析、讨论、合作学习的空间，师生共同参与，鼓励学生大胆发表自己的观点，展现小组的团队精神。实现学生对分式概念的自我建构。

（自然点题，并板书课题）

板书分式的概念：整式 A 除以整式 B，可以表示成 $\frac{A}{B}$ 的形式，如果除式 B 中含有字母，那么称 $\frac{A}{B}$ 为分式。对于任意一个分式，分母都不能为零。

练一练：

（1）下列式子中哪些是分式？

① $\frac{1}{x}$ ② $2a+\frac{1}{3}$ ③ $\frac{4}{a-b}$ ④ $-\frac{2}{5}m^2n$ ⑤ $\frac{x-y}{4+x}$ ⑥ $\frac{3x-1}{\pi}$

（2）你能写出一个有实际背景意义的分式吗？试试看。

设计意图：让学生在认识分式的基础上，根据分式的概念，写出一个具有实际背景意义的分式，与实际生活相联系，构建分式这一数学模型，进一步加深学生对概念的理解后，学生在组内交流，1~2名学生展示成果。

写一写：

（1）当 $a=-1$ 时，求分式 $\frac{2a}{a-1}$ 的值。

（2）请你再给 a 取一个合理的数值，并求出分式 $\frac{2a}{a-1}$ 的值。

提问：在给 a 取值时，要注意什么？你是怎么想的？

设计意图：学生质疑生成成为课堂核心价值。通过开放性设计，先让学生类比整式，求分式的值；然后让学生给 a 赋予合理的值，就取值的合理性大胆质疑、辨析，归纳知识要点，培养学生的批判意识。同时为下一环节探索分式的意义奠定基础。

尝试练习：①当 x 取何值时，分式 $\frac{2x+1}{x-3}$ 无意义？

②当 a 取何值时，分式 $\dfrac{a-1}{2a-5}$ 无意义？

③当 m 取何值时，分式 $\dfrac{m}{2m+3}$ 有意义？

设计意图：学生内化过程成为教学关键环节。通过前面的学习，分层次的设计尝试练习，让学生从判断分式无意义入手，理解取除使分母为零的数以外的实数，分式都有意义。学生独立完成，培养独立分析、解决问题的能力。

4. 巩固新知

出示星级训练题：请同学们完成下面的星级训练，看你能得几颗智慧星。

①在下面四个代数式中，分式为（　　）。

A. $\dfrac{2x+5}{7}$　B. $\dfrac{1}{3x}$　C. $\dfrac{x+8}{8}$　D. $-\dfrac{1}{4}+\dfrac{x}{5}$

②当 $x=-1$ 时，下列分式没有意义的是（　　）。

A. $\dfrac{x+1}{x}$　B. $\dfrac{x-1}{x}$　C. $\dfrac{2x}{x+1}$　D. $\dfrac{x}{x-1}$

③当 $m=-2$ 时，分式 $\dfrac{x+3}{2x+5}$ 的值是_____。

④当 x _____时，分式 $\dfrac{1}{x^2-9}$ 有意义。

⑤振兴化肥厂原计划 x 天生产150吨化肥，由于采用新技术，提前3天完成任务，采用新技术后每天生产化肥 _____吨。

设计意图：通过赢取智慧星激发学生的学习积极性，对本节课所学的知识进行检测、巩固。

5. 课堂小结

首先教师提出问题：本节课你有哪些收获？引导学生对本节课进行回顾反思，鼓励学生结合自己本节课的实践体验，从知识、解决问题的方法，谈自己的收获、感想及困惑，并与大家交流。然后教师针对学生的小结发言，对重点知识进行归纳，帮助学生把知识系统化。

6.布置作业

分层次进行作业布置，以满足不同学生的需要。

①必做题：课本 P67知识技能1，2题。

②选做题：课本 P67问题解决。

7.板书设计

代数式： 特征：	课题： 分式的概念 分式有意义 讨论	解题板书	

六、教学反思

宁夏银川市"推进课堂变革"课堂评价中明确提出，学生有效合作成为课堂主流文化。本节课在"议一议"环节是学生建构分式概念的关键环节。这个环节设计了2个问题来帮助学生完成分式概念的自我建构。问题1：它们在形式上有什么共同特征？问题2：它们与整式有什么区别和联系？同时为了达到小组讨论、合作、交流的有序与实效性，借助多媒体出示问题并提出合作学习的具体要求，为学生指明讨论的方向，使学生的讨论有的放矢。课堂上学生思维活跃，积极讨论，大胆交流，掀起了学习的高潮。例如针对问题1，学生得出：①都是整式除以整式；②都表示成了分数的形式；③它们的分母中都含有字母；④分母不能为零；⑤分子、分母都是整式。特别是在老师提出为什么它们的分母不能为零，你是如何发现的时，学生居然能自觉的类比分数的分母不能为零，进一步得出除式不能为零的结论，无形中使得本节课的难点得以突破，这让教师惊喜之余，不得不感叹孩子的潜力是无穷的，关键在于你要相信孩子们能行！通过以上问题的讨论与交流，其实学生已基本上完成了分式概念的构建，只是在语言的表达上可能不够严密、规范，因此在学生表述自己观点的时候，教师只要引导学生用规范的语言叙述，最终师生共同得出分式的概念。"议一议"这一学习活动是本课的重点，通过学生的自我思考，合作交流建立起分式的概念，在学生活动期间，教师要留给学生充足的分析、思考、交流、记录的时间，适时点拨指导，鼓励学生大胆发表自己的观点，并尊重他人的意见，让不同的学生获得不同的体验。学生通过探索活动来发现结论，经历知识的"再发现"，享受我就是"爱迪生"的成功喜悦，建立自信。

《18.1.1 平行四边形的性质（1）》教学设计

教材：义务教育教科书人教版初中数学八年级（下册）第十八章《四边形》第一单元第1节《平行四边形（第1课时)》。

一、教材分析

平行四边形是最基本的几何图形之一，在生活中有着十分广泛的应用。本节课是在学生学习了平行线、三角形的基础上展开的探究，平行四边形的学习综合应用了平行线与三角形的相关知识，为进一步提高学生合情推理和演绎推理提供机会。

本节课主要从边、角分析，经历了观察、实验、猜想、证明等过程探究平行四边形边、角具有的性质，在证明过程中还需要将四边形问题转化为三角形问题。这些研究的一般思路与方法，为后续学习矩形、菱形、正方形等奠定了基础。同时，本节课将进一步丰富学生的数学活动经验，促进学生观察、分析、归纳、概括问题的能力和审美意识的发展，渗透了"转化、类比"等数学思想方法。为此，本节课的教学重点是平行四边形边、角的性质。

二、学情分析

学生已经熟练掌握了平行线以及三角形的相关知识，尤其是借助三角形全等证明线段或角相等的方法，这为探究、发现并证明平行四边形的对边相等、对角相等这一性质奠定了基础，同时学生空间观念已初步建立，已经积累了大量的数学活动经验，具备了说理和推理能力，并且能够使用符号语言书写推理过程。但是，我们也发现，在本节课的学习过程中，需要学生添加辅助线构造全等三角形，进而将四边形问题转化为三角形问题并加以严格的证明，虽然学生以前运用这种转化的思想证明过"四边形内角和等于360°"这个定理，也学习过利用三角形全等证明线段或角相等的方法，但是添加辅助线对学生来说不容易想到。需要教师唤醒学生已有经验，让学生自然合理地想到连接对角线构造全等三角形的方法。因此，本课的教学难点是平行四边形性质证明思路的形成。

三、教学目标

（1）理解平行四边形的定义。

（2）探索并掌握平行四边形对边相等、对角相等的性质。在探究过程中体会转化的思想，并能利用性质进行基本的计算或证明。

（3）体会"图形性质的研究"实际上就是揭示图形中各几何要素之间的关系，进而归纳解决平行四边形问题的一般思路与方法。

四、教学策略

鉴于学生在小学已经接触了平行四边形及其定义，本节课以此为基础，唤醒学生对平行四边形的认识，进而在原有的知识体系下构建新知识，突出小初学段的知识衔接，并借助问题串引导学生步步为营，经历知识的形成过程，培养学生的说理能力，揭示图形几何要素之间的联系。

考虑到空中课堂教学环境的特殊性，首先借助动画效果，增强课堂的视觉感；其次突出解决问题思路的分析，通过问题的设置，教会学生捕捉解决问题的思路与途径，也为学生质疑提供机会，始终突出学生的主体地位，弥补师生无法直面交流的缺憾与不足。

五、教学环境及资源准备

教学环境：录播厅。

教师准备：制作希沃白板课件、几何画板动画、录制微视频。

六、教学流程

1. 章前导语

多媒体展示下列图片。

教师活动：教师通过电脑演示从实物中抽象出平行四边形图形的过程，指出平行四边形是我们生活中常见的图形。

问题1：你知道生活中有哪些平行四边形的实例吗？

设计意图：通过图片展示，让学生真切感受平行四边形与现实世界的联系，明晰全章学习内容。进而从实际背景中抽象出几何图形——平行四边形，让学生感受将实物抽象为几何图形的过程。

2.复习回顾

问题2：你还记得小学课本中是如何定义平行四边形的吗？你会画平行四边形吗？

教师活动：出示小学所学过的平行四边形的定义，播放利用定义画平行四边形视频，教会学生画平行四边形的方法。

设计意图：回顾小学所学过的平行四边形的定义，引导学生仔细观察教师画平行四边形的微视频，特别是注意在画图过程中，画图软件呈现的相关数据，为发现、探究平行四边形边角性质作铺垫。

问题3：怎样表示一个平行四边形？如何用符号语言表示平行四边形的定义呢（如图1）？

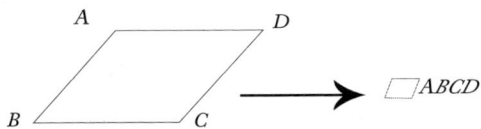

图1

教师活动：将前面抽象出的平行四边形的四个顶点标上字母，类比三角形的表示方法，介绍平行四边形的符号表示方法，引导学生认识平行四边形的对角、对边。

有了符号表示后，引导学生将文字语言叙述改为用符号语言进行的推理：

判定推理：$\because AB /\!/ CD,\ AD /\!/ BC$（已知），

$\therefore$四边形 $ABCD$ 是平行四边形（平行四边形的定义）。

性质推理：$\because$四边形 $ABCD$ 是平行四边形（已知），

$\therefore AB /\!/ CD,\ AD /\!/ BC$（平行四边形的定义）。

介绍平行四边形的对角线，并引导学生发现画出对角线后观察、发现平行四边形与三角形间的联系。

设计意图：将文字语言转化为图形语言与符号语言，体会数学符号的简

洁，同时加深对定义的理解，为后面探索平行四边形的性质及证明奠定基础。

3. **实践探究**

问题4：回忆老师的画图视频，观察自己所画的平行四边形，除了"两组对边分别平行"外，它的边、角之间还有什么关系？

教师活动：引导学生借助教具利用测量法或折叠法探索猜想平行四边形的边、角之间的数量关系，得出猜想，平行四边形的对边相等、对角相等。

设计意图：前后呼应，让学生回顾前面视频中的具体数据，再动手测量或折叠猜想、发现平行四边形的边、角性质。

问题5：用什么方法说明猜想的正确性呢？怎样证明猜想？

教师活动：回顾文字命题的证明方法，画出图形，结合图形写出已知、求证。然后引导学生分析证明思路。

分析：证明线段、角相等→证明三角形全等→构造两个三角形。

设计意图：平行四边形性质的证明，渗透了将四边形问题转化为三角形问题的思想。通过分析让学生领悟证明线段相等、角相等通常是利用三角形全等的方法。而图形中没有三角形，只有四边形时，需要添加辅助线构造三角形，将四边形转化为三角形来解决。而添加对角线，则是将四边形问题转化为三角形问题的一种常用手段。

在进一步分析的基础上，完成证明如下，证明：如图2，连接 AC。

∵ 四边形 $ABCD$ 是平行四边形，

∴ $AB \parallel CD$，$AD \parallel BC$。

∴ $\angle 1 = \angle 2$，$\angle 3 = \angle 4$。

又 ∵ $AC = CA$，

∴ $\triangle ABC \cong \triangle CDA$（$ASA$）。

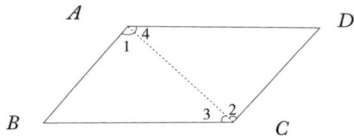
图2

∴ $AB = CD$，$AD = BC$，$\angle B = \angle D$。

∵ $\angle BAC = \angle DCA$，$\angle DAC = \angle BCA$，

$\therefore \angle BAC+ \angle DAC= \angle DCA+ \angle BCA$，即 $\angle BAD= \angle BCD$。

追问：不添加辅助线，你能否直接运用平行四边形的定义，证明其对角相等？

教师活动：提出问题，引发学生思考，让学生进一步理解平行四边形的定义。归纳平行四边形的对边相等、对角相等，并将其转化为符号语言，为后面应用定理铺路。

4.例题解析

如图3，在 $\square ABCD$ 中， $DE \perp AB$， $BF \perp CD$，垂足分别是点 E、F。

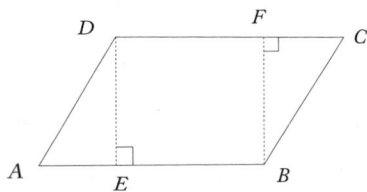

求证：$AE =CF$。

图3

教师活动：引导学生从求证出发探寻证明的方向，

分析证明思路：

方法1：欲证 $AE=CF$→证明 $\triangle ADE \cong \triangle CBF \xrightarrow{\angle AED= \angle CFB=90°} \angle A= \angle C$，$AD =BC$→$\square ABCD$。

板书证明过程，规范学生书写的证明步骤。

证明：$\because$四边形 $ABCD$ 是平行四边形，

$\therefore \angle A= \angle C$，$AD=CB$，

又 $\angle AED= \angle CFB=90°$，

$\therefore \triangle ADE \cong \triangle CBF$（$AAS$）。

$\therefore AE=CF$。

追问：你还有不同的证明方法吗？教师引导学生观察图形，联想所学知识，分析得到证明方法2和方法3，分别如下：

方法2：联想平行四边形的性质，欲证明线段相等→证明四边形 $DEBF$ 是平行四边形→得 $DF=BE$，再利用等式的性质可证。

方法3：由 $DE \perp AB$，$BF \perp CD$，结合平行四边形的性质，联想其面

积公式→ $DE=BF$ →利用勾股定理可证 $AE=CF$ 。

设计意图：通过例题分析，让学生及时应用平行四边形的性质解决问题，体会平行四边形性质定理的作用，同时帮助学生学会应用综合法分析问题的方法，授之以渔，同时也让学生体会解决问题的多样性。

5. 探究新知

教师活动：由两点间的距离、点到直线的距离引出平行线间的距离，并探索发现"平行线间的距离处处相等"的性质。

设计意图：从回顾两点间的距离入手，帮助学生认识距离的意义，进而引出两条平行线间的距离的概念，并结合例题，前后照应，探知两条平行线间距离的性质。

6. 课堂小结

回顾本节课的学习：

（1）知识：

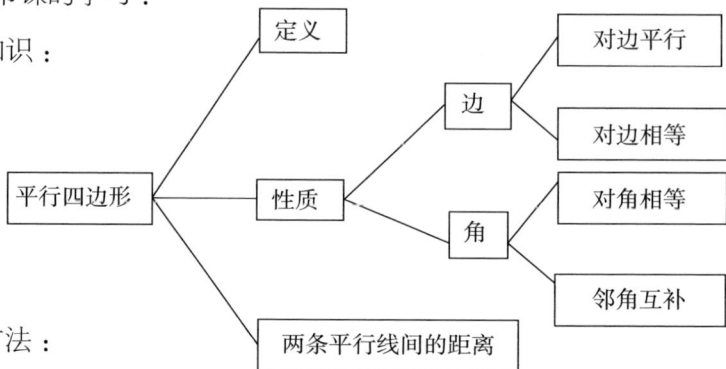

（2）方法：

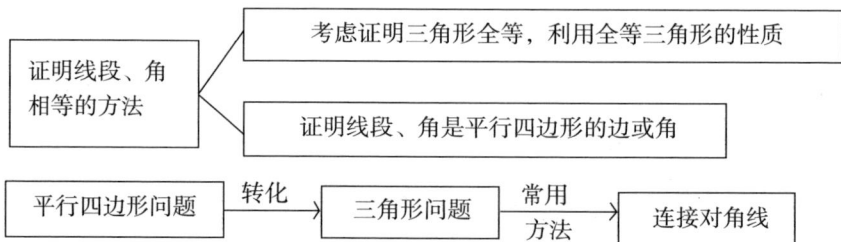

设计意图：借助知识框架图提炼知识要点，引导学生归纳总结本节课所学的知识及方法，引导学生及时反思、提升。

7. 课后作业

必做题：49页习题18.1，第1，2题。

选做题：49页习题18.1，第3，8题。

案例点评

（1）基于学情，从学生的原有认知水平着手设计教学

学生的认知发展是课堂教学的基本依据。本节课，一方面，教师充分考虑学生的学科知识背景、活动经验与学习能力，设定符合学生实际的教学目标及重难点，特别是考虑到空中课堂教学的特殊性，教师科学设置教学活动，利用问题串诱导学生积极思考、探究，然后教师加以解惑与分析，突出问题解决的分析过程，呈现解决问题的思维过程。另一方面，从学生的原有知识体系引入新课，如平行四边形定义的教学，充分尊重学生的已有知识，即小学对平行四边形的学习程度，在此基础上引导学生发现、探索新知，有效实现了小初段的知识衔接，利于学生知识体系的构建及对新知的理解，使学生在原有的认知水平上获得发展。

（2）整体设计教学，突出不同数学知识之间的关联

在例题教学中，教师充分考虑了例题在课时教学环节中所处的位置、知识应用及所渗透的数学思想与方法，在突出例题应用新知、巩固理解新知的功效之外，发挥例题在知识体系与数学方法方面承上启下的功能。教学过程中，教师在学生原有认知的基础上，引导学生充分挖掘所学新知的应用价值，探究三角形全等的条件，建立新旧知识间的联系，教会学生运用新知解决问题，并用规范准确的符号语言表述推理过程，促进学生对基础知识的理解与掌握，感悟三角形与四边形之间的关联；与此同时，在例题的解答过程中，渗透"平行线间的平行线段相等"这一新的知识点，承上启下，搭建新知与

新知间的桥梁，自然过渡到下一环节"平行线间的距离"的学习，实现了知识的有效衔接，利于学生接受、领会新知，体验完整的知识体系。

（3）关注学法指导，突出问题解决的多样性

证明两条线段相等，是初中阶段常见的几何证明题型。教学过程中，教师通过问题诱导学生从求证着手，联系已有经验，通过自己熟悉的全等三角形知识解决问题，与此同时，教师引导学生考虑在四边形中如何证明两条线段相等？为学生后期进一步探究两条线段或两个角相等，拓宽了证明思路，实现了数学思维从三角形到四边形的过渡与有效衔接，促进学生思维的开阔性与灵活性的发展，体会数学的基本思想和思维方式。

（点评：宁夏回族自治区教研室教研员　葛建华）

基于核心素养下的中考复习课设计的实践与思考

——《锐角三角函数及应用》中考复习课教学设计

一、学情分析

本节课适用于中考第一轮复习的所有九年级学生，由于《锐角三角函数及应用》内容编排在九年级下册，学生对所学知识点较为熟悉，有一定的基础。同时经过初中三年的数学学习与培养，学生已经具备了一定的几何识图及演绎推理能力，掌握了一定的数学思想方法及数学活动经验，课堂学习过程中能积极参与、大胆质疑，有良好的口头表达能力及与人合作的意识，形成了较为成熟的合作学习小组。

二、教学目标

（1）借助问题串，以数学开放题呈现，让学生在问题解决中厘清直角三角形的边角关系，构建全章知识框图。

（2）通过创设缺条件问题与变式练习，让学生学会"多题归一"，发展学生归纳、概括和有条理地表达活动及结论的能力。

（3）能够利用锐角三角函数解决生活中的实际问题，渗透转化与方程思想方法，培养学生推理、识图、计算能力，为解决综合数学应用问题提供基础。

三、教学设计

板块一：梳理直角三角形中边、角关系，构建知识体系

问题1：如图1，$\triangle ABC$ 中，$\angle C=90°$；你能得到哪些结论？

功能分析：改变以往复习课知识梳理环节一问一答的教学模式，通过一个低起点、开放性问题引题旨在让更多的学生参与课堂，让更多的与直角三角形有关的知识得到复习，进而构建知识框架。

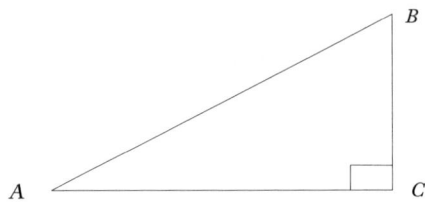

图1

教学示范说明：学生口答。

学生1：$\angle A+\angle B=90°$；

学生2：$a^2+b^2=c^2$；

学生3：$\sin A=\dfrac{a}{c}$；$\cos A=\dfrac{b}{c}$；$\tan A=\dfrac{a}{b}$……等锐角三角函数；

学生4：若 $\angle A=30°$，则 $AB=2BC$；

此时教师可以通过提问"假设 $\angle A=30°$，你还能得到哪些结论？"引导学生回顾、熟悉特殊角30°、45°、60°的三角函数值；紧接着教师提问"若已知 $\sin A=\dfrac{\sqrt{3}}{2}$，锐角 $\angle A=$____度"；"若 $\tan A>\tan B$，则 $\angle A$____$\angle B$（比较大小）"，通过教师的有意提问，引导学生回顾本章知识，师生共同构建全章知识框架图。

问题2：如图2，Rt$\triangle ABC$ 中，$\angle C=90°$，若已知 $\angle A=30°$，$BC=\sqrt{3}$，求出直角三角形其他未知元素。

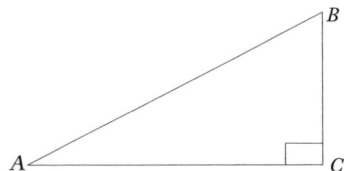

图2

问题3：改变已知条件，再试一试，如图2，Rt$\triangle ABC$ 中，$\angle C=90°$，若已知_____；求出直角三角形其他未知元素。

功能分析：让学生学会解直角三角形，特别是通过问题3，让学生尝试编题，在编题并解决问题的过程中，发现并归纳解直角三角形的两种类型，发展学生的归纳、表述能力及计算能力。

教学示范说明：教师逐一出示问题。问题2，学生独立完成后，展示学生作品，让学生交流讲解做法，并就完成情况鼓励其他学生质疑，完善解题过程，规范解题格式，并及时回顾解直角三角形的概念；在完成问题2的基础上，教师提问"解直角三角形中已知条件有特殊要求吗？大家自己动手编题试一试"，出示问题3，让学生独立思考、尝试，教师巡视并个别辅导，然后进行小组合作学习，交流自己的做法，并引导学生对解直角三角形进行适当的分类，然后全班交流学习成果并解答其他小组成员的质疑。

板书：

解直角三角形
基本类型
知一边一角
　已知斜边和一个锐角
　已知一条直角边和一个锐角
知两边
　已知斜边和一条直角边
　已知两条直角边
基本方法：有斜用弦，无斜用切，宁乘勿除，取原避中

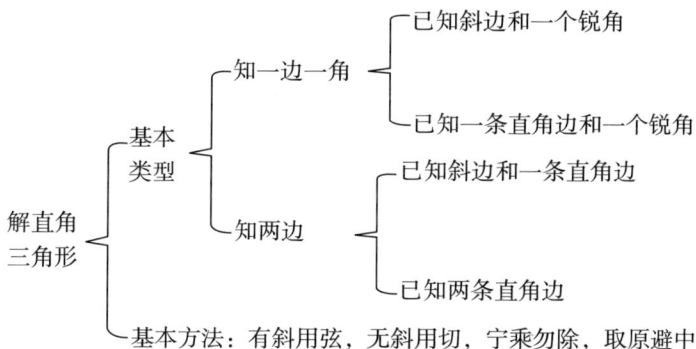

板块二：利用解直角三角形来解一般三角形

问题4：如图3，$\triangle ABC$中，$\angle A=30°$，$\angle B=45°$，$BC=4\sqrt{2}$，求AC的长。

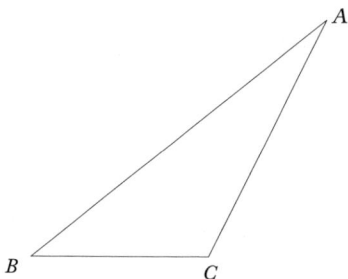

问题5：如图4，$\triangle ABC$中，$\angle B=45°$，$\angle ACD=60°$，$BC=4\sqrt{2}$，求AD的长。

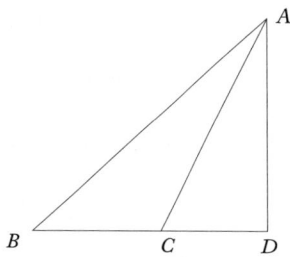

图3

图4

功能分析：对于一般三角形如何利用解直角三角形求线段的长？引导学生通过"作三角形某条边上的高线"构造直角三角形，"化斜为直"建立"双直角基本模型"解决问题，进而归纳"双直角基本模型"的两种基本图形，渗透转化与方程思想，提高学生的计算能力。

教学示范说明：学生独立完成问题4，展示学生作品，由学生讲解解题思路，相互质疑矫正，若学生中间没有出现"过点 A 作边 BC 的高线"这种情况，教师提问"还有其他办法将 $\triangle ABC$ 转化成两个直角三角形吗？"进而归纳"双直角基本模型"的两种基本图形。

课堂预设：如图5，过点 C 作 $CD \perp AB$ 于点 D，在 $\mathrm{Rt} \triangle BCD$ 中，$CD=BC\sin45° =4$；在 $\mathrm{Rt} \triangle ACD$ 中，因为 $\sin30° = \dfrac{CD}{AC}$，所以 $AC=2CD=8$。

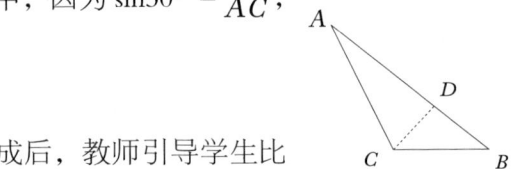

图5

教师板书：双直角基本图形。

然后出示问题5，学生独立完成后，教师引导学生比较归纳"上述两个题目中解决问题的方法有什么异同？"为后面归纳在"双直角基本模型（如图6）"中求线段长的类型与方法奠定基础。

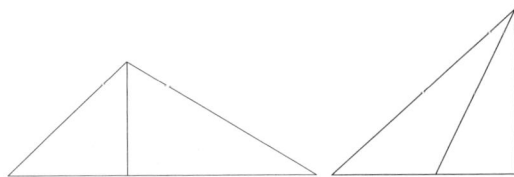

基本图形1　　　　基本图形2

图6

课堂预设：过点 A 作 $AD \perp BC$ 延长线于点 D，设 $AD=x$。

在 $\mathrm{Rt} \triangle ACD$ 中，$CD=\dfrac{AD}{\tan60°} = \dfrac{x}{\sqrt{3}}$；在 $\mathrm{Rt} \triangle ABD$ 中，$AD=BD=BC+CD$，所以 $x=4\sqrt{2} +\dfrac{x}{\sqrt{3}}$；

解方程得：$x=6\sqrt{2}+ 2\sqrt{6}$。

问题6：如图7，$\triangle ABC$ 中，$\angle B=45°$，$\angle ACD=60°$，求 BC 的长。

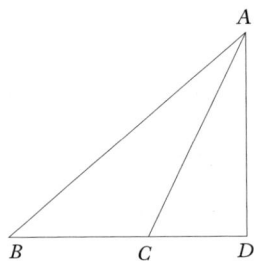

图7

问题7：改变基本图形再试一试，如图7，△ABC中，∠B=45°，∠ACD=60°，_____，求BC的长。

通过上面的计算，你有什么发现？

功能分析：教师有意创造缺条件问题，一方面强化学生对解直角三角形所需条件的认识，另一方面意在引导学生自己添加条件，尝试编题，通过学生添加的不同条件，让学生在交流解决问题的过程中自主探索得到"双直角基本模型"中求线段长的类型及基本方法；同时培养学生合作意识，归纳、计算能力。

教学示范说明：出示问题6后，学生独立思考。

课堂预设：

学生5：模仿上题，设AD=x，则在 Rt△ACD 中，$CD=\dfrac{AD}{\tan 60°}=\dfrac{x}{\sqrt{3}}$；

在 Rt△ABD 中，AD=BD=BC+CD，所以$BC=AD-CD=x-\dfrac{x}{\sqrt{3}}$，无法继续；

学生6：条件不够，题目缺条件！

此时教师提问：你能添加一个适当的条件，解答上述问题吗？

鼓励学生添加条件解决问题，并进行小组交流，对比解决问题的不同方法。

课堂预设：

一种是添加AD=a（或CD=a、BD=a）；另一种是添加AC=a（或AB=a）。

此时教师要关注学生解决问题的思路，并对学生的表现进行合理评价；同时提问"改变基本图形，上述问题还可以解决吗？"；接着出示问题7，鼓励学生理性分析，尝试对解决问题的方法进行归类，"化多为一"，进而师生共同归纳总结出"双直角基本模型"中求线段长的基本方法：

（1）如图8，当已知线段是两个直角三角

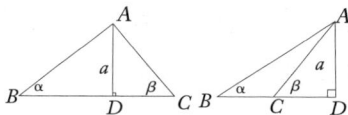

两个直角三角形均可解

图8

形的公共边时，两个直角三角形均可解，
进而建立等量关系求解；

（2）如图9，当已知线段是两个直角三
角形中某个三角形的一边时，该直角三角形
可解，从而使另一个直角三角形也可解；

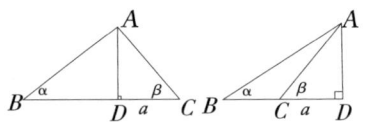

一个直角三角形可解后一个直角三角形可解

图9

（3）如图10，当已知线段不是两个直角
三角形的任何一边时，两个直角三角形均不可
解，需要设元列方程解决。

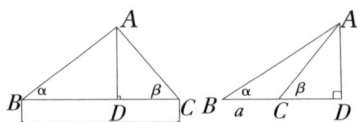

两个直角三角形均不可解，设元解决

图10

板块三：解直角三角形是实际应用

问题8：（2015辽宁省锦州市）如图11，三沙市一艘
海监船某天在黄岩岛P附近海域由南向北巡航，某一
时刻航行到A处，测得该岛在北偏东30°方向，海监船
以20海里/时的速度继续航行，2小时后到达B处，测
得该岛在北偏东75°方向，求此时海监船与黄岩岛P的
距离BP的长。（参考数据：$\sqrt{2}\approx1.414$，结果精确到0.1）

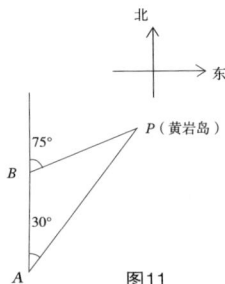

图11

功能分析：将一些解直角三角形赋予实际背景，往往看似较为复杂，其
实不外乎是板块2中归纳出的"双直角基本模型"或其变形，在解决问题的
过程中，关键是寻找、构造基本图形。另外实际背景中的方位角问题也是学
生学习的一个难点，本问题一方面让学生明确方位角，另一方面在体现"一
题多解"的同时，让学生学会结合实际图形选择便于解决问题的方法。

教学示范说明：学生结合图形独立阅读分析，小组
交流个人思考，教师点拨，鼓励学生多种方法尝试，优
化解题方法与过程。

课堂预设：

学生7：如图12，过点P作$PC\perp AB$延长线于点C，

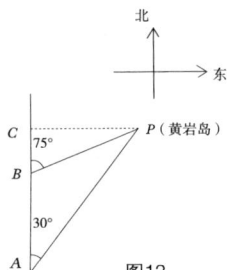

图12

由已知条件得：$AB=20×2=40$，设 $PB=x$，

在 Rt△ BPC 中，$PC=x\sin75°$；$BC=x\cos75°$；

在 Rt△ APC 中，$PC=AC\tan30°=（20+BC）\tan30°$，

所以 $x\sin75°=（20+x\cos75°）\tan30°$；但考虑到题目中未有75°角三角函数参考值，且中考中不允许使用计算器的情况，此方法无法继续。

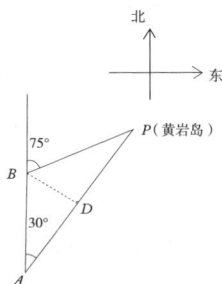
图13

学生8：如图13，过 B 作 $BD⊥AP$ 于 D，

由已知条件得：$AB=20×2=40$，

$$∠P=75°-30°=45°，$$

在 Rt△ ABD 中，$∵AB=40$，$∠A=30°$，$∴BD=\frac{1}{2}AB=20$，

在 Rt△ BDP 中，$∵∠P=45°$，$∴PB=\sqrt{2}BD=\sqrt{2}×20≈28$。

问题9：（2012内蒙古赤峰市）如图14，王强同学在甲楼楼顶 A 处测得对面乙楼楼顶 D 处的仰角为30°，在甲楼楼底 B 处测得乙楼楼顶 D 处的仰角为45°，已知甲楼高26米，求乙楼的高度。（$\sqrt{3}≈1.7$）

功能分析：综合运用直角三角形的边角关系解决实际问题中的"测高"问题，让学生明确仰角、俯角，并将实际问题转化成数学问题，进而构造数学模型解决问题，培养学生识图、分析及计算能力。

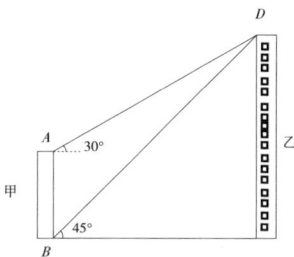
图14

教学示范说明：引导学生读题分析，识别图形，抽象出几何图形，寻找关键量，独立完成，展示部分学生作品，学生讲解思路，相互质疑。

课堂预设：作 $AE⊥DC$ 于点 E $∴∠AED=90°$，

$∵∠ABC=∠BCD=∠CEA=90°$，

$∴$四边形 $ABCE$ 是矩形，

$$\therefore AE = BC \quad AB = EC,$$

设 $DC=x$ $\because AB=26$ $\therefore DE=x-26$,

在 Rt $\triangle AED$ 中，$\tan 30° = \dfrac{CD}{AC}$ 即 $\dfrac{x-26}{x} = \dfrac{\sqrt{3}}{3}$。

解得：$x \approx 61.1$（答案为 $x \approx 60$ 也可以）

答：乙楼高为61.1米。

在完成题目解答后，教师提问"还可以如何测量乙楼的高度呢？请你设计一个测量方案并表示出 CD 的长度"，根据课堂具体情况，可以安排学生课下完成，预测学生是否会构造图15与图16并进行测量。

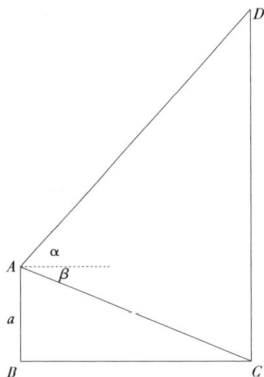

图15

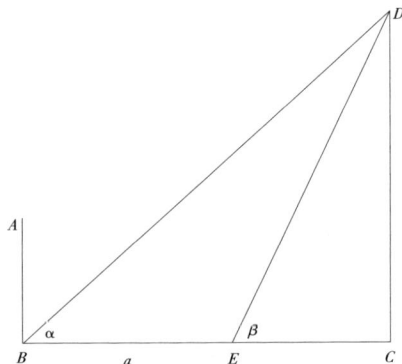

图16

四、设计说明

复习课主要是通过复习让学生对已有的知识和方法进行梳理、巩固、提高，并纳入自己的知识体系。而中考复习课是站在初中学段的高度，以某一知识为基准，对知识和方法的内在联系进行横向联系，对蕴含的数学思想进行纵向深入剖析的课型。它与一般的复习课的最大区别在于，它是以中考为目标，更注重数学思想和方法的教与学。就《锐角三角函数及应用》知识点来说，课程标准要求较以往有所降低，大多数省份中考题趋势定位在基础题（以填空题、选择题的形式考查）与中档题水平，主要是考查学生识图计算能力以及对简单的实际问题的应用，渗透数学建模、转化和方程思想，同时，这部分内容也常常渗透在圆、函数图象中进行综合应用。本节课紧扣数学核心素养六大指标，将重点落在实际应用及基本模型构建方面，为学生后期综合应用奠定基础，为此，本节课设计了三个板块：一是理解锐角三角函数的基本概念，梳理直角三角形中边、角关系，构建知识体系；二是利用解直角三角形来解一般三角形，归纳解直角三角形的基本类型；三是锐角三角函数在实际问题中的应用。以问题串的形式，通过开放题、变式训练的设计，充分调动学生的学习兴趣，培养学生数学抽象、数学建模、数学运算的核心素养，培养学生质疑能力，教会学生学会提出问题、解决问题，主要突出以下几点：

第一，以学生参与为主体，使学生认知发展成为教学基本依据。课程标准强调培养学生主动参与学习的意识。为此，本节课打破传统"一问一答""教师讲、学生听"的复习教学模式，教师充分考虑学生的原有认知水平以及数学学习活动经验，先通过"你能得到哪些结论"这样开放性问题，面向全体学生，以问题串的形式引导学生自主建构知识网络，归纳解题规律，在第二板块中又通过学生提出问题、学生编题、学生质疑、学生解答等一系列活动设计，激发学生主动参与学习过程，提高学生的数学综合能力，真正实现学生是学习的主体。

第二，重视探究性活动设计，使合作学习成为课堂的主流文化。数学教学要注重培养学生的数学活动经验，而数学活动经验需要在"做"的过程和"思"的过程中不断积淀，是在数学探究活动中逐步积累，是学生不断经历、体验各种数学活动过程的结果。本课在第一板块教学中，教师设计了一个开放性的探究活动，引领学生回顾旧知，因结论不唯一，反而给了学生思考的空间，有利于学生主动构建知识网络。在第二板块中，教师又有意创设缺条件问题，然后让学生根据学习经验，自编题目并自行解决，进而探究"双直角基本模型"中求线段长的几种方法。整节课教师都将问题抛给学生，引导学生通过小组合作、交流获取知识，将合作学习贯穿学习始终，让学生在探究中学会合作，积累数学活动经验。

第三，以动态生成为主线，使学生的质疑生成成为课堂的核心价值。关注课堂"动态生成"是强调课堂的产生和开发过程，要求课堂教学重视师生活动的多样性，真正体现学生的主体性，从而克服传统课堂中整节课始终按照教师设计好的节奏进展，而忽略了学生的学习过程。本节课通过问题串的引导，将学习的主动权交给学生，整个教学过程，始终以学生的学习、内化为依据，创造有利于合作、质疑的学习氛围，鼓励学生大胆表述自己的观点，培养学生的质疑能力，通过学生间的相互质疑推进课堂教学，在质疑中生成问题，在解决问题的过程中质疑，教会学生在质疑中获取知识，开发智力潜能。

《对数学应用题的探索
——走近宁夏中考第 25 题》教学设计

一、教学任务分析

历年宁夏数学中考第25题可以归结为数学阅读理解题，不仅考查学生阅读理解能力与日常生活体验，同时又考查学生获取信息后的抽象概括能力、建模能力、决策判断能力，一般由两部分组成，一是阅读材料，二是考查内容。考查内容主要有：一是旧教材删除的内容，二是初高中衔接的内容，三是新概念新运算等。大致可分四类：纯文型（全部用文字展示条件和问题）、图文型（用文字和图形结合展示条件和问题）、表文型（用文字和表格结合展示条件和问题）、改错型（条件、问题、解题过程都已展示，但解题过程可能要改正）。近几年来，宁夏中考第25题主要以图文型与表文型的方式呈现，并将一次函数与统计相结合，这也是宁夏阅读理解题出题的亮点。

二、学情分析

解答数学阅读理解题读题是前提，理解是难点，运用是关键。题目本身涉及的数学模型并不复杂，在读懂题意，准确提炼出信息后，学生基本能恰当选择数学模型解决问题，但由于试题的篇幅一般较长，信息量比较大，涉及内容丰富，构思新颖别致。需要学生具有良好的自学能力、阅读理解能力、数据或图表处理能力、观察分析能力和数学归纳能力等。这些能力需要教师在日常教学中长期的渗透与培养，特别是阅读审题提炼信息环节，学生的学习水平参差不齐，缺乏信心，缺乏仔细审题意识或受思维定势的影响，容易出现片面审题或用"想当然"代替现实的片面意识；忽略题中的关键词语、条件，造成对题意的理解出现偏差。所以，培养学生良好的审题习惯，教会学生在复杂的情景中提炼信息，将实际问题数学化是顺利解答该题的关键。

三、教学策略

本节课主要采用学生为主体、教师为主导的教学方法，充分考虑学生已有经验和知识背景，通过"基础热身——例题讲解——综合应用"环节，环环相扣，步步为营展开教学，重点通过教师的引导，结合问题串，让学生亲身经历审题——提炼信息——构建模型——解决问题、做出决策的全过程，突出对阅读理解、提炼信息方法的教学，通过独立思考、小组讨论、个人展示等形式，调动学生积极参与课堂教学，教师侧重学法指导与归纳，对学生在活动中合作、探究的过程予以评价。

四、教学目标及重、难点

教学目标：在复杂情境中，提炼关键信息，构建数学模型，综合运用知识解决问题。

教学重点：在复杂的实际情景中提炼数学信息，构建模型，解决问题。

教学难点：通过读题，准确提炼信息，将数据建模的问题转化成传统题型。

五、课前准备

多媒体（无线网络）、希沃教学软件、学案。

六、教学过程

1. 基础热身

（1）某种手机月租费为15元，每通话一次话费为0.2元，则月交费用 y（元）与通话次数 x（次）之间的函数关系式为_____。

（2）某文化用品超市对某种作业本开展促销活动，规定购买该作业本10本及10本以内按原价2元／本出售，超出10本的部分按1.5元／本出售。请写出购买 x 本与所需费用 y（元）之间的函数关系式。

设计意图：巩固基础知识，回顾确定一次函数表达式的方法，重点让学生对自变量的取值范围进行讨论，认识实际问题中自变量取值范围对函数值的影响，同时为学生提供阅读理解题目，为后期学习做铺垫。

2. 例题讲解

例：为了鼓励居民节约用电，对居民家庭每户每月用电量采用分段递增收费的方式，每户每月用电量不超过基本用电量的部分享受基本价格，超出基本用电量的部分实行超价收费。2012年5月10日宁夏回族自治区供电局召开的居民阶梯电价听证会，征求了消费者、经营者和有关方面的意见，对宁夏居民阶梯电价方案的必要性、可行性进行了论证。最终达成的阶梯电价方案规定：宁夏每户每月的基本用电量为200度。每户每月用电量在基本用电量及其以内，按0.55元／度计费；每户每月用电量超过基本用电量的部分按0.70元／度计费。

若设每户家庭用电量为 x 度时，应交电费 y 元，请写出 y 与 x 的函数表达式。

设计意图：通过生活中的实际问题，结合问题串，帮助学生阅读理解题意，经历"提炼关键语句——缩句"的过程，读"薄"题目，将数据建模的问题转化成传统题型、学生熟知的题型。将题目提炼为：阶梯电价收费，用电量在200度及200度以内按

> 结合下列问题串阅读题目：
> ①通读题目，了解题目背景，需解决的问题。
> ②画出题目中的关键语句，思考：题目中涉及哪些知识点？
> ③反复阅读上述关键语句，圈出关键的词语及数据，辨析各量之间的关系。
> ④结合关键词、句、数据，尝试用自己的话表述出题目大意。

0.55元/度计费；超过200度的部分按0.70元/度计费。写出每户家庭用电量为 x 度与应交电费 y 之间的函数表达式；在此基础上解决问题。教师结合例题分析、归纳审题方法：通读找关键语句、精读提炼信息、建模解决问题、检验符合题意。

3. 走近中考

（1）（2017年宁夏第25题）为确保广大居民家庭基本用水需求的同时鼓励家庭节约用水，对居民家庭每户每月用水量采用分档递增收费的方式，每户每月用水量不超过基本用水量的部分享受基本价格，超出基本用水量的部分实行超价收费。为对基本用水量进行决策，随机抽查2000户居民家庭每户每月用水量的数据，整理绘制出下面的统计表。

用户每月用水量（m³）	32及其以下	33	34	35	36	37	38	39	40	41	42	43及其以上
户数（户）	200	160	180	220	240	210	190	100	170	120	100	110

①为确保70%的居民家庭每户每月的基本用水量需求，那么每户每月的基本用水量最低应确定为多少立方米？

②若将①中确定的基本用水量及其以内的部分按每立方米1.8元交费，超过基本用水量的部分按每立方米2.5元交费。设 x 表示每户每月用水量（单

位：m^3），y 表示每户每月应交水费（单位：元），求 y 与 x 的函数关系式。

（2）（2016年宁夏第25题）某种水彩笔，在购买时，若同时额外购买笔芯，每个优惠价为3元，使用期间，若备用笔芯不足时需另外购买，每个5元。现要对在购买水彩笔时应同时购买几个笔芯作出选择，为此收集了这种水彩笔在使用期内需要更换笔芯个数的30组数据，整理绘制出下面的条形统计图。

设 x 表示水彩笔在使用期内需要更换的笔芯个数，y 表示每支水彩笔在购买笔芯上所需要的费用（单位：元），n 表示购买水彩笔的同时购买的笔芯个数。

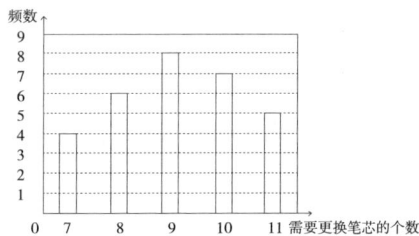

①若 $n=9$，求 y 与 x 的函数关系式；

②若要使这30支水彩笔"更换笔芯的个数不大于同时购买笔芯的个数"的频率不小于0.5，确定 n 的最小值。

（3）（2014年宁夏第25题）某花店计划下个月每天购进80只玫瑰花进行销售，若下个月按30天计算，每售出1只玫瑰花获利润5元，未售出的玫瑰花每只亏损3元。以 x（$0 < x \leq 80$）表示下个月内每天售出的只数，y（单位：元）表示下个月每天销售玫瑰花的利润。根据历史资料，得到同期下个月内市场销售量的频率分布直方图（每个组距包含左边的数，但不包含右边的数）如下图。

①求 y 关于 x 的函数关系式；

②根据频率分布直方图，计算下个月内销售利润少于320元的天数。

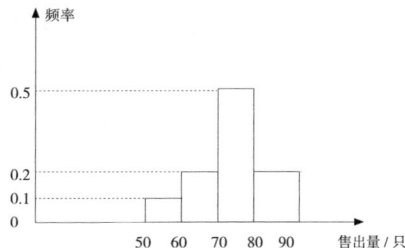

设计意图：在例题的帮助下，学生尝试依照上述方法，独立审题，体验解决问题的过程，并通过同伴间的交流，熟悉阅读理解题目的解答要领，增强学生的学习自信心。

4. 综合与实践

背景阅读：

早在三千多年前，我国周朝数学家商高就提出：将一根直尺折成一个直角，如果勾等于三，股等于四，那么弦就等于五，即"勾三、股四、弦五"。它被记载于我国古代著名数学著作《周髀算经》中，为了方便，在本题中，我们把三边的比为 $3:4:5$ 的三角形称为（3，4，5）型三角形，例如：三边长分别为9，12，15或 $3\sqrt{2}$，$4\sqrt{2}$，$5\sqrt{2}$ 的三角形就是（3，4，5）型三角形，用矩形纸片按下面的操作方法可以折出这种类型的三角形。

实践操作：

如图1，在矩形纸片 $ABCD$ 中，$AD=8\,cm$，$AB=12\,cm$。

第一步：如图2，将图1中的矩形纸片 $ABCD$ 沿过点 A 的直线折叠，使点 D 落在 AB 上的点 E 处，折痕为 AF，再沿 EF 折叠，然后把纸片展平。

第二步：如图3，将图2中的矩形纸片再次折叠，使点 D 与点 F 重合，折痕为 GH，然后展平，隐去 AF。

第三步：如图4，将图3中的矩形纸片沿 AH 折叠，得到 $\triangle AD'H$，再沿 AD' 折叠，折痕为 AM，AM 与折痕 EF 交于点 N，然后展平。

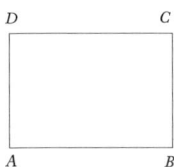 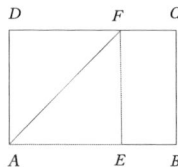 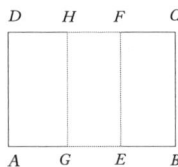 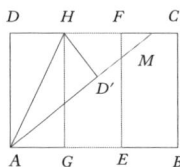

图1　　　　　　图2　　　　　　图3　　　　　　图4

问题解决：

①请在图2中证明四边形 *AEFD* 是正方形。

②请在图4中判断 *NF* 与 *ND′* 的数量关系，并加以证明。

③请在图4中证明△ *AEN* 是（3，4，5）型三角形。

探索发现：

④在不添加字母的情况下，图4中还有哪些三角形是（3，4，5）型三角形？请找出并直接写出它们的名称。

5.**课堂小结（略）**

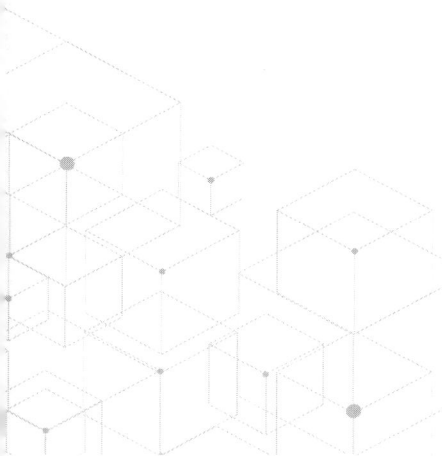

教学研究与
试题命制的思考

浅谈以校为本的教学研究中的角色建设

校本教研，即以教师为主体，以解决发生在学校现场的教学问题为主的一种教研活动。其最基本的特征就是"以校为本"，直接围绕学校自身所遇到的真实教学问题而开展教学研究。但如何提高校本教研实效，使其从学校教育特色，办学理念出发，立足于真实的教育情境——学校和课堂，针对教师在教育教学活动中所遇到的问题和产生的困惑，着力培养教师教研能力，是以校为本的教学研究中亟待解决的问题。笔者以为，以校为本的教学研究的顺利实施，需要管理者、教师、教研员三者的积极参与和配合，需要完善和扮演好各自在校本教研中的角色，从而支撑校本教研的实施与校本教研制度的建立。

一、管理者要以教育科研和教学研究为动力，构建学习型的校园文化

学校是真正发生教育的地方，教学研究的重心要置于具体的学校教学情景中，教学研究的问题是从学校教学实践中归纳和汇集的，要在学校真实的教学情景中发现问题、分析问题、解决问题。鉴于此，作为学校管理者尤其是校长必须引导、带领教师树立"学校即研究中心，教室即研究室，教师即

研究者"的观念，营造实践、探讨、总结、再实践的研究氛围，构建学习型、研究型的校园文化。

1. 理念更新，力做校本教研领路人

教育思想和教学观念在校本教研的开展与实施中占有重要的位置，以校为本的教学研究的健康发展离不开科学教育理念的支撑。校长是学校领导和管理的核心，可以说，校长的教育思想和教研理念将直接影响着整个学校教学研究的实施和完善。因此，校长必须站在校本教研的前沿，以转变教育观念为先导，多调查，勤研究，切实从学校的实际出发，与时俱进，着眼未来，迅速更新教育理念，不断探索、实践和创新。首先，要加强学习，不断实践。这不仅是工作的需要，更是更新观念的必由之路。惟有通过不断的学习、实践，才能达到提高认识，辨别方向，弃旧图新的目的。作为管理者尤其是校长需要在学习中更新观念，以改革的深度认识校本教研的意义，不断地去研究、学习、实践、反思，切实带领教师搞好校本教研活动。其次，要在学习、实践的基础上反思、总结。将新思想、新理念落实到学校的各项工作之中，始终置身于教科研的最前沿，以身作则，推动学校教学研究活动的实施。

2. 完善制度，营造校本教研氛围

在学校里，校长是建立以校为本的教研制度的第一负责人，是以校为本的教研制度的身体力行者。为此，校长一定要真正确立科研兴校的办学理念，建立教学研究的导向机制、激励机制和保障机制，以引导、鼓励教师积极投身于以校为本的教学研究活动中，培养教师自觉研究的意识，给教师以人文的关怀和尊重、激发教师教学研究的积极性和创造性，增强教师的职业自信心。在以校为本的教研活动中培养教师的研究与反思意识、习惯和技能，使教师明确在校本教研中的地位与作用，为教师的自我提高搭台，为教师个性的健康发展铺路，促进教师朝着研究型教师的方向转化，把教育科研作为锤炼一支具有现代教育观念、勇于创新的研究型教师队伍的有力措施。同时，

要整合学校教科室、教导处、学科教研组的力量，建立直接服务于教师发展的、开放的学校教研网络，调动教师的教研意识，营造以学校为本的教学研究氛围，促进学校发展，努力把学校建成真正意义上的教研活动的阵地。

二、立足问题，科学教研，塑造学习型、研究型教师新形象

从事教育科研是每一位教师分内的职责。在以校为本的教研活动中，教师是教学研究的主体。教学研究的问题是教师自身实践中切身感受到的迫切需要解决的问题，是教师自己提出、自己设计研究的，成果能够运用到教学实践中，并能有效提高教学质量，促进教师发展。为此，教师必须切实加强理论修养，树立新的课程理念，积极、主动地投身于学校教学研究当中，以校本教研为契机，让自己的教研水平在研究中学习、提高，塑造学习型、研究型的教师形象。

1.加强理论学习，提高教研水平

第一，要养成读书的习惯，理论学习的习惯。教育理论是指导教学活动的强有力武器，也是教师提高教科研能力的首要条件。只有掌握了一定的理论，才能在理论指导下有目的地进行探索。以校为本的教学研究制度强调理论指导下的实践研究，既注重切实解决实际问题，又注重理论概括、总结经验、探索规律。而作为教师不但要具有深厚的基础知识，扎实的学科知识，出色的教育教学能力，还必须具有创造性的研究能力，这便要求教师不断学习，在理论指导下积极主动地参与校本教研。有位学者说过：教师要向学生释放知识的能量，首先自己要有丰富的库藏；要散布阳光到人的心里，自己心中必须先有一轮太阳。教师只有不断地学习，完善知识结构，学习、掌握与素质教育有关的理论知识，储存知识的能量，才能适应时代要求，担当起教育培养创新人才的重任。第二，教师要增强教研意识，以研究者的眼光审

视、分析和解决自己在教学实践中遇到的真实问题，克服被动性和盲目性，把日常教学工作与教学研究融为一体，形成一种新的教师职业生活方式。与此同时，努力掌握从事教育科研的基本方法，结合本校教育实践中急需解决的问题，确立课题，进行教育科研，真正做到以研促教，教研结合，提高校本教研质量。

2. 增强问题意识，学会反思与合作

首先，在以校为本的教学研究活动中，教师要时刻有问题意识，努力在自己的日常工作中提出问题并学会反思。教师在教育教学中必然会碰到许多问题，这些问题正是校本教研的起点，而以问题为抓手的教研模式，主题明确具体，教师可为解决问题而有目的、有针对性地对自己的教学实践进行研究与反思，寻找解决问题的策略、方法，这也正是校本教研的着眼点、落脚点。鉴于此，教师必须增强问题意识、反思意识，以这些问题为切入口，积极开展教学研究，解决问题并不断反思研究的效果，从而就能踏上一条由"问题—设计—行动—反思"铺设的校本教学研究的道路，让问题指导教学研究，解决自身所遇到的真实问题，切实有效地提高教科研能力。其次，教师搞好校本教研，还必须学会合作，要很好地与校长、同事、学生及家长合作。合作需要有沟通的能力，有理智的判断能力，有设身处地为他人着想的品质和推己及人的胸怀。学会合作，意味着对于不同、对于差异的尊重与接纳，意味着学会"求大同存小异"，甚至为终极目标而做出必要的妥协、退让和放弃。以学校为本的教学研究需要教师具备这种合作的精神与品质，需要教师间的专业切磋、协调，共同分享经验、互相学习、彼此支持、共同成长。杜绝教师各自为战和孤立无助的现象，从而营造求真务实、科学严谨的教研氛围。

三、科学指导，专业服务，树教研新理念

以学校为主开展教学研究，绝不意味着专业研究人员就不搞研究，研究只是学校的事，而是强调理论联系实际，面向学校，面向教师，面向学生开展教学研究。作为专业研究人员尤其是基层教研员一定要从研究、指导、服务三个维度积极地促进以校为本的教学研究活动的开展。首先，必须加强理论素养，面对实际开展教学研究。教研员作为教师教育教学的研究者、服务者与指导者更需要及时汲取教育教学理论，研究新成果，学习和掌握先进的教育理论研究成果，为自身的教学研究服务。同时，教研员还必须理论与实践相结合，校本教研中要求教师在教学实践中学习、思考、研究，在研究和反思的状态下实践，对教研员更需如此。教研工作具有很强的实践性，体验式和反思性学习是促进教研员发展的有效形式。这就需要教研员在科学的理论指导下，在基础教育课程改革实验中体验、反思，并不断吸取教学实践中的鲜活经验，从实践中归纳、概括、升华出理论，再让理论服务于教师，服务于以校为本的教学研究，从而促进校本教研的实施与完善。其次，教研员要树立服务意识，与教师合作开展研究，互相取长补短，尊重、发现、挖掘教师无限的智慧和创造力。作为教研员，通过跟教师的合作研究来帮助教师学会独自研究是教研员促进以校为本教研活动的重要途径。一方面，教研员要在与教师的合作中发现问题，提出问题，让问题指导研究，解决问题，为校本教研服务；另一方面，要在合作中，帮助教师掌握从事教育科研的基本方法，发挥教研员的优势，为教师、学校提供动态信息，做教师教研的引路人、指导者、服务者，帮助教师向研究型教师转变，从而促进以校为本教研制度的建立与健康发展。

总之，校本教研需要我们以学校、课堂为阵地，教师为主体，在管理者先进理念的指导下和教研员的支持与帮助下逐步的完善。校本教研的顺利实施还需要正确处理好管理者、教师、教研员的关系，相互促进，共同提高，而切实加强三者的角色建设是校本教研开展与完善的行之有效的途径与方法。

初中数学说课之浅见

一、什么是说课

说课是指教师以教育理论、课程标准、教材为依据，在特定的场合，针对某一课题的自身特点，结合教育对象的实际情况，口头表述该课题教学的具体设计及其理论依据的一种教学研究活动。

简言之，教师阐述教什么，怎么教，为什么这样教；展示的是说课者教学设计能力、语言表达能力、理论思维能力。

二、说课的本质

（1）说课是教学研究行为，不是教学行为。

（2）说课是对教学的理解把握，不是详细说教学过程。

（3）说课不仅说"教什么，怎样教"，更要说"为什么这样教"。

三、说课的类型

从形式上分为评比性说课、示范性说课、研究性说课。

从说课目的的不同说课分为课前说课、课后说课。前者主要关注教学设计中的思想方法、策略手段；后者应该主要关注教学设计所引起的教学效果的探讨和反思。

四、说课的内容

说课的内容包括说教材、说学情、说教学目标、说教法学法、说教学媒体、说教学过程、说教学评价。

1. 说教材（教材分析）

一要说清楚教材内容的性质；二要说清楚本节课教学内容在教材整体结构中的地位（说清楚基础知识、后继知识，点出教学内容作用，慎重使用承上启下）；三要说清楚本节课教学内容的重要教学功能；四要说清楚自己对教材的个性化处理。

说教材的目的：一是确定学习内容的范围与深度，明确"教什么"；二是揭示学习内容中各项知识与技能的相互关系，为教学顺序的安排奠定基础，知道"如何教"。

2. 说学情（学情分析）

分析学生原有认知水平、知识储备、学习技能、数学活动经验以及学习新知识可能存在的困难，从而确定教学难点及关键点。一般包括：

（1）说学生的知识经验。学生已具有的基础知识和生活经验及这种知识经验对学习新知识产生什么样的影响。

（2）说学生的技能、情感态度。就是分析学生掌握学习内容所必须具备的学习技巧、数学活动经验以及是否具备学习新知识所必须掌握的技能和情感态度。

（3）说学生的特点风格。说明学生年龄特点，以及由于身体和智力上的个别差异所形成的学习方式与风格。

3. 说教学目标

依据课程标准、教材及学情制定本节课要达到的教学目标。说教学目标的确定主要包括：一说目标的完整性，教学目标应该包括知识与技能目标、过程与方法和情感态度三个方面的目标；同时注意三维目标是一个整体，相互依存不可孤立解读。二说目标的可行性，即教学目标要符合课标的要求，切合各种层次学生的实际。三说目标的可操作性，即目标要求具体、明确，能直接用来指导、评价和检查该课的教学工作。

4. 说教法、学法（教学策略）

（1）说教法

根据本节课内容的特点和教学目标要求，让说出本节课选择何种教学方法，教学手段及其教育理论依据。解决怎样教和为什么这样教。

说教法应该说出怎样教的办法以及为什么这样教的根据，具体有以下几个方面：一要说出本节课所采用的最基本和最主要的教法及其所依据的教学原理和原则；二要重点说明如何突出重点，化解难点的方法；三要说出一节课所选择的一组教学方法与手段。

选择教学方法的基本依据是：教学任务，教学内容，学生的年龄特征、学生的认识规律和发展水平。不能生搬硬套。

（2）说学法

阐述本节课要运用的学习方法及选择该方法的理论依据，重要说出通过学法指导，既要让学生"学会"，又要让学生"会学"，授之以渔。

5. 说教学媒体

就是教学手段，即教学工具（含传统教具、课件、多媒体、计算机网络等）的选择及其使用方法。依据教学目标、教材内容、学生的年龄特征、学校设备条件、教具的功能等将借助哪些教学媒体进行辅助教学。教学媒体的选择一是忌多，防止"喧宾夺主"；二是忌教学手段过于简单，不能反映学科特点，不能体现教师信息化应用能力；三是忌"无中生有、哗众取宠"，使教学手段流于形式。

6. 说教学过程

就是介绍教学过程设计，这是说课的重点部分，它反映了教师的教学思想、教学个性与风格。通常要说清楚以下几点。

（1）教学思路的设计及其依据：教学思路主要包括各教学环节的顺序安排及师生双边活动的安排。教学思路要层次分明，富有启发性，能体现教师的主导作用和学生的主体作用。同时要说明教学思路设计的理论依据。

（2）教学重点、难点的处理：教师高超的教学技艺体现在突出重点、突破难点上，这是教师在教学活动中投入的精力最大、付出的劳动最多的方面，也是教师的教学深度和教学水平的标志。因此教师在说课时，必须有重点地说明突出教学重点，突破教学难点的基本策略。也就是要从知识结构、教学要素的优化、习题的选择和思维训练、教学方法和教学媒体的选用、反馈信息的处理等方面去说明突出重点的步骤、方法和形式。

（3）教法与学法在具体环节中体现。

（4）突出为什么这样教（结合学情、理论依据、教学经验等）。

（5）教学目标如何具体实现。

总之，说教学过程时，教学环节跟上课的教学流程设计差不多，只不过在说时，更加注重各环节间过渡语言的使用，以及把设计意图及理论依据适时恰当地融入说的过程中，切忌死板。

7. 说教学评价

说课堂教学中如何对学生在学习过程中进行科学、有效的评价以及达到的预期效果。

五、说课中注意事项

（1）突出"说"字，切记不能"背课"或"读课"。

（2）理论依据运用要把握"度"。运用教育理论分析研究问题时，既要防止就事论事，又要避免过分表现理论依据，脱离教材、学生、教学实际，空谈理论。

（3）说课者切不可将评委、在座的观摩教师视为学生，像平时课堂教学一样提问。

（4）说课者要精神饱满，充满自信。

六、好的说课的几个特征

1. 突出教学理念

从说课内涵看，教学理念是整个说课的灵魂所在。说课者在说课的过程中需清晰的表述自己的教育教学理念，也就是要清晰地阐明你施教的依据，突出体现了怎样的教育理念。没有教学理念的说课，说课便会显得平铺直叙。

2. 诠释教学思想

从说课表达形式看，它不是教案的复述，也不是对上课的预测或预演，它是在兼有上述两点的基础上，更加突出地表达授课教师在对教学任务和学情的了解和掌握情况下，对教学过程的组织和策略运用的教学思想方法，注重的是对教育理论的诠释。

3. 体现教学能力

从说课过程看，说课能够使教师明确教育教学观，展现教学设计，反思教学设计的预测或现象，提升教师的教学能力和升华教师的教学境界，促使教师的教学研究从经验型向科研型转化、由教书匠向教育家转化。

4. 展现教学境界

教学具有创造性。体现在说课者对于教学准确而独到的见解，对于教学环节独具一格的安排，对于教学策略独具匠心的理解和独特的运用技巧。

5. 展示演讲才华

从说课技能上看，它具有演讲特点。它集中体现在说课者的心口相应的协调和面对同行演说的技巧。让听者明白自己所授课的内容、目的、策略、手段及其效果的评价，明白自己的教学思想及行为所引起的效应。好的说课具有强烈的说服力和吸引力。

综合与实践《设计遮阳篷》说课稿

各位专家、老师：

　　大家好，今天我说课的内容是义务教育教科书北师大版九年级（下册）综合与实践《设计遮阳篷》。我将从教学内容解析、教学目标设置、学生学情分析、教学策略分析、教学活动设计、教学过程反思六个方面进行阐述。

一、教学内容解析

　　综合与实践是义务教育阶段数学课程四个学习领域之一，它是一类以问题为载体，以学生自主参与为主的学习活动。强调通过"综合与实践"这种新的学习方式，为学生提供在自主探索和合作交流的过程中真正理解和掌握数学的"四基"与"两能"，发展学生的数学核心素养。《设计遮阳篷》是初中学段的最后一课，之前学生已经学习并掌握了初中阶段其他三个学习领域（数与代数、空间与图形、统计与概率）的知识内容，经历了小学、初中七、八年级综合与实践内容的学习，这为学习本节内容奠定了基础，但《设计遮阳篷》又区别于小学以实践操作为主的综合与实践的学习，而是侧重于方案设计、形成报告；区别于七、八年级以单一知识点构建数学模型的综合与实践学习，而是侧重于数学与实际生活、其他学科及内部知识间的综合应用；

也区别于以构建知识体系为主的综合性复习课，而是除知识综合外，更侧重于学生数学素养的培养，因此它是以往所学知识的综合与应用、拓展与提升。它沟通了生活中的数学与课堂上的数学之间的联系，有利于发展学生综合应用代数、几何的能力，培养学生对问题以"数学方式"理性思维，多角度探索解决问题的数学素养。

本课时主要围绕"如何设计一个满足'既能最大限度地遮挡夏天的阳光，又能最大限度地使冬天的阳光射入室内'的遮阳篷"这一问题，一方面让学生学会"舍弃次要因素、抓住主要矛盾、做出合理的假设"这种将复杂问题简单化的方法；另一方面，让学生经历将实际问题转化为数学问题，运用所学的知识，通过计算、推理、分析得到数学结论，进而回到实际生活中进行检验的数学建模过程，发展学生几何直观、运算能力、推理能力、应用意识与模型思想。为此，我确定本课时的教学重点是：让学生经历数学建模过程，能综合应用已有的知识解决实际问题。

二、教学目标设置

根据课程标准及综合与实践板块的设计意图及作用，我从知识技能、数学思考、问题解决、情感态度四个方面综合考虑制定了本课时的教学目标如下：

（1）经历查阅资料或实地测量获得所需数据，设计解决问题方案，撰写研究报告的过程；初步获得科学研究的体验，丰富数学活动经验。

（2）经历将实际问题数学化，用所学数学知识表示实际问题，进行数学计算或数学推理，得到数学结论，回到实际进行检验的数学建模过程；发展学生的几何直观、运算能力、推理能力、应用意识、模型思想。

（3）能用数学方式表示遮阳篷问题，并综合运用代数、几何及地理知识解决问题，发展数学应用能力。

（4）在与同伴合作、克服困难的过程中，激发学生探究兴趣，增进学生学习、应用数学的自信心。

三、学生学情分析

九年级学生通过初中三年的学习，已学习并掌握了三角函数、圆、抛物线等数学知识及地理知识；具有熟练地运用上述知识进行计算、推理、分析、解决问题的能力；在解决具体知识探究过程中，积累了一定的自主探究和合作交流等课堂活动经验；通过前面的综合与实践的学习，经历过对简单实际问题构建数学模型的过程。但是受中考的影响，教师与学生更多关注的是具体知识的落实，忽视了综合与实践的学习，缺乏对"综合与实践是积累数学活动经验、培养学生应用意识和创新意识的有效载体"的认识，导致学生学习该板块内容缺乏热情与投入；综合运用数学知识、其他学科知识解决实际问题的能力欠缺，能用数学方式表示问题，多角度探索解决问题的数学活动经验不够丰富。为此，本课时的教学难点是让学生主动参与探究过程，能用数学方式表示遮阳篷问题，并综合运用数学及其他学科知识解决问题。

四、教学策略分析

1. 教学媒介选择

根据学科特点及课堂教学需求，本节课从课前、课中、课后综合考虑，设计以下教学媒体服务教学。

（1）课前

使用前置学习报告单，让学生上网查阅资料或实地测量获取数据，调查了解生活中的遮阳篷，如形状、功能、设计原理等。

（2）课中

①导学案。为学生提供探究过程中所需的学习材料，便于学生操作、合作学习，成果展示与交流。②多媒体课件。利用多媒体直观性演示实际问题

抽象出数学模型的过程，并利用"班级优化大师"对学习小组及个人进行评价，激发学生的学习热情，突破教学难点；借助希沃展台，及时拍照上传学生学习成果，促进有效交流与分享。③黑板。利用板书，归纳数学建模关键环节，呈现探究轨迹，积累活动经验，促进学生知识内化。

（3）课后

设计实践学习报告单，让学生撰写遮阳篷设计报告或小论文以及活动感悟等。

2. 课堂结构设计

综合与实践重在过程性学习，其内容往往不是40分钟就可以完成的。为此，本节课从空间与时间上力求突破课堂40分钟的局限，将课外学习与课堂学习有机融合，通过课外学习，认识研究对象，利用课堂，交流分享课外学习成果、经历数学建模过程，最后再回到课外进行知识拓展与提升。在课堂教学环节以学生自主探究、合作交流的形式展开，利用导学案，并借助问题串引导，通过"提出问题""解决问题""应用模型""反思提升"等一系列教学活动，让学生亲历完整的数学建模过程，发展学生解决问题的能力，积累解决复杂实际问题的经验。

为此，我设计了区别于日常教学的课堂教学环节如下：提出问题⟹解决问题⟹应用模型⟹反思提升⟹拓展延伸（课外）。

五、教学活动设计

1. 提出问题

（1）课前学习成果展示、分享与交流。

（2）提出问题：假设某居民楼地处北半球某地，窗户朝南，窗户的高度为 h cm。此地一年中正午时刻，太阳光与地平面的最小夹角为 α，最大夹角为 β。请你为该窗户设计一个遮阳篷，要求它既能最大限度地遮挡夏天炎热的阳光，又能最大限度地使冬天温暖的阳光射入室内（如图1）。

设计意图：让学生充分展示、交流、分享课下学习成果，如遮阳篷作用、形状、设计原理等，让学生借助实物模型思考"设计这样简易的直角遮阳篷需要考虑哪些关键因素？"再提出具体问题，借助实物图片及文字表述，帮助学生理解关键语句，提炼信息，抓住关键要素，做出合理假设，使学生学会将复杂问题简单化的方法。

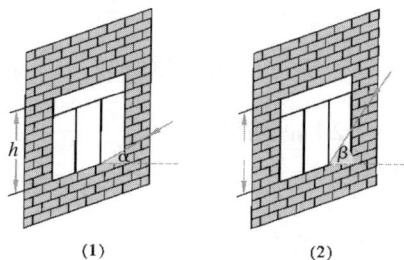
图1

2.解决问题：探究遮阳篷的设计方案

本环节是本课时的教学重难点的关键所在，需要学生经历将实际问题数学化、用所学数学知识表示实际问题、进行数学计算或数学推理、得到数学结论、回到实际进行检验这样一个完整的数学建模过程。为了突出重点，突破难点，遵循学生的认知规律，教师先引导学生建立数学模型，再进行活动探究，共设计了3个活动，通过师生共学、合作学习、独立学习这样3个有梯度的学习方式展开教学，帮助学生积累数学建模的方法与经验。通过班级优化大师，对小组与个人在学习过程中的表现进行评价，激励学生学习热情。

（1）建立数学模型

思考：

①想一想，平时学习过程中遇到设计问题，我们是如何处理的？

②你能画出几何图形吗？动手试一试或与同伴交流。

③在已抽象出的几何图形中，哪些量是已知的，哪些量是未知的？

④要设计同时满足两个条件的遮阳篷，你有什么好的处理的方法？

设计意图：让学生认知发展成为教学基本依据。此环节由实物图形抽象出几何图形是解决问题的关键，也是难点所在，教师分析学生的原有认知水平，结合问题串唤醒学生的已有知识储备与活动经验，促使学生大胆尝试，主动探究，在此基础上，教师直观演示实物图形抽象成几何图形的过程，突破难点，发展学生几何直观，同时分析、体会分类研究问题的必要性。

（2）活动探究

探究活动一：让夏天的阳光尽可能地留在外面。

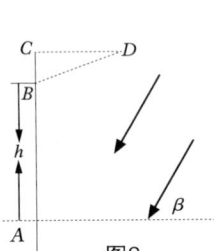
图2

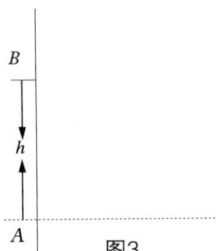
图3

夏天，当太阳光与地平面的夹角为 β 时（如图2），其中 AB 表示窗户（$AB=h$ cm），BCD 表示直角形遮阳篷。要想使太阳光刚好不射入室内，遮阳篷 BCD 应如何设计？

思考：

①一束平行光线照射到窗户上，要想让所有光线刚好全部不射入室内，关键是挡住透过遮阳篷边沿（即点 D）与窗户哪个点的光线？

②满足上述条件的光线与遮阳篷 CD 的夹角是多少？为什么？

③请在图3中画图表示。此时，BC，CD 唯一吗？说说自己的理由。

处理方法：

学生结合问题串，独立思考，全班交流，通过画图或解直角三角知识解释 BC、CD 不唯一的原因。

教师引导学生关注"刚好全部不射入"条件，演示画图，总结设计方案。

结论：当太阳光与地平面的夹角为 β 时，要想让所有光线刚好全部不射入室内，关键是挡住透过遮阳篷边沿（即点 D）与窗户下端 A 点的光线，即经过 DA 的光线与地面的夹角为 β；或 $\angle ADC=\beta$ 即可，BC，CD 不唯一。

设计意图：解决上述问题的关键是理解"阳光刚好不射入室内"这个条件，并能在几何图形上画出符合该条件的入射光线。考虑到学生初次接触遮阳篷的设计，教师设置有梯度的问题串，引导学生独立思考，采用师生共学的方式，充分讨论交流自己的想法，再利用动画演示促进理解，得出结论：要使光线刚好全部不射入室内，关键是挡住透过遮阳篷边沿（即点 D）与窗户下端 A 点的光线。并进一步分析点 D 的不唯一性，为下一环节的合作学习做铺垫。

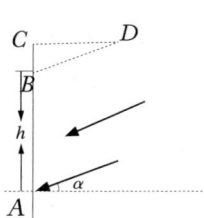
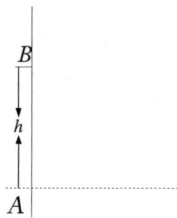

图4   图5

探究活动二：让冬天的阳光尽可能地全部射入室内。

冬天，当太阳光与地平面的夹角为 α 时（如图4），其中 AB 表示窗户（$AB=h$ cm，如图5），BCD 表示直角形遮阳篷。要想使太阳光刚好全部射入室内，遮阳篷 BCD 应如何设计？请在图4中画图表示。此时，BC，CD 唯一吗？说说自己的理由。

处理方法：小组合作学习。

要求：

①独立思考后，小组合作交流，确定遮阳篷设计方案；

②在学案上画出示意图，并判断 BC、CD 是否唯一？

③学习小组选派代表在全班交流设计思路及设计方案。

设计意图：让学生有效合作成为课堂主流文化。经历了活动一的学习，学生对解决此类问题已有了初浅的感知与认识，为此，教师改变教学组织形式，舍弃问题串的引导，采用合作学习的形式展开探究，目的是让学生能主动、自觉地尝试应用类比的方法学习新知，授之以"渔"。教师关注学生在合作学习中的表现并给予评价，对学习有困难的小组进行指导与帮助，在成果展示环节鼓励学生大胆质疑。培养学生的合作意识，体会类比思想。

探究活动三：二者兼顾——在冬天能最大限度地使阳光射入室内，在夏天又能最大限度地遮挡炎热的阳光。

要同时满足上面两个条件，那么遮阳篷 BCD 应如何设计？请在图6中画图表示。此时 BC 唯一吗? CD 呢? 你是怎样发现的?

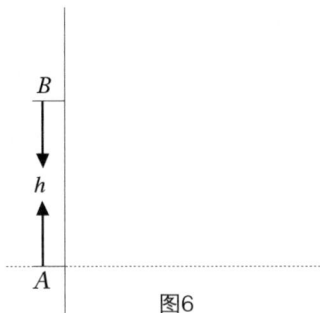

图6

处理方法:

第一步,学生独立完成设计方案的设计,画出示意图如图7,并能讲解自己的设计思路。

第二步,小组合作,讨论:解释 BC、CD 的唯一性,并用含 h、α、β 的关系式分别表示 BC 和 CD;小组代表讲解推导过程。

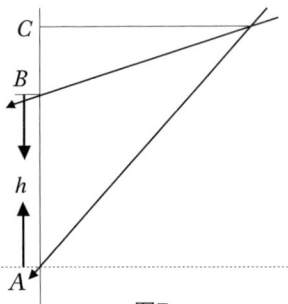

图7

方法一:在 $Rt \triangle BCD$ 中, $\angle BDC = \alpha$, 则 $BC = CD\tan\alpha$ ①。

在 $Rt \triangle ACD$ 中, $\angle ADC = \beta$, 则 $AC = h + BC = CD \cdot \tan\beta$ ②。

联立①②得: $CD = \dfrac{h}{\tan\beta - \tan\alpha}$; $BC = \dfrac{h\tan\alpha}{\tan\beta - \tan\alpha}$ 。

方法二:以点 A 为坐标原点,建立平面直角坐标系,设点 D 坐标为 (x, y) 则直线 AD 的表达式为 $y = \tan\beta \cdot x$;直线 BD 的表达式为 $y = \tan\alpha \cdot x + h$;

由此可得: $x = \dfrac{h}{\tan\beta - \tan\alpha}$; $y = \dfrac{h\tan\beta}{\tan\beta - \tan\alpha}$ 即点D坐标是 $\left(\dfrac{h}{\tan\beta - \tan\alpha} , \dfrac{h\tan\beta}{\tan\beta - \tan\alpha} \right)$ 。

从而可得 $CD = \dfrac{h}{\tan\beta - \tan\alpha}$; $BC = \dfrac{h\tan\beta}{\tan\beta - \tan\alpha} - h = \dfrac{h\tan\alpha}{\tan\beta - \tan\alpha}$ 。

设计意图:(请看视频)让学生内化过程成为教学关键环节。经历了前面的问题探究过程,让学生独立设计能同时满足上述两个条件的遮阳篷,通过知识的迁移与拓展,促进学生完成知识的内化,培养学生数学建模、合情推理以及运算能力。教师在鼓励、帮助学习困难学生实现知识内化的同时,关注学生建模的过程、学生解决问题的多样性(通过三角函数及方程组思想解决问题或借助一次函数交点的方法解决问题），并让学生展示交流，体验到成功的喜悦。

（3）应用模型

①就北半球而言，冬至这一天的正午时刻，太阳光与地平面的夹角最小；夏至这一天的正午时刻，太阳光与地平面的夹角最大。已知银川地区一年中正午时刻，太阳光与地平面的最小夹角为30°；最大夹角为75°。某居民楼窗户的高度为150 cm。请设计一个直角遮阳篷，并求出 BC，CD 的长度（精确到1 cm）。

处理方法：学生独立完成，个别学生展示交流。

②议一议：若根据上面的 BC 和 CD 的长度为银川地区设计一个遮阳篷 BCD，那么你认为它符合本课题学习一开始提出的要求吗？你能提出进一步的改进意见吗？与同伴进行交流。

设计意图：让学生应用模型解决具体问题，体会数学的应用价值，发展学生的应用意识。除直接代入相应数据进行计算外，教师要鼓励学生尽可能的重建模型解决问题，使不同层次的学生都能体验到成功的喜悦。鉴于在数学建模过程中只关注主要因素，设计"议一议"，培养学生敢于向"已有知识结果"质疑的意识与能力，让学生质疑生成成为课堂核心价值，明确数学模型反映的实际问题中的关系和规律还有待于检验、修改与完善。

（4）反思提升

①本节课我们经历了怎样的学习过程？与同伴交流你的收获。

②请谈谈本节课中你的表现及同伴的表现。

③你对老师的教学有哪些建议或肯定之处？

设计意图：课堂小结是对一节课的学习内容、方法经验、情感态度的及时反思，起到"画龙点睛"的效果。借助问题串引导梳理知识要点，充分交流自己的收获，加深学生对数学建模的理解，丰富学生解决实际问题的策略与方法。同时，引导学生进行自评、互评，体现评价的多元化，通过学生对教师的评价，及时发现教师教学问题，营造和谐、平等的互动课堂。

（5）拓展延伸

①知识拓展

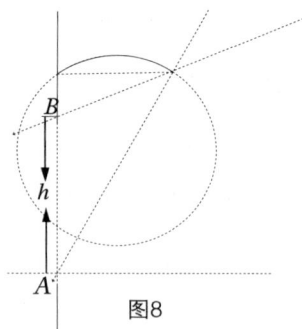

图8

A. 如图8如果要求遮阳篷的 CD 边为圆弧形（ C，D 同高），那么你还需要知道哪些数据才能进行设计？

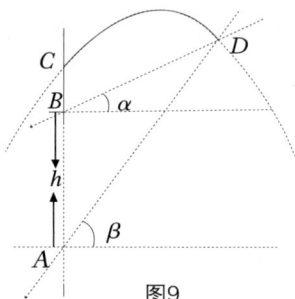

图9

B. 如图9如果要求遮阳篷的 CD 边为抛物线形状，那么你还需要知道哪些数据才能进行设计？

C. 如果要求 CD 边可伸缩，那么应该如何设计？

②课堂延伸

查阅有关资料及数据，以小组为单位为学校教室的窗户设计一个遮阳篷模型，并形成文字和数据说明。

设计意图：将过程性学习由课堂延伸到课外。改变遮阳篷的形状，辅助图形，为学生提供继续探究的具体素材，让学生及时应用新知，探究、设计不同形状的遮阳篷；再结合自己的探究过程，撰写设计报告，为后期成果展示交流奠定基础。

六、教学过程反思

（1）创造学生"自主参与学习"的机会。自主参与学习属于情感态度范畴，本节课教师充分信任学生，借助问题串，通过师生共学、合作学习、独立学习等手段为学生提供倾听、静思、合作、质疑、分享等自主参与学习的机会，让学生思、做、说，以达到预设的目标，教师做到了"静候花开"

而不是包办代替。

（2）应用恰当有效、符合综合与实践特色的课堂评价手段，关注学生的潜能释放。在教学过程中，教师在语言评价的基础上，更侧重于过程性评价，重点关注学生在整个数学建模过程中的表现。一方面，教师利用"班级优化大师"进行及时评价，评价内容除关注结果正误外，更多关注学生语言表达、与人合作、独立思考、质疑分享、问题解决等活动表现。另一方面，考虑到综合与实践的重点是提升学生的数学素养，而数学素养不是一时就可定论的，也不是一节课就可以实现的，为此教师重视教学评价过程中的留白与延迟，为学生发展预留空间。

（3）突破学习的空间与时间。综合与实践的实施，区别于针对某一内容的具体学习，综合与实践除了知识综合外，更重要的是发展学生的数学核心素养，这不是短时间或一两节课就可以完成的。为此本节课从课外走近课堂，再从课堂延伸到课外，既保证了课堂上有充足的时间经历建模的过程，又为学生更好的内化知识，发展数学素养预留了充足的时间与空间。

《探索勾股定理（一）》说课稿

一、背景分析

1.学习任务分析

本节课是义务教育课程标准实验教科书（北师大版）八年级（上册）第一章第一节《探索勾股定理》第1课时。

勾股定理是平面几何有关度量的最基本定理之一，它从边的角度刻画了直角三角形的特征。学习勾股定理是进一步认识和理解直角三角形的需要，也是后续有关几何度量运算和代数学习必需的基础；本节课主要通过让学生在方格纸上计算面积的方法，发现、探索得到勾股定理，并能解决一些简单的实际问题。

在勾股定理的发现、验证过程中蕴涵着丰富的数学思想，也正是基于此，教材设计了3个课时，力图再现勾股定理的探究过程，丰富学生的数学活动经验，并感受勾股定理的文化价值。本节课把三角形有一个直角这种"形"的特点转化为三角形三边边长之间的"数"的关系，是数形结合思想；把探求边的数量关系转化为探求面积的数量关系，将边不在格线上的图形转化为可计算面积的格点图形，是转化思想；从探求特殊直角三角形的三边关系到探求一般直角三角形的三边关系，是特殊到一般的思想；为此确定本节课的教学重点是勾股定理的发现、探索过程。

2. **学情分析**

学习本课之前，学生对几何的基础知识已有了接触，学习了直角三角形的有关知识，经历过利用图形面积探求数式运算规律的过程，如乘法公式、多项式乘以多项式法则等。已经初步接触过一些由观察、猜想、归纳、发现并解决数学问题的知识探究活动（包括寻找规律），能积极参与问题的讨论与交流。这为本节课的学习提供了知识、技能、情感的支撑。

本节课学生在发现、探索勾股定理的过程中，如何计算边不在格线上的正方形面积，对学生有一定的挑战性。故本节课的教学难点是将边不在格线上的图形转化为边在格线上的图形，以便于计算图形的面积。

二、教学目标设计

根据课程标准和本节课内容在整个初中数学中的地位与作用，结合八年级学生知识结构和心理特征，从知识与技能、过程与方法、情感与价值观三个目标领域综合考虑制定了本节课的教学目标。

（1）经历用数格子的办法探索勾股定理的过程，进一步发展学生合情推理意识，体会数学与现实生活的紧密联系。

（2）能说出勾股定理的内容并会初步运用勾股定理进行简单的计算和实际运用。

（3）在探索勾股定理的过程中，经历"观察—猜想—归纳—验证"的探究过程，并体会由特殊到一般、数形结合以及转化的思想方法。

（4）在探究活动中，培养学生独立思考、合作交流的学习习惯，通过解决实际问题，增强自信心，激发学习数学的兴趣，在教师的介绍下，体会勾股定理的文化价值。

三、教学媒体设计

首先，采用多媒体辅助教学，发挥多媒体课件的直观性作用，演示利用割补法计算正方形面积的过程，帮助学生解疑释惑，以期突破难点；同时也增大课堂容量。

其次，利用黑板进行必要的板书，以便突出重点，发挥教师的示范作用，以达到板书的效果。

四、教学策略及课堂结构设计

针对八年级学生实际，本节课采用引导、探究、归纳的方法形成结论，把教学过程化为亲身观察、大胆猜想、自主探究、合作交流、归纳总结的过程，再现知识的发生、发展和形成的过程，充分体现教师是组织者、引导者、合作者，学生是学习主体的教育理念，设计了以下教学流程。

五、教学过程设计

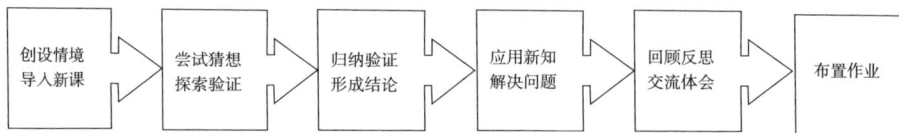

创设情境 导入新课 → 尝试猜想 探索验证 → 归纳验证 形成结论 → 应用新知 解决问题 → 回顾反思 交流体会 → 布置作业

1.创设情境 导入新课

情境1：出示章前图，通过"怎样与外星人联系"的话题激发学生的探究欲望，明确本章的学习任务。

情境2：如图1，强大的台风使得一根旗杆在离地面9米处断裂，旗杆顶部落在离旗杆底部12米处。旗杆折断之前有多高？同时也体现了知识的发生过程。

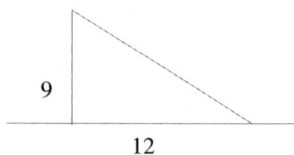

9

12

图1

2. *尝试猜想　探索验证*

这个环节是突出重点和突破难点的关键所在，为了让学生多层次，多角度认识勾股定理，我设计了以下三个探究活动。

活动1：尝试猜想。

在纸上任意画若干个直角三角形，测量它们各边的长度，看看三边长的平方有什么关系？

设计意图：尝试猜想是研究新问题的一种基本策略。勾股定理对学生来说是一个全新的问题，无法用前面化归的思路去解决，学生自然想到去画直角三角形，通过测量得出结论，猜想出直角三角形三边边长平方的关系。又由于测量存在误差，不足以让学生信服，这就自然的体现出了理性验证的必要性。

活动2：探索特殊直角三角形的三边关系。

如图2中的图（1）、图（2），等腰直角三角形的三边边长的平方分别是多少？它们满足上面所猜想的有关关系吗？你是如何计算的？

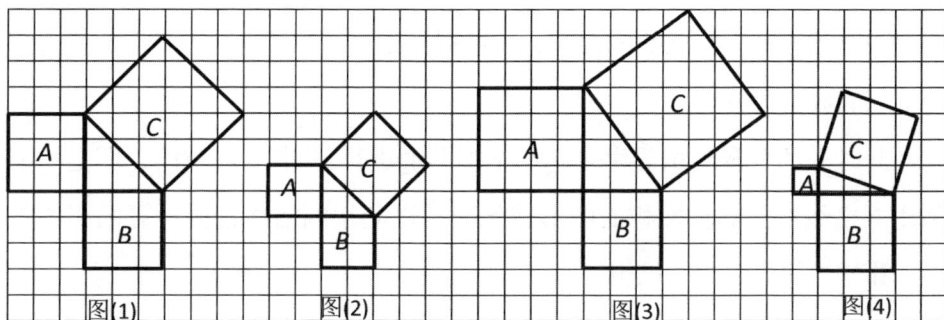

图2

	A 的面积	B 的面积	C 的面积
图（1）			
图（2）			

	A 的面积	B 的面积	C 的面积
正方形 A、B、C 面积间的关系			
直角三角形三边关系			

设计意图：学生在七年级下册整式的学习中，已经学过利用面积验证乘法公式，在这里直接出示图表，提出问题，给学生思考的空间，使学生的思维更有深度，让学生的原有认知作为探究新知识的工具，产生探索问题的欲望。

为什么会想到通过正方形的面积探索直角三角形的三边关系呢？教师通过"议一议"引导学生观察图表中正方形与三角形间的关系，从"形"的角度看，直角三角形的三边即为各正方形的边；从"数"的角度看，直角三角形边长的平方即为各正方形的面积，正方形的面积关系就是直角三角形的三边长平方的关系，体会数形结合思想。从而将问题转化为求正方形的面积。

学生通过直接数格子或正方形的面积公式得出 A、B 的面积，用割或补的方法得出 C 的面积，再利用表格有条理地呈现数据，再得出正方形 A、B 的面积之和等于正方形 C 的面积，从而得出结论：等腰直角三角形的三边满足猜想的数量关系。

此时教师要及时引导学生总结：把图形进行"割"和"补"，即把不能利用网格线直接计算面积的图形转化成可以利用网格线直接计算面积的图形，让学生体会化归的思想。

活动3：探索一般直角三角形的三边关系。

等腰直角三角形是特殊的直角三角形，对于如图2中的图（3）、图（4），一般三角形三边平方分别是多少？你是怎样计算的？它们也满足上面的数量关系吗？

设计意图：此环节中，求正方形 C 的面积是本节课的难点，难点处正是学生互相学习，充分交流思维的好时机。在活动2中学生已初步接触了割、补的方法，在这里学生自然会尝试利用前面的方法解决问题，教师可根据课堂的实际需要，组织学生小组讨论。在学生讨论时，教师参与小组活动，指导学生有序的进行合作学习。指导过程中，尤其是用"割"的方法求正方形 C 的面积，教师要引导学生将正方形 C 分割成与已知直角三角形全等的四个直角三角形和一个小正方形，进而突破难点。

然后学生以组为单位，交流、展示求面积的不同方法。预设：如图3学生可能会用割图（1）、补图（2）、拼接图（3）等方法。

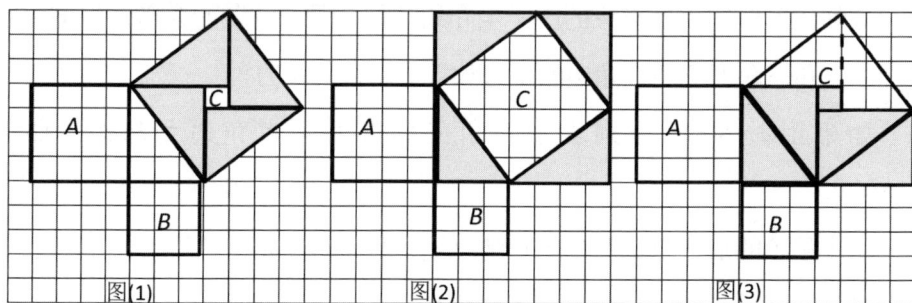

图3

在活动2"探究等腰直角三角形三边关系"的基础上，学生类比迁移，得出结论：一般直角三角形的三边也满足猜想的数量关系。

3. 归纳验证 形成结论

所有的直角三角形都具有这个规律吗？带着疑问，让学生开展了下面的验证活动。

①在方格纸上任意画几个顶点在格点上的直角三角形。看它的三边是否满足上述规律？

②直角三角形的两直角边分别为0.6个单位长度和0.8个单位长度，它们的三边是否满足上述规律？

设计意图：此环节是对上面探究活动的拓展延伸，让学生在课前准备好的方格纸上任意画直角三角形，目的是让上面的结论更加一般化。这是一个让学生全面经历探究活动的过程，也是割和补方法的再次应用。在前面的探究过程中，或许有的同学没有自己做出来，再给他们一次机会，让他体验成功的乐趣。

此时要给学生充分的时间，在学生活动时，教师积极参与到活动中，其中以直角三角形斜边为边向外做正方形，正方形另外两点位置的确定是这一活动的难点，教师要注意对有困难的学生进行点拨，必要时可以通过中国象棋中"马走日字"，连续走四次给学生以启发。这样学生归纳出的结论就更具一般性。

教师用弯曲的手臂形象的向学生介绍"勾、股、弦"的含义，板书勾股定理：直角三角形的两直角边的平方和等于斜边的平方。

如果用 a，b 和 c 分别表示直角三角形的两直角边和斜边，那么 $a^2+b^2=c^2$。

这个结论的形成是本节课的点睛之笔，要让学生充分总结、交流、表达。

设计意图：至此，学生经历了"观察—猜想—归纳—验证"的过程，从不能用网格线求面积转化为能用网格线求面积，从正方形的面积关系转化为直角三角形的三边关系，由特殊到一般，由"形"到"数"，突出了本节课的教学重点，也使得本节课的难点得以突破，同时学生也体会到观察、猜想、归纳、解决问题的思路。

一段紧张的探究之后，教师带领学生阅读课后读一读《勾股世界》，了解勾股定理的历史，人类对勾股定理的研究以及对勾股定理的应用。

设计意图：通过这一系列活动，活跃课堂气氛，开阔学生的视野，体会勾股定理的重要意义和文化价值，从而丰富了课堂生活。

为了强化学生对定理的理解与应用，我分三个梯度设置了以下填空题。

填空：

（1）如图4，正方形 A 的面积是_____。

（2）如图5，直角三角形中未知边的长度是_____。

（3）在 Rt △ ABC 中，∠C=90°，a=15，c=25，则 b=_____。

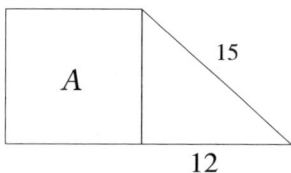
图4

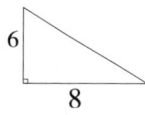
图5

设计意图：这三道填空题是对定理的直接运用，也让学生再次认识到在直角三角形中已知任意两边的长就可以求得第三边。

4. 应用新知 解决问题

①提出："大家还记得开始提出的旗杆问题吗？"让学生利用所学定理解决开始提出的实际问题，前后呼应，学生能从中体会到成功的快乐。

②出示课本中"随堂练习"2题。

小米妈妈买了一部29英寸（74厘米）的电视机。小米量了电视机的屏幕后，发现屏幕只有58厘米长和46厘米宽，他觉得一定是售货员搞错了。你同意他的想法吗？你能解释这是为什么吗？

设计意图：让学生亲身经历将实际问题"数学化"的过程，体现"人人学有用的数学"这一理念。从而达到了"学以致用"的目的。在解决问题中，增强学生学习数学的信心。

5. 回顾反思 交流体会

①知识内容及应用。

②学习方法：数形结合、转化、割补图形；特殊→一般。

③解决途径：尝试猜想、理性验证、归纳总结、实际应用。

设计意图：教师留给学生充分的时间，引导学生从内容、数学思想方法、获取知识的途径等方面小结本节课的收获，鼓励学生畅所欲言。有利于学生将知识系统化，提高学生素质，锻炼学生的综合及表达能力。

随后教师进行全面小结，并对学生的课堂表现给予评价。

6. 布置作业

①巩固性作业：必做题：P7 第1、2题；选做题：P7 第4题。

②拓展型作业：上网查阅有关勾股定理的内容，请你结合本节课的学习和从网上或书本上自学到的知识写一篇有关勾股定理的小论文，题目自定，一周后交给课代表并展示交流。

设计意图：作业的多层次，照顾了学生的个体差异，体现了教学面向全体学生的教育理念。

六、教学评价设计

在教学过程中，根据不同环节的要求以及知识探究的难易程度设计了教学评价。

（1）在探索等腰直角三角形三边关系时，教师要重点关注学习有困难的学生，进行点拨启发，并给他们展示自我的机会，增强学生的学习信心。使他们能进一步投入到下一环节的学习中。

（2）在合作学习，探索一般直角三角形三边关系时，教师应重点关注：学生能否主动参与探究活动，在讨论中发表自己的见解，倾听他人的意见，对不同的观点进行质疑，从中获益。

（3）课堂小结时，留给学生充分的时间交流，发挥学生自我评价和同伴互评的作用。

"中学数学教学中问题串设计的实践研究"开题报告

一、问题提出的背景

1. 课程背景

《课标》指出：数学教学中，教师要适当创设一系列问题，鼓励学生去发现数学规律和问题解决的途径，使他们经历知识的形成过程，培养学生的创新精神和问题意识。因此，教师在课堂上如何提出问题，引导学生去解决问题，将学生的学习从被动、填鸭式的接受知识变为主动获取，是当今数学教师最需要重视的问题，也是中学数学课堂教学的热点课题。基于此，北师大版初中数学教材的许多章节都采用了"问题串"的形式呈现，意在引导学生逐步的对问题进行分析、解决并学会提出问题。

2. 教学实践背景

在对教师教案、教师课堂中的问题串进行分析后，笔者发现，就问题串设计而言，还存在以下问题：①问题串的设计脱离学生设计，问题设计过难，缺乏一定的启发性；②问题串设计过于注重细化铺垫，目标仍是如何更快得出结论，失去了问题串的思维价值；③知识性和判断性的问题过多，难以体现整体上的思想和方法；④为设计问题串而设计，只追求新颖与潮流，而忽视了问题串本身的意义；⑤问题串中暗示性语言过多。

二、课题的概念界定

所谓问题串，就是在一定的学习范围或主题中，围绕一定目标或某一中心问题，按照一定逻辑结构精心设计的一组（一般在3个以上）问题。

三、课题选题目的、意义及价值

1.课题选题目的、意义

目前，初中新课程倡导的探究性学习，初中数学教材的很多章节都采用了"问题串"的形式引导学生逐步的分析问题、解决问题、建构知识、发展能力。学习知识不是简单的由内到外的知识转移和传递，而是学习者主动的建构自己的知识经验的过程。因此问题串的设计只有以学生的已有知识、经验、能力为基础，贴近学生所学的内容，才能有效地促进知识的同化，提高教学效率。研究优化问题串的设计对提高初中数学课堂教学实效具有以下的实际意义。

（1）摆脱传统课堂教学模式的影响，引导学生进行自主学习，培养学生的自主学习能力，并且转变学生的学习观念，让学生由被动学习转变为自主学习。在课堂教学中，教师通过精心设计的问题串可以引导学生去思考、去探索，让学生不断体验通过自己的努力而获得成功的喜悦，进而进一步激发学生学习的积极性，使学生进一步掌握数学的思维与方法，不断地利用已学的数学知识去解决实际问题。

（2）教育必须着眼于学生的发挥，促进学生有特色的发展，促进学生的可持续发展。 学生才是学习的主人，数学学习应尊重学生心理发展规律，利用他们渴望表扬、渴望动手实践、自己发现、自己探究，让自己成为探究者、发现者的心理，更多地为学生提供自主学习、实践、探究的机会与平台，成为一种积极又有效的激励手段。而为了使学生避免走不必要的弯路，能较快较好地达到目的，教师就要起好引导作用，教师通过优化问题串，利用有效的问题串就能带领学生，引导学生，让学生有目标有方向地去努力，去探索。

（3）随着减负增效工作的不断深入，我们应该以培养学生的自主学习能力为突破口，调动一切可能的手段，切实提高教学效率，培养学生的数学意识、合作意识、探究意识和实践能力。通过问题串的优化，采用问题串教学的方式，让学生在课堂中探索数学、发展思维能力，拓展学生的学习空间，培养学习能力。

2. 研究价值

在数学教学中，如何培养学生自主学习的能力，提高学生学习效率，提高课堂效率，一直困扰着我们。现在我们发现课堂教学中通过问题串的方式进行教学是一种有效的教学策略，且设计问题串是课堂提问的一个重要方面。然而，在众多的课堂观察中，我们发现许多教师的提问往往只关注单个问题设计，缺乏对于本节课全部问题的整体性思考。问题与问题之间不能做到环环相扣、层层递进，缺乏逻辑性，甚至前后顺序颠倒。人为造成学生学习思路上的不连贯，使得本来简单的问题，通过教师的问题引导变得非常复杂，玄而又玄。这就将"问题引导"变成了简单的"问答式"，整个课堂教学也就变得枯燥无味了。为此在教学过程中，需要通过优化问题串来提高课堂效率就是要充分发挥教师的主导作用，使学生通过对问题的思考，主动感知知识的变化发展过程，能更深刻地理解书本知识点与相关技能，主动积极地对知识进行思考，提高学生的学习积极性。

目前，采用"导学案"实施教学越来越被各学科一线教师所青睐，这同时也对教师提出了更高的要求，那就是"导学案"中如何通过问题串的设计，突出"导学"的功能，以此帮助学生借助导学案进行自主学习。本课题主要研究优化问题串设计的策略，它将直接指导我们的日常数学教学工作，有效地提高课堂教学质量。也可为其他学科所借鉴。

四、本课题在国内外研究现状述评

通过查阅国内外相关文献资料发现，针对如何设计问题实施教学的研究由来已久，许多专家学者及一线教师就课堂教学中如何提出问题、设计问题进行了理论阐述，在此基础上提出了问题模式教学，就问题设计而言，也提出了问题串及问题串设计的原则、利用问题串实施教学的作用等一系列值得借鉴学习的理论依据与实践经验。如：冷文跃的《浅析初中数学课堂中的"问题串"》，徐俊的《初中数学课堂"问题串"设计的实践与思考》，王利琴的《数学教学中问题串的设计》。但是就具体课型中的问题串设计及实施，尤其是案例性的研究较为缺失。

五、课题研究的主要内容和拟解决的关键问题

1. 主要内容

（1）新课程背景下，数学课堂教学中问题串设计的现状及问题。

（2）确立不同课型优化设计"问题串"提高课堂效率的方案及策略。

（3）提高数学教师设计并运用问题串能力的途径。

（4）在"导学练"背景下优化问题串设计，提高课堂实效的策略。

2. 拟解决的关键问题

（1）研究教师设计、使用问题串时应注意什么问题？

（2）怎样优化问题串开展有效的数学教学？

（3）"导学案"中如何优化设计问题串，发挥"导学"功能？

通过对以上三个问题的解决，建立数学课堂问题串设计的基本原则；摸

索数学课堂问题串设计的一些应用策略；改变和更新教师的教育教学观念，培养学生的数学素养。逐步积累和形成一些典型的案例与经验，以指导教学实践，并最终促进学生发展和教师专业化成长。

六、本课题的研究思路、研究方法

1. 文献研究法

通过查阅相关文献，了解前人的研究成果，组织本课题成员认真学习相关理论，收集课堂改革的有关信息、经验，做好本课题研究方案的设计。收集、整理、统计、分析材料。

2. 行动研究法

（1）通过课堂听课、教学设计分析以及教师访谈，调查研究问题串在中学数学课堂中运用的现状以及教师对问题串设计能力现状。

（2）针对存在的问题制定具体实施方案，对方案进行实证，记录结果和过程，根据结果及时调整策略。通过大量案例研究，撰写教学经验总结或论文。

3. 经验总结法

在教学实践和研究的基础上，根据课题研究重点，随时积累素材，探索有效的措施，总结得失，及时调控。根据研究内容写出阶段性总结。

4. 案例研究法

每一环节实施后，进行阶段性分析，注重个案分析和积累。

七、课题研究实施步骤、阶段性目标和最终成果

1. 课题研究实施步骤

本课题的研究时段为2014年7月—2017年7月，具体分为三个研究阶段：

（1）第一阶段为准备期（2014年7月—2014年10月）

认真学习相关理论，收集课堂改革的有关信息、经验，做好本课题研究方案的设计。收集、整理、统计、分析材料。主要采用文献研究法。

（2）第二阶段为研究实施阶段（2014年11月—2016年12月）

①通过课堂听课、教学设计分析以及教师访谈，调查研究问题串在中学数学课堂中运用的现状以及教师对问题串设计能力现状。

②针对存在的问题制定具体实施方案，对方案进行实证，记录结果和过程，根据结果及时调整策略。通过大量案例研究，撰写教学经验总结或论文。

③跟踪研究"导学案"中问题串设计应用现状，针对具体问题提出实施方案，对"导学案"中突出问题串"导学"功能策略进行研究。本阶段主要采用行动研究法、经验总结法。

（3）第三阶段为：实验研究的总结阶段（2017年1月—2017年7月）

对课题的资料进行整理归类，撰写个人课题小结，申请结题报告。

2.阶段性目标

（1）2014年7月—2014年10月　撰写课题研究方案，通过学习、集体研讨等方式，提高课题组成员的理论水平，明确研究的方向及成员分工。

（2）2014年11月—2015年4月　完成问题串在中学数学课堂中运用的现状以及教师对问题串设计能力现状的调查，重点以案例的形式分析、总结调查结果。

（3）2015年5月—2015年11月　具体研究不同数学课型中问题串设计存在的问题及优化策略，呈现研究实证及研究结果，完成不低于10篇的案例分析、经验总结或论文。并撰写课题中期研究报告。

（4）2015年12月—2016年12月　重点研究"导学案"中问题串设计应用现状及优化策略，撰写研究方案，以课堂实录分析、案例及经验总结的形式呈现研究结果。本阶段主要采用行动研究法、经验总结法。

（5）2017年1月—2017年7月　撰写个人课题小结，申请结题。

3. 最终成果

研究案例、论文：以案例分析、研究论文、研究课等形式反映研究成果。

研究报告：对研究过程中的材料、数据分析，以研究报告的形式反映研究成果。

八、课题组人员分工

杨岐：具体负责课题研究的整体实施、安排以及"导学案"中问题串优化设计。

赵永宁：负责课题研究过程中的研究策略指导、理论研究。

张小晓：负责案例分析研究、数据收集与整理以及课题实践、阶段小结、半年小结。

唐炜：负责具体课例分析研究及课堂教学的实践。

彭志斌：负责具体课例分析研究，收集教学案例、课件、案例研究。

黄莹：负责课堂观察、分析及收集数据以及课堂教学的实践。

张文忠：负责课堂教学实践及中期总结、收集研究成果归档。

张利：负责"导学案"中问题串的设计研究。

"中学数学教学中问题串设计的实践研究"
结题报告

    "中学数学教学中问题串设计的实践研究"课题于2014年申报，被批准为自治区基础教育立项课题。三年来，在上级科研部门的指导帮助下，经过课题组所有成员的辛勤努力，圆满完成了各项研究任务，取得了预期的成果，现将研究情况报告如下。

一、本课题提出的背景

1.课程背景

    《课标》指出：数学教学中，教师要适当创设一系列问题，鼓励学生去发现数学规律和问题解决的途径，使他们经历知识的形成过程，培养学生的创新精神和问题意识。因此，教师在课堂上如何提出问题，引导学生去解决问题，将学生的学习从被动、填鸭式的接受知识变为主动获取，是当今数学教师最需要重视的问题，也是中学数学课堂教学的热点课题。基于此，北师大版初中数学教材的许多章节都采用了"问题串"的形式呈现，意在引导学生逐步的对问题进行分析，并学会提出问题、解决问题，从而形成自主建构知识体系和自主学习的能力。

2. 教学实践背景

在对教师教案、教师课堂中的问题串进行分析后，笔者发现，就问题串设计而言，还存在以下问题：①问题串的设计脱离学生实际，问题设计过难，缺乏一定的启发性；②问题串设计过于注重细化铺垫，目标仍是如何更快得出结论，失去了问题串的思维价值；③知识性和判断性的问题过多，难以体现整体上的思想和方法；④为设计问题串而设计，只追求新颖与潮流而忽视了问题串本身的意义；⑤问题串中暗示性语言过多。

二、课题的概念界定

所谓问题串，就是在一定的学习范围或主题中，围绕一定目标或某一中心问题，按照一定逻辑结构精心设计的一组（一般在3个以上）问题。

三、课题选题目的、意义及价值

1. 课题选题目的、意义

目前，初中新课程倡导探究性学习，初中数学教材的很多章节都采用了"问题串"的形式引导学生逐步的分析问题、解决问题、建构知识、发展能力。学习知识不是简单的由教师到学生的知识转移和传递，而是学习者主动的建构自己的知识体系和应用经验的过程。因此问题串的设计只有以学生的已有知识、经验、能力为基础，贴近学生所学的内容，才能有效地促进知识的同化，提高教学效率。研究优化问题串的设计对提高初中数学课堂教学实效具有以下的实际意义。

（1）摆脱传统课堂教学模式的影响，引导学生进行自主学习，培养学生的自主学习能力，从而转变学生的学习观念，让学生由被动学习转变为自主学习。在课堂教学中，教师通过精心设计的问题串可以引导学生去思考、去探索，让学生不断体验通过自己的努力而获得成功的喜悦，进而进一步激发学生学习的积极性，使学生进一步掌握数学的思维与方法，不断地利用已学的数学知识去解决实际问题。

（2）教育必须着眼于学生的发展，促进学生有特色的发展，促进学生的可持续发展。学生才是学习的主人，数学学习应尊重学生心理发展规律，利用他们渴望表扬、渴望动手实践，自己发现、自己探究，让自己成为探究者、发现者的心理，更多地为学生提供自主学习、实践、探究的机会与平台，成为一种积极有效的激励手段。而为了使学生避免走不必要的弯路，能较快较好地达到目的，教师就要起好引导作用，教师通过优化问题串，利用有效的问题串就能带领学生，引导学生，让学生有目标有方向地去努力，去探索。

（3）随着减负增效工作的不断深入，我们应该以培养学生的自主学习能力为突破口，整合教学资源、重构资源分配、优化教学设计，切实提高教学效率，培养学生的数学意识、合作意识、探究意识和实践能力。通过问题串的优化，采用问题串教学的方式，让学生在课堂中探索数学、发展思维能力，拓展学生的学习空间，培养学习能力。

2. 研究价值

在数学教学中，如何培养学生自主学习的能力，提高学生学习效率，提高课堂效率，一直困扰着我们。现在我们发现课堂教学中通过问题串的方式进行教学是一种有效的教学策略，且设计问题串是课堂提问的一个重要方面。然而，在众多的课堂观察中，我们发现许多教师的提问往往只关注单个问题设计，缺乏对于本节课全部问题的整体性思考。问题与问题之间不能做到环环相扣、层层递进，缺乏逻辑性，甚至前后顺序颠倒。人为造成学生学习思路上的不连贯，使得本来简单的问题，通过教师的问题引导变得非常复杂，玄而又玄。这就将"问题引导"变成了简单的"问答式"，整个课堂教学也就变得枯燥无味了。为此在教学过程中，需要通过优化问题串来提高课堂效率就是要充分发挥教师的主导作用，使学生通过对问题的思考，主动感知知识的变化发展过程，能更深刻地理解书本知识点与相关技能，主动积极地对知识进行思考，提高学生的学习积极性。

目前，采用"导学案"实施教学越来越被各学科一线教师所青睐，这同时也对教师提出了更高的要求，那就是"导学案"中如何通过问题串的设计，突出"导学、导思、导练"的功能，以此帮助学生借助导学案进行自主学习。

本课题主要研究优化问题串设计的策略，它将直接指导我们的日常数学教学工作，有效地提高课堂教学质量。也可为其他学科所借鉴。

四、课题研究的主要内容和拟解决的关键问题

1. 主要内容

（1）新课程背景下，数学课堂教学中问题串设计的现状及问题。

（2）确立不同课型优化设计"问题串"提高课堂效率的方案及策略。

（3）提高数学教师设计并运用问题串能力的途径。

（4）在"导学案"背景下优化问题串设计，提高课堂实效的策略。

2. 拟解决的关键问题

（1）研究教师设计、使用问题串时应注意什么问题？

（2）怎样优化问题串开展有效的数学教学？

（3）"导学案"中如何优化设计问题串，发挥"导学"功能？

通过对以上三个问题的解决，建立数学课堂问题串设计的基本原则；摸索数学课堂问题串设计的一些应用策略；改变更新教师的教育教学观念，培养学生的数学素养。逐步积累和形成一些典型的案例与经验，以指导教学实践，并最终促进学生发展和教师专业化成长。

五、本课题的研究思路、研究方法

本课题研究的方法主要为行动研究，包括课堂观察法、课例研究法、案例研究法、经验总结法等。通过课堂观察、教学设计分析以及教师访谈等，了解问题串在中学数学课堂中运用的现状以及教师对问题串设计能力的现状；通过课例研究，总结中学数学教学中问题串设计存在的主要问题，准确把握研究方向，指导课题研究的发展；通过大量案例研究，在教学实践和理论研究的基础上，撰写教学经验总结或论文，编写出相应的资料，供教师在日常教学设计及教学中学习、借鉴和应用。行动研究是本课题的主要研究方法，重点是在教学实践的过程中研究中学数学教学中问题串设计的有效策略，积累一线素材，优化中学数学教学中问题串设计，促进教师专业成长，提升课堂实效，打造高效课堂。

六、课题研究的过程

课题实验和研究的过程是本课题最核心的部分。本课题的研究时段为2014年7月—2017年7月，具体分为三个研究阶段：

（一）第一阶段为准备期（2014年7月—2014年12月）

本阶段课题组教师主要完成以下工作：课题论证，调查、摸底，理论学习，形成研究方案，查阅相关文献等材料，收集课堂改革的有关信息、经验，做好本课题立项、开题及宣传工作；提出课题研究计划和管理办法，组织课题组成员开展理论学习与培训。

1. 完善课题机制，规范课题管理

课题组接到立项通知后，鉴于课题主持人工作调动等原因，根据课题研究需要，学校成立了以区级骨干教师杨岐为组长、主持人，业务骨干李巍、张小晓、彭志斌、耿静、王忠安、唐炜、赵永宁、黄莹、张文忠、杨洋为成

员的课题研究小组，负责对整个课题的研究；由学校领导班子组成领导、指导、监督小组，负责对课题实施过程的指导与监督；邀请区教研室基教室主任、数学教研员葛建华、市教研室教研员王会宁老师等专家组成课题顾问组，对课题实施过程进行有针对性的指导和对课题组成员的培训。课题组于2014年12月4日组织课题组核心人员、邀请自治区教研室数学教研员葛建华、银川市教科所数学教研员王会宁等专家到会召开课题开题会，会议上课题组主持人杨岐陈述了《中学数学教学中问题串设计的实践研究》开题报告，听取了与会专家的实施意见、建议，进一步就课题的研究实施进行了论证。接受了学校为课题组配备的数码相机等课题研究必备的研究工具。课题组统一认识，明确责任，保证了后期课题研究的务实运行。

2. 加强学习培训，夯实课题研究基础

良好的开端是成功的一半，课题立项后，为了提高教师的课题研究水平与能力，课题组组织核心成员通过网络、听讲座、观看课例、外出学习等途径，大量获取相关材料和经验，提高课题组成员的理论水平与研究能力。首先，通过自学、集中交流等方式组织研究成员开展对《课标》进行系统的学习，杨岐老师结合外出培训学习及《课标》对课程设计理念及实施建议进行了详细的解读，通过培训学习提高对课程标准、教材编写意图的理解，为有效设计问题串奠定了坚实的基础。其次，查阅大量的相关材料，深化对问题串及问题串设计的认识与理解，先后阅读了《浅析初中数学课堂中的"问题串"设计》《刍议中学数学教学中"问题串"的使用》《初中数学课堂"问题串"设计的实践与思考》《数学教学中问题串的设计》《什么是"问题导学"模式？》《导学案编写的核心——"问题串"》等文献材料，并深入到课堂，进行课堂观察、调研，了解一线教学中问题设计的现状，体会问题设计在课堂教学中的重要性，理论联系实际展开讨论交流。通过理论学习，我们认识到问题是数学的心脏，数学的真正组成部分是问题和问题的解。在数学教学中，解决问题的过程就是启发学生思维、掌握数学知识、培养数学能力的过程。教师有效设计课堂提问，可以有效帮助学生形成新的数学概念，巩固与应用新知识，复习与强化旧知识，同时训练与提高学生的思维方法，增强学生的实际运用能力和创新能力。通过课例分析，结合平时教学实践搜集提炼了一系列问题，如：问题串设计有哪些需要遵循的原则？不同的课型问题串的设计有何差异？同一课不同的教学环节问题串设计有何异同？如何设计问题串启迪学生的思维？设计问题串时要注意哪些事项？问题串中问题与问题间是如何关联的？问题串设计与日常教学中教师随堂提问的差异？课堂中设计了问题串，教师还可以再提问吗？"导学案"中问题串如何呈现？"导学案"中的问题串如何设计？问题串教学是否适用所有课型？设计的问题串如何能贴近学生的生活实际，给学生留下思考的空间，拓展学生深层次的思维？如何将一节课中不同环节的问题串有机统一起来？…针对大家提出的问题，课题组进行了认真的梳理、分类、筛选，根据实验年级、教师、教材的实际特点，将待解决的问题作为专题研究的内容分配给各研究小组（以备课组为单位），要求各组要有针对性的展开研究，详细记录研究材料，总结反思好的做法和失误，并提出改进的措施。经过一段时间的专题研究，我们立足课堂又提出了"一课两设计、两实践、两反思"的具体"磨课"方案，以及"周会诊月小结"的汇报交流制度，及时交流反馈、及时收集积累、及时反思调整。

（二）第二阶段为研究实施阶段（2015 年 1 月—2016 年 12 月）

本阶段课题组教师主要做了以下工作：全面实施研究方案，按照预期的目标全面开展课题研究。指导、督查课题组成员开展研究，组织课题组成员之间的交流、研讨，校内推广课题研究的先进经验，展示中期研究成果，形成阶段性成果，撰写论文、总结。进行案例分析，聚焦课堂教学实践研究，组织课题组成员在全校展示、推广研究成果，拓宽研究成果的运用领域，供其他学科借鉴与应用。

1. 将个人教学设计和集体教学设计有机互补

在研究过程中，课题组坚持做到"周会诊月小结"，每周确定主发言人，就一周内自己课堂教学中问题串设计实践的收获、困惑进行交流，其他成员进行会诊，并交流自己的实践心得，提出整改建议、意见；特别是对一些典型的课例，课题组成员集体进行备课，通过二次备课、二次课堂实践、反复推敲，并及时进行归纳总结，形成文字材料；每月课题组成员组织一次小结，由不同校区、年级对研究情况进行小结，提炼可行性策略、方法，制定下一阶段的研究内容。并要求实验教师结合课例一学期每人写一篇案例反思，一节优秀的课例设计，每学年撰写一份高质量的实验论文，及时把心得体会记录下来。

2. 聚焦课堂研究数学教学中问题串设计

在理论学习和集体备课的基础上，课题组成员通过课堂实践收集研究素材，积累、完善研究成果。先后共调研了50节课，从课堂导入、知识新授、巩固练习到课堂小结等课堂教学的不同环节着手，研究问题串在各环节设计存在的问题、改进的方法，收集成功的做法；每一节调研课，课题组都先组织老师进行集体备课，确定调研的具体任务及关注点，再根据课堂中收集的信息二次备课、磨课；针对一些典型课例，先后组织教师开展"同课异构"活动6次，通过课堂对比、详细的数据分析来研究初中数学课堂教学中问题串设计；在积累了一定经验的基础上，组织有经验的老教师开展展示课、示范课，如杨岐老师执教的《设计遮阳篷》，张小晓老师执教的《三角函数的应用（第2课时）》；在青年教师中间开展研讨课，如唐炜老师执教的《菱形的判定与性质（第2课时）》，黄莹老师执教的《勾股定理》；并要求课题组成员上汇报课，如彭志斌老师执教的《三角形内角和定理（第2课时）》，王忠安老师执教的《平行线的性质》等，先后共做了20节公开研讨课、示范课。

3. 召开专题研讨会分析问题，进行反思改进，探索问题串设计的有效策略

根据课题研究计划，课题组坚持每月集中召开专题研讨会，根据先前制定的研究专题，展开交流与讨论，有针对性地围绕研究过程中遇到的问题进行深入分析，总结经验，汲取教训，商讨改进的措施。研讨会上，大家畅所欲言，各抒己见，将自己研究中好的做法与大家分享，存在的疑惑征求大家的意见与建议，真正做到了以研促教，以教促研，共同提高。课题组梳理、提炼大家研究过程中普遍遇到的问题，制定下一个月的研究专题，明确研究的方向、内容，做到了有的放矢。为了使课题的研究更深入、更科学，我们先后三次邀请市教研员会同市直属知名学校教师在我校开展课堂教学研讨，或深入到课堂帮助我们进行诊断、把脉；课题组主持人杨岐老师还多次就课堂实施过程中的做法、困惑与区教研室、市教研室以及知名专家进行交流探讨，听取专家们就课题研究提出的宝贵意见和建议，更进一步的促进了课题有效、扎实的实施。

（三）第三阶段为自我评估、总结结题阶段（2017 年 1 月—2017 年 7 月）

本阶段课题组教师主要完成了以下工作：对课题研究进行全面系统的自我总结评估，提炼形成研究成果。评估研究的有效性（是否通过研究完成了先期提出的拟解决的问题）、成果针对性（研究成果是否与研究主题有逻辑关联）；完成课题结题报告。

1. 对教师教学问题串设计能力的评估

首先，我们以学校开展的"三课一议""三课一评"活动为契机，深入到课题组每一位教师的课堂进行观察和评价，记录授课教师在课堂教学中各环节问题串设计与运用情况，听取授课教师的教学反思，结合课堂中学生的反应与课堂中的实效对教师设计问题串的能力进行综合评价，指出存在的不足与改进的方法，督促教师进行再设计，再实践。其次，抽查课题组成员的

教案和教学反思、听课笔记，主要看教师日常教案中问题串设计是否科学、合理；是否将研究的经验、成果落实在日常教学中；是否对个人课堂中问题串设计的得失进行了及时的记载与反思，提出可行性的改进措施；是否在听课过程中，对他人课堂中问题串设计进行了仔细的推敲，汲取他人的优点。再次，通过教师问卷，了解教师对问题串的认识以及问题串设计和应用能力。最后，课题组成员就个人在课题实施过程中的教学、教研情况进行了总结与汇报，主要谈自己的收获、进步，取得的成绩和今后在问题串设计方面中需要改进的地方，虚心听取各方面的意见与建议。

2. 对学生学习行为转变及学习成绩的评估

问题串的应用旨在转变学生的学习方式，培养学生的自主学习能力，提高教学质量。为此，我们除了深入课堂进行观察和数据收集、分析外，还从学生对问题串教学的认可度、学生的心理需求及使用问题串教学以来个人学习行为是否转变三个维度设计了学生调查问卷，并随机抽取了100名八、九年级学生进行了问卷，认真统计、分析问卷结果。还对课题实验班级与其他班级的期末测试成绩进行了对比分析，查找我们在课题研究方面的成果与不足。

3. 主动向上级教研部门汇报研究进程，接受监督

2017年3月和6月我们分别向市、区教研室汇报了我校课题研究的现状、取得的成果和今后的设想，并展示了研究阶段取得的一系列成果及课题研究方面的经典案例，主动接受教研部门的评估和监督。

积极搜集各个方面的研究资料及研究成果，进行整理分析，完成研究报告，完成课题结题，接受结题鉴定。

七、取得的成果

课题研究使我们清楚了目前初中数学课堂教学中问题串设计的现状，提炼出了问题串设计的基本原则，在问题串设计方面摸索出了一些行之有效的

方法，达成了共识，转变了教师的教学行为和学生的学习方式。经过三年的课题研究，我们认识到：构建适当的问题串是有效教学的基本线索，"用问题引导学习"应当成为教学的一条基本准则。在教学中，针对具体的教学内容和学生知识、能力的实际，设计并合理运用问题串，是支持教师教授过程和学生学习过程的一个重要工具，有利于将知识点由简单引向复杂，将学生的错误回答或理解引向正确方向，将学生的思维由识记、理解、应用等较低层次引向分析、综合、评价等较高层次。有效的问题串能够激发学生数学思维，培养学习能力，优化教学结构，提高教学效率。

1. 结合课堂实践，提炼问题串设计的基本原则

在对初中数学课堂教学中问题使用现状的调查中，我们发现：很多人认为问题串就是若干个问题的简单组合，常常因缺乏目标指引和有机联系而使问题串沦落为一种低效、重复的问题堆积；有些问题串的设计不但起不到"启迪学生思维"的作用，甚至是阻滞了课堂教学的正常秩序；一些问题串设计缺乏精心的推敲，偏离了学生的实际，层次颠倒；有些教师设计的问题串实际上就是教师课堂上的零碎的提问，只是将教师的随堂提问换成了课件呈现等；而事实上问题串的设计不是为追求新颖与时髦，而是为了让数学教学更贴近数学本质，让数学学习更符合认知规律，从而让数学课堂更有生机和更具效益。从问题走向问题串，其要义是为了实现系统论里所说的"整体大于部分之和"的功能，而关键在于问题之间的有机联系。设计时要考虑设计什么问题、为什么要选择这些问题、按什么顺序排列等，而这些是有章可循的，如学生的认知规律，知识间的内在联系，目标与立意的层次等。为此，我们结合课堂实践，提出了数学课堂教学中问题串设计的基本原则。

（1）问题串的设计要具有目的性、针对性。教师在设计问题串的过程中，第一，要针对不同的数学教学内容提出不同的问题，组成不同的问题串；

第二，要针对不同的学生开发不同的问题，组成不同的问题串。每一个问题的提出，都有它的目的，而每一个有目的的问题都有它针对的对象——某一部分内容或者某一位学生。

（2）问题串的设计要具有科学性、合理性。在数学教学中，问题的来源有两类：实际生活和数学问题。从实际生活中选取问题，必须要让问题符合所要教学的内容，同时也要保证所设计的实际问题的科学性和合理性，从数学本身选取问题，一定要严密论证其合理性，要保证自己选取的数学问题本身不存在矛盾，能够经得起推敲，不能为了设计问题串而胡乱编造数学问题。

（3）问题串的设计要具有适时性、适宜性。教学的对象是学生，而问题串也要针对学生而设计，因此每个问题的提出都要适合学生的认知规律和发展状态，不能够靠数学教师的主观臆断而随意编写问题。

（4）问题串的设计要具有顺序性、层次性。问题串的设计要考虑到问题之间的逻辑结构和相互关系，对两个问题而言，谁大谁小，谁前谁后，有没有包含关系，一个问题的解答对另一个会不会产生影响，这些都是在问题串的设计中要考虑到的。

（5）问题串的设计要具有探究性、开放性。问题串的设计不能流于形式，拘于格式，要不断地推陈出新，体现出数学问题的可探索性。在设计问题串的过程中，要将学生已知的、结果固定的、思维统一的数学问题变为可探索的、方法多样的、方向不同的数学问题，不能因为所学的知识结构固定就放弃数学的探索和问题的开放性。

（6）问题串的设计要具有有效性、共振性。问题串的设计要实现教学过程的改善和教学效果的升华，就必须引起师生心灵上的共鸣，精神上的共振；一个好的问题串可以让学生深陷其中、无暇分心，从而和教师在不断地探索和解决问题的过程中达到师生关系的升华。

（7）问题串的设计要具有新颖性、灵活性。

结合上面问题串设计的基本原则，我们又组织课题组成员对教师课堂教学中问题串设计普遍存在的问题进行了认真的分析、诊断，大家普遍认为，中学数学课堂中问题串设计还需要处理好以下几种关系。

第一，处理好问题串的梯度与密度之间的关系。一方面，问题串设计的梯度过大或密度过小，无形中会使问题的难度增大，容易造成思维障碍从而影响教学的顺利推进；另一方面，设计问题串的梯度过小或密度过大，就容易出现问题坡度太小，学生看一看就可以解决的局面，从而造成思维量小，使思维价值缺失。为此，问题串的梯度与密度要适度，要从学生的实际出发，符合学生的一般认知规律与身心发展规律，所设计的问题串要层层递进，要在学生思维的最近发展区内，不能让学生有望而生畏之感。同时，也不能让学生有不动脑筋就能轻易答出的懈怠。要让学生感到"三分生，七分熟，跳一跳，摘得到"。

第二，处理好问题串的思考度与暗示度之间的关系。在问题串设计的过程中，如果问题的思考度过深，在问题的表述中又捕捉不到暗示的信息，可能会造成课堂气氛沉闷，最终导致给学生设计的问题串变成了教师自问自答。相反，也会出现问题缺乏思考的深度或类似于"上面的代数式有分式吗？请找出其中的分式"这样有非常强烈暗示性的问题。为此所设计的问题串要能激起学生的积极思考，给学生"百花齐放"的思维空间，有"一石激起千层浪"的点拨，使学生对数学知识、数学方法、一般规律的认识达到"殊途同归"的效果。特别是要尽量避免采用那种"是不是""对不对"之类的无效问题，以及由此引起的简单答复，这样会让人感到课堂气氛热烈，而实际上是学生揣摩教师的心思，投其所好的应付，从而掩盖了真实的课堂情况。

第三，处理好问题串的开放与封闭之间的关系。在问题串的设计时，一些教师为了使自己的课堂更加个性化，也就是我们所说的追求一节课的"精彩点"，一味追求开放性答案，结果在课堂上，学生不能紧扣所学知识点，使得答案五花八门，严重脱离问题的核心，甚至有些答案可能连教师自己都无法界定其真假，导致课堂失控，难以收场。也有些教师缺乏课堂的调控力，害怕或担心学生提出自己意想不到的答案，在设计问题串时，全部选择封闭性的问题，从而限制了学生的思维，使学生的创新思维难以得到应有的训练与提高。所以，在设计开放性问题串时一定要注意"度"的把握，即问题串的设计必须符合学生的认知水平，接近学生学习的"最近发展区"，其中最有效的途径之一就是与课本内容相匹配，将典型例题及习题进行恰当的改编就可以获得。

第四，处理好问题串的预设与生成之间的关系。教师预设的问题串是按照课程内容，学生实际情况等设计的，反映了教师的教学思路，具有一定的科学性和合理性。但教学过程是动态生成的、复杂的，学生的思维是活跃的，尽管教师对可能出现的结果做了充分的预设，课堂上依然有可能会产生教师预设之外、意想不到的很多有价值的问题，所以教师要防止预设问题串束缚了教学进程，成为学生拓展思维或学习的障碍，一旦"异常情况"出现，教师要及时捕捉和利用有效信息，灵活处理这种动态生成的教学活资源，适时设计、补充一些问题，以调整和改善教与学的活动。为了处理好课堂生成与预设的关系，有经验的教师会经常捕捉和积累学生学习过程中的困难和课堂生成的有价值的问题，并把它巧妙地设置成以后教学备用的问题串，从而达到师生互动与和谐，取得好的教学效果。

2. 中学数学课堂中问题串设计的策略分析

合理设计"问题串"实施课堂教学，已被越来越多的一线教师所青睐，初中数学教材的很多章节也采用了"问题串"的形式引导学生逐步的对问题进行分析、解决，使得以"学生为主体"的教育理念得以落实。而具体到数学课堂，要使课堂生动，关键是看教师如何设计课堂问题串并正确运用。可以说，设置具有价值的问题串是一堂课的"灵魂"，有效问题串的设计和运用决定着教学的方向，关系到学生思维活动的深度和广度，直接影响着课堂教学的实效。课题组通过研究认为，数学教学中问题串设计可以参考以下几点策略。

（1）生活化的问题串设计

在实际教学中，我们发现，学生倾向于对自己身边数学问题更加感兴趣，贴近学生生活实际的问题串更能够引导学生主动参与。为此，可以根据教材，将问题串与学生现有的知识经验或者生活经验联系起来，为数学学习提供具体的教学情境，从而达到事半功倍的教学效果。

例如杨岐老师在教学北师大版八年级（下）"分式"（第1课时）时，通过以下问题串进行教学。

问题1：周末，学校组织优秀学生到科技馆参观。学校距科技馆80千米，校车的速度为60千米／时，那么经过多长时间可以到达？

问题2：到达科技馆后，看到科技馆售票窗口处写着：成人每人30元，儿童每人10元。我们去了 a 名老师，b 名学生，如果让你去买门票，你要付多少钱？平均每人多少钱？

问题3：在科技馆，我们了解到科技馆的一些情况，请看大屏幕：①科技馆设有6个展厅，建筑面积共是 m 平方米，你知道平均每个展厅有多少平方米吗？②在动漫展厅中有 p 个展柜，共展出动漫作品 a 件，平均每个展柜展出几件作品？

问题4：观察代数式 $\frac{4}{3}$，$30a+10b$，$\frac{30a-10b}{a+b}$，$\frac{m}{6}$，$\frac{a}{p}$。找出你熟悉的代数式。还有哪些代数式我们还未学过？

问题5：观察代数式 $\frac{30a-10b}{a+b}$，$\frac{a}{p}$ 它们有什么共同的特征？与 $\frac{m}{6}$，$30a+10b$，$\frac{4}{3}$ 有什么区别？

教师通过学生感兴趣又贴近实际生活的"科技馆参观"活动为背景，从学生熟悉的行程问题、销售问题设置问题串，激发了学生主动参与的意识，又让学生在解决问题的过程中潜移默化地接受了新知识。

（2）个性化的问题串设计

个性化问题串设计就是要求问题串的设计要面向全体，尊重学生的个性差异，让不同层次的学生都能获得解决数学问题的机会。在教学过程中，问题串设计要充分考虑学生的个性差异，问题本身要注意序列，做到层次清楚，充分考虑让每个学生的思维都能被触动，都参与思考，使学生在问题串的引导下，通过自身积极主动的探究知识。

例如黄莹老师在教学北师大版八年级（上）"探索勾股定理"时，教师在情境导入新课后，教师出示下列问题串，让学生自主探究。

问题1：在纸上任意画若干个直角三角形，测量它们各边的长度，看看三边长的平方有什么关系？

问题2：如图1中图（1）、图（2），等腰直角三角形的三边的平方分别是多少？它们满足上面所猜想的数量关系吗？

问题3：如图1中图（3）、图（4），一般直角三角形三边的平方分别是多少？你是如何计算的？它们也满足上面的数量关系吗？

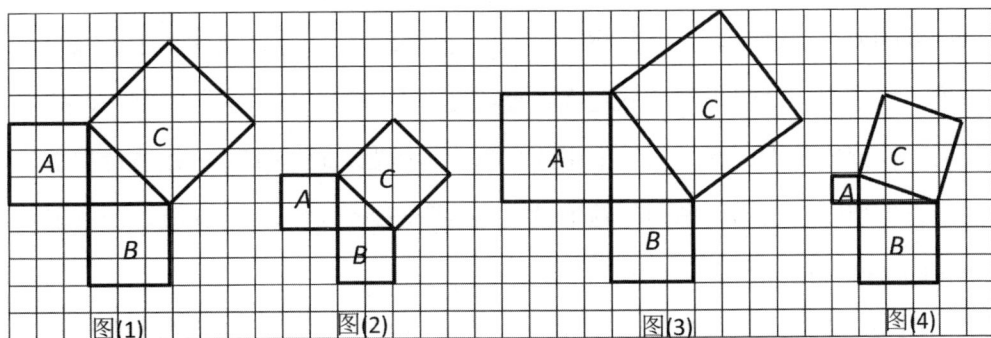

图1

	A 的面积	B 的面积	C 的面积
图（1）			
图（2）			
A、B、C 面积间的关系			
直角三角形三边关系			

问题4：在单位长度不同的方格纸上任画几个顶点在格点上的直角三角形。看它的三边是否满足上述规律？

问题5：直角三角形的两直角边分别为1.6个单位长度和2.4个单位长度，它们的三边是否满足上述规律？

问题串的设计立足于让学生体验勾股定理的探索，教师成为学生学习的引导者、组织者。设置的问题串由浅入深，层次分明，能够照顾到不同层次的学生，有利于调动每一位学生学习的积极性和激发每一位学生的学习兴趣，通过探索、动手、猜想、归纳和验证的探究过程，使学生养成科学的探究习惯和方法。

（3）精细化的问题串设计

问题串设计要根据教学目标，把教学内容编设成一组组、一个个彼此关联的问题，使前一个问题作为后一个问题的基础和前提，后一个问题是前一个问题的发展继续、补充或分解、提示，这样每一个问题都成为学生思维的梯度。教学中，一般采用"低起点、小坡度、多训练、分层次"的方法，将学习目标分成若干层次，设计出由浅入深的基础题，逐步加深，在适合学生的最近发展区内运用一系列问题串设问，层层递进，通过合作交流，在尊重事实的基础上达成共识。

例如：张文忠老师在学习了推论"直角三角形斜边上的中线等于斜边的一半"之后，就一道习题设计了如下的问题串。

已知，如图2，点 C 和点 D 在 AB 的两侧，且 $\angle ACB=\angle ADB=90°$，点 E 是 AB 的中点。

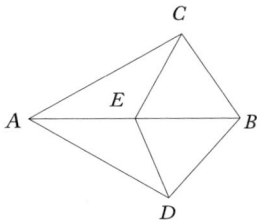

图2

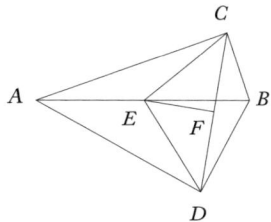

图3

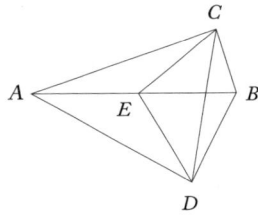

图4

问题1：EC 与 ED 是什么关系？为什么？

问题2：当点 C 和点 D 在 AB 的同侧时，上述结论是否成立？为什么？

问题3：如图3，连接 CD，并且 F 是 CD 的中点，EF 和 CD 具有怎样的位置关系？为什么？

问题4：当点 C 和点 D 在 AB 的同侧时，上述结论是否成立？为什么？

问题5：如图4，当 $\triangle CED$ 是直角三角形，求 $\angle CAD$ 的度数。

此设计以"直角三角形斜边的中线"及"等腰三角形三线合一"的知识背景，通过设问，步步深入，形成问题串，在"变"中拓宽学生的思维空间，在"不变"中寻找关系，从而找到解决问题的途径。通过这一组变式提问，将静态的数学与动态的变化结合起来，让学生在图形的变化中理解并体验变与不变。学生不仅学得轻松，也培养了探索知识、发现知识、应用知识的综合创新能力，掌握了解题的奥秘在于"万变不离其宗"。

（4）开放化的问题串设计

设置问题时要从多层次、多角度设置疑问，形成问题串引导学生深入思考，吸引学生积极动脑，拓展创新思维，培养学生触类旁通的能力和发现问题、分析问题、解决问题的能力。通过动手、动眼、动嘴、动脑，主动地获取数学知识，做课堂学习的主人。

例如，在学习《一次函数图象的应用》时，为了让学生掌握图象信息题，可以设计下面的问题串。

题目：八年级同学到黄河公园郊游，一部分同学步行提前出发，另一部分同学骑自行车沿相同的路线前往。如图5所示，L_1，L_2分别表示步行和骑自行车的同学前往目的地所走路程 y（千米）与所用时间 t（分钟）之间的函数图象，请根据图象回答下列问题：

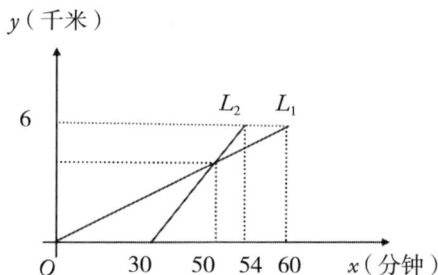

问题1：步行同学比骑自行车的同学早出发了几分钟？

问题2：谁先到达终点？比另一队早几分钟?

问题3：骑自行车的同学在出发后多长时间追上步行的同学？

问题4：根据函数图象，你还能得到哪些信息？

在让学生独立思考、充分讨论后，同学列出所获得的信息近20条，并且有四组同学提出"骑自行车的同学追上步行同学时距离出发点有多远？"这样的问题，更没想到的是学生竟然用三种方法进行了解答。

这样开放性的问题串设计为学生搭建了充分展示自我的平台，也培养了学生发现问题、提出问题、解决问题的能力，从而培养了学生从图象中读取信息的能力。

（5）体系化的问题串设计

数学知识相互贯通、协调，并在相应的层次及层次与层次之间呈现整体性，这种整体性能对数与代数、空间与图形、统计与概率这三部分产生整合功能，此外，这种整体性还反映在数学与其他学科知识的有机关联而产生的知识的统一与综合。这些无疑会对学生认知结构产生积极的影响。因此，要注重从同一模型、相近题类和方法的归类等方面形成问题串，不仅产生布局设计的整体效果，同时也取得相似强化作用与特殊成效。

例如，在教学"二次函数图象"课上，教师在导入 $y=a(x+m)^2$ 与函数 $y=ax^2$ 图象的位置关系时，设计如下问题串：

问题1：请比较这三个函数 $y=\frac{1}{2}x^2$，$y=\frac{1}{2}(x+2)^2$，$y=\frac{1}{2}(x-2)^2$ 图象有什么共同特征？

问题2：它们的顶点和对称轴有什么关系？

问题3：图象之间的位置能否通过适当的变换得到？

问题4：这样的变换从函数表达式上有什么反映？

问题5：由此你发现了什么？能结合"数"与"形"找到其中的规律吗？

教师通过以上问题串设计，把分类思想、方程思想、类比思想三者有机紧密的串联起来，帮助学生梳理知识体系，从而帮助学生形成了完整的知识结构。

3. 中学数学教学中问题串设计的方法

学生的思维活动总是从"问题"开始，又在解决问题中得到发展。教学中，教师要精心设计问题串，提出一些富有启发性的问题来激起学生思维的波澜，启发学生通过自己的积极思维，掌握获取知识的过程和方法，并主动找到答案，最大限度地调动学生的积极性和主动性。在研究中课题组通过反复实践，归纳出以下几种问题串设计的方法。

（1）在概念学习中设计问题串

概念教学一直以来是数学教学的难点，由于一些概念比较抽象，学生的知识储备少，迁移能力欠缺，没有感性认识，教师直白地讲解，学生不容易参与到学习活动中来，很难达到应有的教学效果。为此在教学中可以给出相应的问题情境，提供相应的直观载体，再创设与之相应的问题串，将难点知识分解为许多小问题，引导学生从情境信息出发层层深入，步步推近，则会是另一番课堂景象。

例如，尹欣老师在上"对顶角"的概念时，设计了以下问题串：

问题1：把两根小木条中间钉在一起，使它们形成4个角，这4个角的大小能自由改变吗？在制作过程中你有什么感想？

问题2：在相交的道路、剪刀、铁栏栅门等实际问题中（教师通过多媒体课件呈现图片）你能发现哪些几何形象？ 试作出它的平面图形。

问题3：如果将剪刀用图形简单地加以表示（如图6），那么∠1与∠2的位置有什么关系？它们的大小有什么关系？能试着说明你的理由吗？

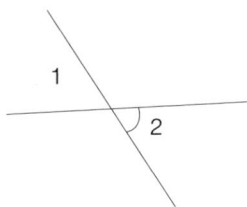

图 6

问题4：找一找生活中对顶角的例子。

这组问题串教师首先设计了一个与学生生活紧密联系的数学实验，直观的动态模型能够使学生初步形成对学习对顶角概念的形象雏形理解，从而让学生经历知识的发生过程，能够给学生提供充分的实践与想象的空间。紧接着教师通过问题2引导学生对几何形象进一步去观察、操作、猜想，使学生的发现与归纳在更高的思维层次上展开，从而克服了直接给出"两线四角"引入对顶角概念的单一教学模式，促使学生进行探究式的主动学习。为了给学生提供极好的探究"对顶角相等"这一性质的现实模型，教师设计了问题3，让学生亲身体验了对顶角性质的归纳，使之自然稳固地内化到认知结构中。最后通过问题4让学生回到现实中，应用对顶角的概念去寻找生活中对顶角的例子，既能使学生体验到数学的应用价值，又能加深学生对知识的理解，真正实现知识的自主建构。

又如彭志斌老师在学习了反比例函数概念后，为了强化学生对概念的理解，又设计了下面的问题串：

问题1：我们已经学过反比例的概念，你能举出一些两个量成反比例的例子吗？

问题2：所举的例子中有几个变量？不变的是什么？

问题3：如何用函数的观点去解释上述问题？

问题4：请同学们阅读课本并举例说明你对反比例函数概念的理解。

问题5：用定义判断 $y=\dfrac{100}{x^2}$ 和 $y=\dfrac{100}{x+1}$ 是否为反比例函数，为什么？

这组问题串设计初看有点直来直去，没有什么新意。但细细品味，就会发现它是环环相扣，环环紧扣关键处；步步为营，步步击中要害点。总任务分解成五个阶段任务：激活原有相关概念，揭示新的视角，引发新的理解，阅读理解并举正例支撑，反例辨析。五种认知任务对应着五个环节，五个目标对应着五个指向明确的问题，这样设计出的问题串既朴实无华，又简洁自然。

（2）在探索规律时设计问题串

探索规律重点是培养学生的探究意识、知识迁移能力，在教学中我们可以根据教学目标、重点、难点，把教学内容编织成一组组、一个个彼此关联的问题，使前一个问题作为后一个问题的前提，后一个问题是前一个问题的继续或结论，这样每一个问题都成为学生思维的阶梯，从而形成一个具有一定梯度和逻辑结构的问题串，使学生在明确知识内在联系的基础上获得知识、提高思维能力。

如北师大版七年级（上）《字母表示数》一节中，教材就设计了以下的问题。

题目：如图7，搭1个正方形需要4根火柴棒。

问题1：按上述方式，搭2个正方形需要多少根火柴棒？搭3个正方形需要多少根火柴棒？

问题2：搭10个这样的正方形需要多少根火柴棒？

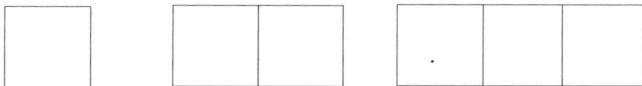

图7

问题3：搭100个这样的正方形需要多少根火柴棒？你是怎样得到的？

问题4：如果用字母 x 表示所搭正方形的个数，那么搭 x 个这样的正方形需要多少根火柴棒？

问题5：根据你的计算方法，搭200个这样的正方形需要多少根火柴棒？

在这里教材编者创设了探索规律的情境，激发学习兴趣，利用构建的有梯度的问题串引导学生体会探索一般规律的过程，并体会规律产生、发展的过程。

又如杨岐老师在引导学生学习"一元二次方程的根与系数的关系"时，设计了这样的问题串。

问题1：分别求出方程 $x^2+3x+2=0$，$x^2+8x-9=0$ 的两个根与两根之和、两根之积，观察方程的根与系数有什么关系？

问题2：分别求出方程 $2x^2-5x-3=0$，$3x^2+20x-7=0$ 的两个根与两根之和、两根之积，观察方程的根与系数有什么关系？

问题3：你能猜想出方程 $ax^2+bx+c=0$（$a\neq0$）的两根之和与两根之积是多少吗？观察方程的根与系数有什么关系？

问题4：这个规律对于任意的一元二次方程都成立吗？如方程 $x^2+x+1=0$，它的根也符合这个规律吗？

问题5：用数学语言如何表达上述规律？

教师通过一组问题串，引导学生按照一定的逻辑顺序层层深入，由易而难，由外而内，由现象到本质，由特殊到一般，学生在解决这些问题的过程中，实现了知识的迁移，从而系统地掌握了一元二次方程的根与系数的关系。

（3）在活动探究中设计问题串

数学活动探究旨在培养学生自主探索、合作交流的意识与能力，也是发展、提升学生思维习惯与思维能力、积累活动经验的有效途径。在活动探究中如何引导学生围绕探究目标展开探究？如何实现学生思维能力的提升？在实践研究中我们发现：教师可以通过设置一些引导性问题，引导学生主动思考问题、表达对问题的看法；再利用向学生反馈或者继续提问的方式来识别学生的回答，确认学生对问题的不同理解状态；最后，采取一系列的措施，引导学生反思自己对问题的解答，关注并思考他人的观点，最终达成探究活动的目标。这样教师围绕着探究目标，通过一系列的"问题串"使学生思维清晰，更深刻地理解正在探究的问题，领悟探究活动的精髓。

例如，王忠安老师在学习"反比例函数的图象"之后，结合图象提出以下"问题串"。

问题1：什么原因促使图象有两个分支？

问题2：为什么图象会越来越接近坐标轴？为什么图象永远不可能到达坐标轴？

问题3：当 $k>0$ 时，图象为什么在第一、第三象限？当 $k<0$ 时，图象为什么在第二、第四象限？

问题4：为什么要强调在每一象限内？

通过设计这些看似不起眼的"问题串"，将富有"挑战性"的开放性问题提出来，虽然给教师的教增加了一定的难度，却体现了为学生服务的观点，同时也打破了学生原有认知结构，激起积极思维的层层浪花，有效地营造了学生自主参与学习的氛围，从而激发起学生主动学习的意识。

（4）在解决问题中设计问题串

问题解决是数学教学的最终目标，教师让学生亲身经历解决问题的过程，展现学生解决问题的思维过程，实现解决问题方法的提炼与升华，在研究过程中，我们发现：教师可以借助问题串实现解决问题方法的提炼与知识的拓展、延伸；也可以从实际问题出发，将其转化为数学问题，建立数学模型，解决基本问题，通过对基本问题的演变进行适度延伸拓展，嫁接产生新的问题引导学生经历归纳解决问题的方法的过程，关注解决问题的方法的变化。

例如：在特殊平行四边形的复习课上，教师出示了这样两个填空题。

题目1：一个菱形的一个内角为60°，其边长为6，那么该菱形的面积是_____；

题目2：一个矩形的面积为4，其对角线长为$\sqrt{19}$，则其较长的一边长为_____。

在平时的教学中像这样以基础训练为目的的小题目，一般是学生做，教师评，就题论题；但这位教师在讲了题目后设置了如下问题串，目标直指更深一层的数学方法与思想。

问题1：题目的两个条件不变，我们还可以求出什么？（结论开放）

问题2：更换条件，但个数不变，你又能求出什么？（条件与结论都开放）

问题3：这说明菱形（矩形）有几个独立的量就可以确定了？（维度和基本量的思想）

问题4：正方形有几个基本量就可以确定了？

问题5：据此你能否自己编制一些有创意的题目并自己解决呢？

我们细细的推敲揣摩就会发现：教师通过开放的问题1，2是让学生有足够多的经历，为学生的归纳提供了支撑；问题3，4则为学生的思考指明了方向，并定位于思想方法的提炼与方法的迁移；问题5是结论的应用。每个环节都有特定的任务，而每个问题都能承担特定的功能，这样的问题串设计给人以一种一气呵成并不断往深处延伸的感觉。可谓小题目也可派大用场，小地方也可以深立意。

又如，组织课题组成员在"一师一优课"平台学习优秀案例时，我们发现一位教师在讲授人教版七年级上册实际问题与一元一次方程（销售问题）一课时，他先出示了问题情境：某商店在某一时间以每件60元的价格卖出两件衣服，其中一件盈利25% 另一件亏损25%，总的来说卖这两件衣服是盈利还是亏损，或是不盈不亏？然后设计了以下问题串引导学生解决问题。

问题1：你能否估算一下是亏还是赢？

问题2：看盈利还是亏损，主要依据是什么？

问题3：在与盈亏有关的量中哪个是已知，哪个是未知的？

问题4：设盈利25%的那件衣服的进价为 x 元，那么他的利润是多少元？

问题5：用进价和利润可表示盈利25%的那件衣服的售价吗？如何表示？

问题6：盈利25%的那件衣服售价为60元，则60元与 $x+0.25x$ 有什么关系？

问题7：类似的，可设亏损25%的那件衣服的进价为 y 元，它的利润是_____元，列出的方程是_____，解得_____。

问题8：现在你能通过运算，比较是盈利还是亏损了吗？

问题9：计算结果与你刚才的估计是否一致？通过以上问题你有什么收获？你是如何在销售问题中建立方程的？

（完成上述问题串后，教师进一步提问）

问题10：假如你是出题者你能否经过调整本问题中的一个数据，使得本问题答案是盈利的？

问题11：假如你是经理你能否设计一种方案，适当调整售价后使得捆绑销售这两件衣服不亏本呢？

教师结合学生对销售盈亏问题感兴趣，而教材创设的问题情境恰能引发学生的争论、激发学生探究欲望的实际情况，设计问题串引导学生用一元一次方程解决销售问题。

（5）在反思小结时设计问题串

数学课堂教学中，适时引导学生进行小结与反思是帮助学生对所学知识进行归纳总结，帮助学生将知识系统化，是学习方法归纳与知识提升的关键环节，也是有效促进学生求异思维和发散思维的发展，引导学生自己进行思考、比较、思辩的最佳时机。如果在小结反思时能从数学方法论的角度，加入一些认知的提示语，如：你认为该问题可能涉及哪些知识？解决该问题需要什么条件？我们还疏漏了什么没有？该问题的解决方法有推广价值吗？可推广到哪些方面？就可以促进学生自己发现问题、提出问题，对数学有所感悟，实现学生思维深度参与的自动发生机制。

例如：张小晓老师在学习了《探索三角形相似的条件（第1课时）》后，为使学生对本课时内容有一个完整而深刻的认识，教师在本节课的课堂小结环节设计了这样的问题串。

问题1：本节课在知识方面你有哪些收获？

问题2：这节课你积累了哪些数学活动经验？

问题3：你认为在说理过程中，应注意什么？

结合课堂实际，我们发现：此处教师通过问题1引导学生回顾本节课所学的知识内容及知识获得的手段与方法，学生说出了"两角对应相等的两个三角形相似"的判定条件，以及这一结论是通过实验的方法得到的。问题2则引导学生反思类比猜想或操作验证中的活动经验。学生回顾说，课堂上是类比三角形全等的判定，对判断三角形相似的条件提出种种猜想，然后将猜想归纳整理为三类，即只与角有关的猜想，只与边有关的猜想，与边和角都有关的猜想。本节课只研究第一类猜想，它又可细分为三个猜想，即一个角对应相等、两个角对应相等、三个角对应相等的两个三角形是否相似。其中涉及化归的思想方法、操作实验的研究方法。问题3则是让学生明晰利用"两角对应相等的两个三角形相似"解决问题时，要找到对应相等的两对角，并注意书写的规范。

这三个问题，给学生提出了明确的反思任务，包括数学知识方面、数学活动经验和数学思想方法方面。在教学中如果经常设置这样的教学环节，学生将逐渐意识到反思的必要性。在课堂教学中，我们不能仅仅把学生置于"问题"之中，还要置于"反思他们的活动"之中，唯有反思，才能促进理解，从而更好地进行建构活动，实现良好的循环。

4.“导学案”中问题串设计

随着课堂教学改革的不断深入,“导学案”教学越来越受到一线教师的青睐,也逐渐成为课堂教学变革的主流,为此,课题组成员以学校开展“导学案”教学为契机,将问题串设计尝试性的运用到导学案中,并就导学案中问题串的设计进行了深入的研究。首先,我们还是深入课堂调研,寻找问题与不足,我们发现,中学数学导学案教学中,问题串设计存在以下问题。

问题1:问题串的设计缺乏深度和广度。导学案中,尤其是课前预习与课中导学部分,很多教师仅仅是将课本中的知识通过填空的形式设计成问题串的形式,学生只要阅读课本就可以完成,失去了问题的启迪作用。

问题2:问题串的设计过于随意,没有经过精钻细雕,出现了两种极端,一是设计的问题串过细,牵着学生走,没有思考的空间;另一种是问题间的跨度过大,授课中又没有恰当的问题串进行铺垫,学生自始至终是疑惑的。

问题3:问题串的设计偏离了学生的最近发展区,学生不理解问题的设计意图,无法通过问题有效开展讨论与思考。

问题4:对教材的设计意图理解不到位,导致问题串设计出现偏差,远离了教学目标。

问题5:导学环节,问题串的出示时机把握不到位,留给学生自我思考的时间与空间不足。

带着问题,通过课题组成员的实践研究,最后整理出了导学案中问题串设计的两点策略。

(1)推敲文本,设计问题串

①深研教材设计问题串

要求教师在课前依据教学目的和教材内外的各种教学主要资料、辅助资料以及学生的认知结构,精心设计递进性系列问题,引导学生沿着问题的台阶,自主寻求探索和解决问题的方法,然后依据学生自学过程中存在的疑难问题和提供的反馈信息，确定教学目标和师生教学过程、活动设计，针对性地展开问题讨论，再依据问题讨论的效果，教师精讲点拨，指导学生解决重点、难点、疑点问题，师生共同总结，梳理知识结构，形成网络，理出规律，最后强化训练，完成教学目标。

②多方整合设计问题串

问题串设计应该努力在整合上做文章。教师要把三维目标、课程内容、教学方式等重新整合，把每个学习主题分解成若干个问题，并根据分解的内容设计不同的问题情境，在整合中提高设计问题串的水平。

③推敲细节设计问题串

深入细致的研究学生，从学生的"最近发展区"着手，结合教材编写的意图，在"求甚解"之处，细细推敲，设计符合学生思维习惯且有思维价值的问题串，从问题引导入手，让学生深入思考理解知识，变学为思，变教为诱。

（2）立足学生，设计问题

①从"疑惑点"入手，设计问题串

"思维从对问题的惊讶开始。"教师在设计问题时，应抓住学生最可能产生疑惑的"疑惑点"设问，也可在引导学生自己生疑发问的基础上，设计出一些能帮助学生拨开思维迷雾的问题。

②从学生认知"最近发展区"着手，设计问题串

充分考虑学生已有的学习经验和知识储备，设计的问题串要符合学生的认知规律，通过问题串引导学生将关联知识进行衔接，实现知识的迁移，即问题的切入点既与学生的知识背景和生活经验对接，又属于其认知缺失或空白的区域，引导他们将已有经验作为新知识的生长点。

5. 课题的研究促进了课题组教师的专业发展，课题研究成果显著

在课题研究的过程中，我们课题组的全体教师阅读了大量的教育教学理论专著，集体研学了《义务教育数学课程标准（2011版）解读》《翻转课堂

与慕课教学》《有效教学的实践与反思》《站在孩子的视角谈教育》《给教师的建议》等专著，通过观课、议课、评课和实践探索积淀了丰富的教学理论和教学实践经验，教师的教学思想和观念有了质的飞跃和转变，特别是在课堂教学中问题串设计能力与应用能力有了质的提升，课题组教师基本掌握了问题串设计的要领，每一节课，教师都能潜心研究教材，洞悉教材编写意图，分析学生的认知水平，根据不同课型、不同的教学环节，恰当地设计问题串，有效引导学生自主学习，特别是大家能及时对一节课中问题串设计的得失进行反思、调整与交流研讨，努力向研究型教师发展。三年来，尹欣、黄莹、王忠安、彭志斌等青年教师的课堂教学有了显著的变化：由过去的教师主宰课堂到今天的学生主体、教师主导的教学互助；由过去教师的满堂问到现在问题串引领下的自主探究、合作交流；他们的课堂不再是沉闷与单一的说教，而是调控自如、语言形象、学生个性发展的舞台。青年教师尹欣由衷的感叹："过去总想着教科研距离自己实在是太远，其实教科研就是解决我们实际教学中遇到的问题与困惑，三年的研究，让我尝到了科研的滋味，它给我的教学带来了质的跨越。"

三年来，课题组成员结合课题研究撰写论文10篇，教学设计及案例30篇。杨岐老师的论文《中学数学优化问题串的策略》荣获自治区一等奖；论文《一道课本情境题中的问题串引发的思考》《例谈初中数学课堂教学中的问题串设计策略》荣获银川市级一等奖；李巍老师论文《学起于思 思源于疑——"正弦定理一课的教学设计"》发表于《中学数学教学参考》，同时获宁夏社会科学优秀成果奖三等奖；杨岐老师撰写的教学设计《函数》荣获自治区级一等奖；张文忠老师执教的《切线长定理》荣获"卡西欧杯"全国青年教师优质课大赛一等奖；杨洋老师执教的《正方形的性质》荣获"卡西欧杯"全国青年教师优质课大赛二等奖；2015年10月13日，唐炜老师在全国"世纪杯"教学研讨中，进行了问题串模式下的课例《菱形的性质与判定（2）》观摩展示荣获一等奖；黄莹老师执教的《探索勾股定理（1）》荣获自治区级二等奖、获"一师一优"课教育部优秀课例；同时黄莹老师被授予宁夏回族自治区"信息技术教学应用名师"；黄莹老师执教的《认识二元一次方程》在银川市"推进课堂变革，提升教学效率"课堂教学评比中荣获银川市级一等奖；在自治区教研室组织的"推进课堂变革，提升教学效率"课堂教学展示活动中，张小晓老师做了《三角函数的应用》展示观摩课；杨岐老师在全区中考研讨中承担了《反比例函数》的观摩示范课；在银川二中教育共同体三校同课异构活动中，杨洋老师执教的《反比例函数的图象和性质》荣获一等奖；杨岐老师主持的《利用问题串帮助学生自主探究证明思路》小专题研究，以《三角形内角和（第2课时）》为课例，在银川市第六届小专题成果展示交流中荣获一等奖。

八、存在的问题和今后的设想

三年的研究征途是凝结着智慧心血的研究历程，虽然我们倾全力向着预定的研究终点挺进，但还是难免留下些许遗憾。由于受到日常繁重的教学任务的冲击，研究还不够深入，研究的一些过程性材料收集不及时；研究的成果还不够突出，就课题研究方面的论文仅有1篇在公开刊物上发表；特别是由于接触到"导学案"教学的时间不长，在"导学案"中问题串设计的研究还不深入、全面。今后，我们课题组将继续围绕问题串设计，探究问题串在不同课例中的具体措施；研究"导学案"中问题串设计的策略；研究如何设计问题串促进学生自主学习。

品中考试题　启教学智慧

——2019年宁夏中考第25题的赏析与思考

随着数学核心素养的核定及义务教育阶段十大核心概念的提出，回归数学本源，提升学生的关键能力与必备品质，让学生完整经历提出问题、建立模型、解决实际问题的过程，发展学生的数学核心素养已成为数学教育界的共识，同时也受到历年中考命题者的青睐，下面就对2019年宁夏中考试卷中第25题进行赏析。

一、试题呈现

在综合与实践活动中，活动小组对学校400米的跑道进行规划设计，跑道由两段直道和两端是半圆弧的跑道组成。其中400米跑道最内圈为400米，两端半圆弧的半径为36米。（π 取3.14）

（1）求400米跑道中一段直道的长度；

（2）在活动中发现跑道周长（单位：米）随跑道宽度（距最内圈的距离，单位：米）的变化而变化。请完成下表：

跑道宽度／米	0	1	2	3	4	5	…
跑道周长／米	400						…

若设 x 表示跑道宽度（单位：米），y 表示该跑道周长（单位：米），试写出 y 与 x 的函数关系式（如图1、图2）；

（3）将446米的跑道周长作为400米跑道场地的最外沿，那么它与最内圈（跑道周长400米）形成的区域最多能铺设道宽为1.2米的跑道多少条？

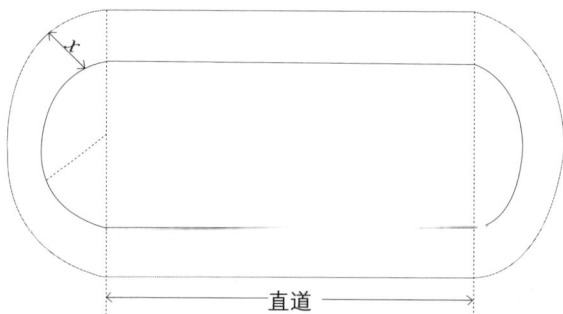

图1

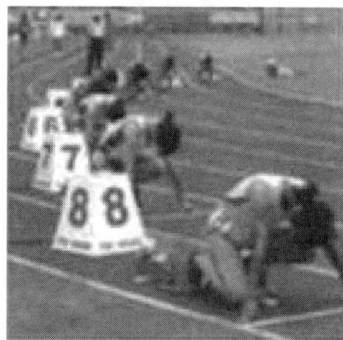

图2

二、试题赏析

2019年宁夏中考第25题以"400米跑道规划设计"为素材，再现了真实问题情景—提出问题—解决问题的全过程；考察学生数学阅读能力、数学思辨能力、数学抽象能力与综合应用数学知识解决实际问题的能力。评价学生数学建模、运算能力、创新能力和应用意识等核心素养。

1.尊重原有认知，科学质疑

作为中考压轴题，鉴于其选拔、评价、引导、促进教学等功能，命题者充分考虑了学生的已有生活经验和知识基础。一方面，试题突出数学与体育学科的有效整合，用学生生活中最熟悉的操场跑道作为研究对象，真实再现学生日常学习生活场景，有效激发学生的探究欲望，调动学生的探究热情，鼓励学生用数学的眼光观察生活，体会数学的应用之美。另一方面，从知识背景上看，试题立足课本习题，适度进行创新改编。试题所涉及的"400米跑道设计"在学生日常学习中均有接触，北师大版教材在"弧长与扇形面积"一节中出现了跑道弯道半径的计算问题，人教版教材则在《圆》一章结束后安排了"设计跑道"的实验与探究活动。鉴于此，命题者在尊重学生原有认知水平的前提下，对习题进行拓展与创新，将原来直接应用弧长公式计算单个跑道的宽度或确定不同跑道的起跑点拓展为研究跑道周长与跑道宽度两个变量之间的关系，利用三个层层递进的问题设疑，问题的设计再现学生的思维过程，实现数学学科内部知识整合，突出对"过程性"维度目标与"情感态度价值观"维度目标的考查。既照顾不同层次学生，体现考试评价的公平性，又有效区别了学生的解题能力与思维深度，为学生在已有学习基础上进行深度学习搭建平台。

2. 巧设思辨元素，诱导探疑

试题在已知条件设置与呈现方面可谓独具匠心，显性与隐性元素交相呼应。细品试题，我们会发现，解答该题目的关键是认识并理解"引起跑道周长发生变化的根本原因是弯道长度（即半圆弧的长）发生了变化"。这种看似简单的题面，欲寻找到解答问题的关键点，则需要学生仔细阅读题目，认真思考、辨析，考察学生的数学阅读能力、抽象能力和数学思辨能力。一方面，命题者"搭梯度，降难度，启思维"。创设第1问，通过让学生计算400米跑道中一段直道的长度 $=$（周长 $-2\pi r$）$\div 2=$（$400-2\times3.14\times36$）$\div 2=86.96$ 米，认识400米跑道的基本构成中，直道的长度不会因跑道宽度的变化而变化，在研究跑道周长问题中可以视为常量，将解决跑道问题的视角转移到跑道的弯道区域，为第2问探索跑道周长与跑道宽度之间的关系奠定了基础。另一方面，命题者巧妙地运用数学平面图形与实物插图，"促联想，破难点，明思路"。首先利用实物插图（图2）：400米赛跑中，跑道上每个运动员起跑点不一致。启发学生联想学习生活中400米赛跑时的真实场景，思考导致运动员起跑点不一致的原因，从感性认识逐渐上升到理性认识，进而理解题目中"跑道周长随跑道宽度（距最内圈的距离）的变化而变化"这一显性表述。其次利用几何平面图形，数形结合，明晰跑道宽度的意义及自变量含义的同时，再次引起学生的深度思考：导致跑道周长发生变化的根本原因是什么？题目探究的问题与熟知的旧知有什么区别与联系？将学生从过去"研究跑道个数或单个跑道宽度"的原有认知过渡到现在"先研究跑道宽度，再设计跑道条数"的问题中，实现从常量到变量的转换，学生在思辨过程中会发现：跑道周长是因弯道半径的变化而变化的，引起弯道半径变化的恰是因跑道宽度发生了变化，进而发现跑道周长 y 与跑道宽度 x 之间的内在联系，完成表格的填写（表略），写出跑道周长 y 与跑道宽度 x 之间的关系式：$y=400+2\pi x$。

学生通过阅读、识图和独立思考获得对数学问题的基本认知，捕获思辨元素，体悟思想方法，问题梯度的合理设计，有效激发了学生的探究兴趣，使学生渴求获取知识的同时也为发展学生的创造力提供了载体。

3. 落实核心素养，精准答疑

综合分析这道题的完成情况，银川地区其平均得分仅为3.1分，难度系数为0.31，而宁夏全区该试题的平均得分则更低，为什么师生普遍认为"简单"的试题，其平均得分竟如此之低？其原因就在于命题者隐匿在"简单"题意背后的深层次的考量，即学生的数学核心素养。试题在考察学生的数学阅读能力、数学思辨能力、知识迁移能力的过程中，力求提升学生的运算能力、数学建模、创新能力与应用意识等核心素养。如题目中要求 π 取3.14，在不经意间通过学生对具体数据的计算，计算结果的精准取舍，考察学生的运算功底与严谨的治学态度。又如习题中模型思想的渗透，在第2问命题者通过两种不同的函数表示方式：表格法与关系式法，帮助学生辨析变量间的关系，构建函数模型，加深学生对函数表示方法的认识与理解，体会函数关系中自变量的连续性。而第3问则是在第2问的基础上，突出一元一次方程与一次函数间的联系，考察学生构建方程模型解决问题的能力，体会数学模型在生活中的意义，通过问题的步步解决，建立新知与旧知的联系，再次实现了新知"跑道宽度"到旧知"具体跑道条数的规划与设计"的相互转换，增强学生对数学基本思想的理解，促进学生的数学建模、应用问题等核心素养的发展，展示了数学文化的魅力。

三、启示

1. 关注学生数学学习的过程

在平时的课堂教学中，教师要将课堂回归数学本源，切实关注人的发展，推进课堂教学变革。一方面，以活动探究的方式实施教学，以问题为主线，以真实的情境为载体，激发学生的学习动机和求知欲望，突出学习过程中的发现、探究、反思等认知活动，努力让学生亲身经历知识的发生、发展的过程，引导学生学会数学思考，为学生提供更多分析和解决不同背景下问题的机会，使其能在遇到各种各样问题情景时，可以运用数学的知识、方法、思想和观念去分析探究，从而发现其中存在的数学现象和数学规律，并运用数学知识和方法加以解决。另一方面，在过程学习中，除了关注学生关键能力的培养外，还要关注学生良好学习品质的培养与养成，如严谨的治学态度、规范的书写、严密的逻辑思维等，在上述第25题的解答过程中，我们就发现，因学生学习习惯等因素造成失分的现象普遍存在，如未重视试题插图，辨别不清自变量的含义，寻找不到问题解决的突破口；又如试题要求 π 取3.14，仅此一项，学生就出现了类似于计算错误、随意取整，甚至是直接无视此项要求等失误。

2. 重视课本中例题习题的教学

课本中每道例题和习题的设置都有其独特的目的和作用，体现了本节知识点应达到的能力，控制着本节知识内容的学习深度与知识辐射范围。一方面，教师要充分发挥课本例题习题的示范功能，夯实学生的基础知识与基本技能。通过例题习题的教学，让学生初步学会如何运用数学思维、如何进行数学思考、如何准确表述自己的解题过程，从而加深学生对基本概念、法则、定理等基础知识的理解和掌握，培养学生解题的准确性、灵活性和敏捷性，开发学生良好的思维品质。另一方面，对一些典型的例题习题，教师要在理解其深刻用意的基础上深入挖掘其应用价值，结合学生的实际，拓宽其蕴涵的数学思想、方法的深度和广度，适当对例题习题进行改编和拓展。比如说，可以借助一题多解、一题多问、多题归一等方法进行例题习题的改编，或在学生的原有认知基础上进行联想、扩充，将例题习题进行合理的知识整合，培养学生的数学思考能力、创新意识和创新思维能力，特别是对一些隐含德育元素或中华传统文化素材的例题习题进行挖掘与开发，既培养学生的应用意识，又渗透数学的德育功能。

3. 重视综合与实践板块的学习

综合与实践是培养学生创新意识与创新能力的最佳载体，是培养学生综合分析问题、解决问题的最佳途径，其重在发展学生的数学建模、应用意识等核心素养。一方面，重视教材中综合与实践板块的学习，教材中设计的综合与实践学习内容体现了对一定时期所学知识点的整合，突出学生数学学习能力的培养，通过"综合与实践"板块的学习，将学生置身于一种自主学习的场景之中，释放学生的潜能，使其在跃跃欲试的心理状态下，进行各种思维活动，主动对知识及其生成过程进行学习与探究，实现问题发现、独立分析、问题解决等多项素养的发展。另一方面，教师要在用好教材和现实生活情境的基础上，对问题背景进行拓展引申，适度研发、生成新的"综合与实践"问题，拓宽学生的视野，开发学生的智力，培养学生质疑、辩证的逻辑思维能力，在生活中发现问题、提出问题，并能应用数学知识解决问题的能力。

参考文献

[1] 中华人民共和国教育部. 义务教育数学课程标准（2011年版）[M]. 北京：北京师范大学出版社，2012.

[2] 孙元丽. 开发初中生数学学习潜能的实践研究 [D]. 田津：天津师范大学，2008.

[3] 陈伟. 基于核心素养培养的小学数学教学探索 [J]. 田津：新教育时代电子杂志，2017.

[4] 李红婷. "问题解决教学"为学生创造发展空间 [J]. 中学数学教学参考，2002.

[5] 盛家勤. 数学教学中的情境创设 [J]. 中学数学教学参考，2000.

[6] 欧阳芬，黄小华. 新课程下课堂教学技能的创新与发展 [M]. 北京：中国轻工业出版社，2004.

[7] 李树臣. 提高数学课堂教学有效性探析 [J]. 中国数学教育（初中版），2013（3）：15-19.

[8] 孙树德. 促进自然生成构建有效课堂 [J]. 中国数学教育（初中版），2013（4）：16-19.

[9] 刘秀妹，苏德杰. 例谈课堂教学情境创设的艺术 [J]. 中国数学教育（初中版），2013（4）：23-25.

[10] 段金宾 . 初中数学导学案教学中存在的问题及对策 [J]. 甘肃教育，2017（3）：83-83.

[11] 孟娇 . 初中数学导学案教学存在的问题及对策研究 [D]. 东北师范大学，2015.

[12] 陈亚君 . 在教学中应用初中数学导学案的问题与对策探讨 [J]. 理科考试研究，2016，23（14）：26-26.

[13] 张希光 . 导学案在农村初中数学课堂教学中的应用研究 [D]. 延边大学，2016.

[14] 冷文跃 . 浅析初中数学课堂中的"问题串"设计 [J]. 中国农村教育，2011（7）：63-64.

[15] 杨晓翔 . 刍议中学数学教学中"问题串"的使用 [J]. 中学数学研究，2009（1）：16-17.

[16] 徐俊 . 初中数学课堂"问题串"设计的实践与思考 [J]. 中学数学，2010,7：4-6.

[17] 王利琴 . 数学教学中问题串的设计 [J]. 中国民族教育，2010（12）：32-33.

[18] 程明 . 中学生物教学中"问题串—概念图"策略的研究 [D]. 苏州：苏州大学，2012.

[19] 赵丽达 . 分层教学在数学教学中的应用 [J]. 上海教育，2000（8）.

[20] 刘兼，孙晓天 . 数学课程标准解读 [M]. 北京师范大学出版社，2002.

[21] 蔡秋爽 . 数学分层教学的实践与研究 [J]. 温州教育，2005（10）.

[22] 茹双林，孙朝仁 . 新课程理念下数学"分层导进"教学实验研究的思考 [J]. 中学数学教育，2004（4）.

[23] 吴刚平 . 校本教学研究的意义和理念 [J]. 人民教育，2003，5.

[24] 余文森 . 专业人员如何促进校本教研 [J]. 人民教育，2003，5.

后　记

　　随着课程改革的深入推进，新课程理念的学习与培训似乎已告一段落。以人为本，落实核心素养，推进课堂变革，构建高效课堂成为当下热点。我们也看到，不管培训对象是新入职教师，还是业务骨干，各种研修、校本培训都紧紧围绕着课堂教学展开，以期提高课堂教学实效，提升教学质量。纵观课堂教学变革的推进，教师的教学行为，学生的学习方式都发生了明显的变化，那么我们追求的教学质量的提升是否也与之媲美呢？质量强基需要教师积极参与课程探索与实践，将课程理念植于心而践于行，更需要管理部门视教师个体的异同，搭建适宜的研修平台，对症下药，夯实教师基本素养，促进每一位教师的专业发展，特别是要关注新入职教师的引领与培养，引导教师们回归基础，夯实地基。鉴于此，编者萌发了编一本专著的愿望，一方面，想通过自己20余年致力于课堂教学研究的感悟、思考与认识，抛砖引玉，引发教师们的思考；另一方面，鞭策、激励自己更加努力学习和研究。本书仅仅是一位一线教师对教育教学的思考与写真，如果在与您的对话中，能对您的教学和研究有所帮助与启发的话，笔者就倍感欣慰了。

　　本书在写作的过程中。学习和参阅了许多推进课堂改革的教育专著与杂志，在各位专家、学者的研究中获得了许多的启示，限于篇幅没能一一列出，在此表示衷心的感谢。同时，在本书的编写过程中，许多领导、同仁、朋友给予了热情的关心和支持，在此表示诚挚的谢意。

　　由于自己水平有限。书中的漏知浅见在所难免，恳请读者批评指正。

2020年9月